Brasil-Estados Unidos:
A rivalidade emergente

Luiz Alberto Moniz Bandeira

Brasil-Estados Unidos:
A rivalidade emergente (1950-1988)

4ª edição, revista e ampliada

Com prólogo de Samuel Pinheiro Guimarães

Rio de Janeiro
2021

Copyright © Luiz Alberto Moniz Bandeira, 2011

Capa
Axel Sande/Gabinete de Artes

Projeto gráfico de miolo
Evelyn Grumach e João de Souza Leite

Diagramação de miolo
Abreu's System

CIP-BRASIL. CATALOGAÇÃO-NA-FONTE
SINDICATO NACIONAL DOS EDITORES DE LIVROS, RJ

M166b
4.ed.

    Moniz Bandeira, Luiz Alberto, 1935-
       Brasil-Estados Unidos: a rivalidade emergente (1950-1988)/ Luiz Alberto Moniz Bandeira. – 4.ed. – Rio de Janeiro: Civilização Brasileira, 2021.

    Inclui bibliografia
    ISBN 978-85-200-0652-8

    1. Brasil – Relações – Estados Unidos. 2. Estados Unidos – Relações Brasil. 3. Brasil – Política e governo I. Título.

11-3003   CDD: 327.81073
                                            CDU: 327(81):(73)

Todos os direitos reservados. É proibido reproduzir, armazenar ou transmitir partes deste livro, através de quaisquer meios, sem prévia autorização por escrito.

Texto revisado segundo o novo Acordo Ortográfico da Língua Portuguesa.

Direitos desta edição adquiridos pela
EDITORA CIVILIZAÇÃO BRASILEIRA
Um selo da
EDITORA JOSÉ OLYMPIO LTDA
Rua Argentina 171 – Rio de Janeiro, RJ – 20921-380 – Tel.: 2585-2000

Seja um leitor preferencial Record.
Cadastre-se e receba informações sobre nossos lançamentos
e nossas promoções.

Atendimento e venda direta ao leitor:
sac@record.com.br

Impresso no Brasil
2021

In memoriam
minha mãe, Ophelia

Para Margot, minha esposa,
e nosso filho, Egas

Sumário

ABREVIATURAS DOS ARQUIVOS   10

PRÓLOGO   11

PREFÁCIO À PRIMEIRA EDIÇÃO   33

NOTA INTRODUTÓRIA   35

CAPÍTULO I
A política pan-americana de Rio Branco • Dependência em relação aos Estados Unidos • Busca de maior autonomia • Alinhamento incondicional sob o Governo do Marechal Dutra • O segundo ciclo de Vargas e o crescente choque de interesses Brasil-Estados Unidos • A Comissão Mista Brasil-Estados Unidos e seus impasses • Acordo Militar entre os dois países • A Lei nº1.310 • Os problemas em torno da Lei de Remessa de Lucros   41

CAPÍTULO II
As Forças Armadas e a industrialização do Brasil • O governo Café Filho e o retrocesso na política nuclear • A posição do Emfa e do CSN • O governo Kubitschek e as dificuldades com os Estados Unidos • O Programa de Metas, a Operação Pan-Americana e o rompimento com o FMI • A mudança na política externa   61

CAPÍTULO III
As políticas dos Estados Unidos para a América Latina • A Revolução Cubana • As variáveis da política de Kennedy • Aliança para o Progresso e *Covert Actions* • O governo Quadros e a política externa independente • As conversações de Quadros com Acheson, Dillon e Berle Jr. • O golpe da renúncia   85

CAPÍTULO IV
As necessidades nacionais e a política externa independente • O governo Goulart, a questão de Cuba e o reatamento com a União Soviética • Os reflexos do aguçamento das lutas sociais sobre as relações com os Estados Unidos • A política de Kennedy para o Brasil • Os Estados Unidos e o golpe militar de 1964   101

CAPÍTULO V
A derrota das tendências nacionalistas no Brasil • O governo Castelo Branco e o retrocesso na política externa • Fronteiras ideológicas, FIP e intervenção na República Dominicana • O fracasso da Aliança para o Progresso • O ressurgimento do nacionalismo militar com os oficiais da linha dura   131

CAPÍTULO VI
Retomada das tendências nacionalistas pelo governo Costa e Silva • O discreto retorno à política externa independente • As divergências com os Estados Unidos • Tratado de Não Proliferação Nuclear, café solúvel e têxteis • O papel do nacionalismo militar no AI-5 • A crise política de 1968 e 1969   147

CAPÍTULO VII
O nacionalismo nas Forças Armadas • As tentativas de guerrilha urbana e rural • O nacionalismo de fins do governo Médici • O Projeto Brasil • Grande Potência e a política de endividamento externo • O mar de 200 milhas • As intervenções encobertas nos golpes do Uruguai, da Bolívia e do Chile • A crise nos Estados Unidos   169

CAPÍTULO VIII

O capitalismo monopolista de Estado e a expansão internacional do Brasil • Desenvolvimento de indústria bélica • O estremecimento nas relações Brasil-Estados Unidos durante o governo Geisel • Direitos humanos, Acordo Nuclear com a Alemanha e denúncia do Acordo Militar • A presença do Brasil na África Negra   *187*

CAPÍTULO IX

O governo Figueiredo e a crise da dívida externa • As divergências com os Estados Unidos sobre a África, o Atlântico Sul e a América Central • Os sentimentos antiamericanos nas Forças Armadas • A Guerra das Malvinas • Hipótese de guerra com os Estados Unidos nos estudos de Estado-Maior do Brasil • A abertura política   *211*

CAPÍTULO X

O desenvolvimento da indústria bélica • O Programa Nuclear Paralelo e a luta pelo domínio de tecnologias • Os atritos com os Estados Unidos e a integração com a Argentina e o Uruguai • A Conferência de Acapulco • A moratória da dívida externa • Retaliações dos Estados Unidos contra a Lei de Informática   *233*

CONCLUSÕES   *257*

JORNAIS E REVISTAS   *263*

MANUSCRITOS   *264*

FONTES IMPRESSAS   *265*

REFERÊNCIAS BIBLIOGRÁFICAS   *268*

ÍNDICE ONOMÁSTICO   *273*

Abreviaturas dos arquivos

ACP   Arquivo de Carvalho Pinto
AGV   Arquivo de Getúlio Vargas*
AHI   Arquivo Histórico do Itamaraty
ARA   Arquivo de Renato Archer
DGAS   Documentação do General Andrada Serpa
DJG   Documentação de João Goulart
DRA   Documentação de Rômulo Almeida
DZA   Documentação de Zuzu Angel
JFKL   John Fitzgerald Kennedy Library
LBJL   Lyndon B. Johnson Library
NA   National Archives
PRO-FO   Public Record Office-Foreign Office

* A indicação obedece aos códigos utilizados quando o arquivo de Getúlio Vargas estava em poder de sua filha Alzira Vargas do Amaral Peixoto. Por conseguinte, antes de passar para o CPDOC — Centro de Pesquisa e Documentação Contemporânea.

Prólogo
Doces ilusões, duras realidades

*Você tem de dar-lhes um tapinha
nas costas e fazer com que eles
pensem que você gosta deles.*

J. Foster Dulles, secretário de Estado, 1953-1959[1]

A CONSTRUÇÃO DA HEGEMONIA AMERICANA

1. Para compreender os episódios que se sucedem nas relações entre o Brasil e os Estados Unidos é necessário examinar a natureza dessas relações, que somente pode ser entendida à luz da estratégia mundial da política externa americana, traçada e desenvolvida a partir dos resultados da Segunda Guerra Mundial. É preciso notar que, até 1939, a política americana nunca havia sido de fato isolacionista, não intervencionista. Porém, seu ativismo se dirigia e se limitava à conquista do Oeste americano, à incorporação, por compra, de territórios como a Flórida e a Louisiana e, em seguida, à consolidação da área de influência no grande "mar americano", o Caribe. O México perdeu dois terços de seu território para os norte-americanos na guerra de 1846-1848, provocada pelos Estados Unidos. A Nicarágua foi ocupada militarmente pelos Estados Unidos durante 21 anos; o Haiti, durante 19 anos. Cuba, Filipinas e Porto Rico foram ocupados após a derrota da Espanha na guerra provocada pelos Estados Unidos em 1898. Ao final, os Estados Unidos haviam praticamente eliminado a presença e a influência das potências europeias na região. Somente após 1945 os Estados Unidos deixariam de ser uma potência regional e passariam a ser uma potência com interesses mundiais, i.e., uma potência com interesses em cada continente, quase se poderia dizer em cada

Estado. É verdade que, em 1848, a expedição do comandante Perry, que forçou a abertura dos portos do Japão, o apoio às atividades missionárias na China e a ocupação das Filipinas como colônia anunciavam o interesse americano pela Ásia. Mas era na Ásia incipiente essa presença.

2. Após a Segunda Guerra Mundial, os Estados Unidos emergiram como a maior potência militar, política, econômica, tecnológica e ideológica do mundo. Essa hegemonia era absoluta diante das nações derrotadas, destruídas e ocupadas — Alemanha, Japão e Itália; dos extensos impérios coloniais, desmoralizados e combalidos, da França e da Inglaterra; de uma potência rival, em termos de organização social, política e econômica, a União Soviética, forte pela ocupação da Europa Oriental e debilitada pela devastação nazista, que deixara 20 milhões de mortos e a economia abalada pelo esforço de guerra. A capacidade que parecia ter a União Soviética de competir e de se enfrentar com os Estados Unidos, o que parecia se tornar cada vez mais irresistível com a expansão do campo socialista após 1945, era aparente, como iria se revelar aos poucos, até culminar com a capitulação, em uma derrota pacífica, em 1991.

3. Em 1945, diante desse extraordinário e glorioso porém desafiador cenário mundial, os Estados Unidos viriam a definir os grandes objetivos e as grandes diretrizes de sua política externa. Em síntese, esses objetivos eram e são: manter e ampliar sua hegemonia política; manter e ampliar sua hegemonia militar; manter e ampliar sua hegemonia econômica; manter e ampliar sua hegemonia ideológica.

4. Em 1945, a decisão estratégica fundamental adotada pelos Estados Unidos foi preferir criar um sistema de organismos internacionais para, por meio deles, promover e manter sua hegemonia e expandir seus ideais, em vez de procurar fazê-lo diretamente, o que implicaria elevadíssimos custos e o frequente uso de força militar. Esses organismos viriam a ser de caráter universal, como as Nações Unidas e suas agências, inclusive o Fundo Monetário Internacional (FMI) e o Banco Internacional para Reconstrução e Desenvolvimento (BIRD); ou de caráter regional, como a Organização dos Estados Americanos (OEA), a Organização do Tratado do Atlântico Norte (Otan), o Tratado de Segurança Austrália, Nova Zelândia, Estados Unidos (Anzus) e a Organização do Tratado do Sudeste Asiático (Seato), ou de caráter bilateral. Todos, de uma forma ou de outra, com origem na experiência do passado e nos ideais americanos de governança mundial, defendidos por Woodrow Wilson em 1919 e incor-

porados ao tratado que criou a Liga das Nações, rejeitado pelo Senado americano. O pano de fundo dessa estratégia viria ser o confronto com a União Soviética (que detonaria sua primeira arma nuclear em 1949), com base na Doutrina Truman, que preconizava a contenção do comunismo.

5. Ao implementar essa estratégia de múltiplas facetas e jogada em muitos tabuleiros de negociação, de ação e também de subversão, em todas as regiões e em todos os continentes, os Estados Unidos procuravam evitar a emergência de Estados que pudessem se contrapor a sua hegemonia mundial ou regional. Sempre que necessário procuravam enfrentar e derrotar aqueles que a sua hegemonia se opunham de modo total ou parcial, e assim dificultavam ou impediam o seu pleno exercício.

6. Ainda que em vários desses confrontos e embates, alguns armados, os Estados Unidos pudessem, à primeira vista, parecer ter sido derrotados, pelo menos em algumas instâncias como, por exemplo, a do Vietnã, seus interesses viriam a prevalecer no médio prazo. Após a desmoralizante derrota militar americana, o novo Vietnã, unificado e comunista, viria a adotar, depois de alguns anos, um modelo econômico aberto às megaempresas multinacionais, inclusive americanas. A República Popular da China é caso semelhante. Após longo período de enfrentamento, se iniciou, por decisão da China, um processo de reforma econômica que levou a uma simbiose com os Estados Unidos, e se organizou no país um regime cada vez mais capitalista e aberto às megaempresas americanas. O fim da hegemonia americana, que se exerce de formas variadas e complexas, ainda é um mito e uma ilusão perigosa.

7. Na área militar, os Estados Unidos tornaram permanente, de forma muitas vezes desconhecida, a presença de suas tropas e de suas armas, inclusive nucleares, fora de seu território nacional, em países como Alemanha, Bélgica, Itália, Grécia, Turquia e Holanda. Seu controle militar se realiza por meio de uma rede de bases terrestres, frotas navais e acordos militares bilaterais ou regionais, como a Otan, alguns hoje desativados, mas não todos, como os acordos militares com o Japão, a Austrália, as Filipinas, a Coreia do Sul e a Tailândia. O programa recente de instalação de um "escudo de mísseis" na Europa Oriental, oficialmente dirigido contra o Irã e outras ameaças difusas, como o terrorismo, causa grande inquietação na Rússia e revela a determinação americana de manter e expandir sua hegemonia militar na Europa.

8. De forma sistemática, os Estados Unidos procuraram criar mecanismos nacionais e internacionais de controle de transferência de tecnologia militar ou dual. Agem com tenacidade e persistência para promover a não proliferação de armas de destruição em massa, i.e., a posse de armas por terceiros países enquanto não promovem o (seu próprio) desarmamento, como prometeram ao assinar o Tratado de Não Proliferação (TNP). Sofisticam cada vez mais suas armas, o que aumenta o hiato de poder militar entre eles e os demais países, e ampliaram seu sistema de tratados de cooperação e assistência militar, base jurídica que permitiria justificar eventuais ações militares.

9. Assim, intervieram militarmente, sob variados pretextos, em todos os continentes: na República Dominicana, na Guatemala, no Vietnã, na Nicarágua, em Granada, no Panamá, no Líbano, no Iraque, na Somália, no Afeganistão etc., em uma longa lista de países que, de uma forma ou outra, se opuseram, com maior ou menor tenacidade, ao exercício de sua hegemonia, ou com o objetivo de fazer com que as pressões e eventuais intervenções viessem a servir de exemplo para Estados que parecessem ter a intenção de alcançar mais independência.

10. Não houve praticamente nenhum ano em que os Estados Unidos não estivessem em guerra, maior ou menor, desde 1945. Sempre que possível procuraram o aval e a autorização prévia de organizações internacionais de caráter universal, como o Conselho de Segurança da ONU, ou regional, como a OEA e a Caricom, ou de tratados bilaterais. Quando isso se revelou difícil ou impossível agiram unilateralmente, buscando o apoio, ainda que simbólico, de outros países. No Iraque, a título de exemplo desse apoio simbólico, no momento da invasão, em 2003, os Estados Unidos tinham no país 148.000 homens; a segunda maior força era a do Reino Unido, com 45.000 homens, seguida de contingentes muito menores de outros países. É preciso notar que os Estados Unidos não participam de nenhuma organização militar e de nenhuma operação militar multilateral ou de coalizão em que suas tropas se submetam a comando estrangeiro.

11. Na economia, os Estados Unidos, confiantes na capacidade competitiva de suas grandes empresas, que viriam a se tornar megaempresas multinacionais, em um mundo de economias destroçadas, em especial na Europa Ocidental, em um primeiro momento procuraram, por meio do Bird e depois do Plano Marshall, reconstruí-lo e garantir o acesso

a esses mercados tanto de bens como de capitais. Viram no apoio aos movimentos nativos de descolonização uma oportunidade de reduzir o poder e o controle das potências coloniais e, ao mesmo tempo, facilitar a penetração de suas megaempresas nos mercados das futuras ex-colônias europeias. Na área econômica, tem sido permanente o objetivo de garantir o acesso a matérias-primas estratégicas, como o urânio, e em especial ao petróleo, dínamo essencial de sua economia, que se encontra na raiz das complexas questões do Oriente Próximo: Palestina, Iraque, Irã, Arábia Saudita etc.

12. Na execução de sua estratégia econômica, procuram os Estados Unidos promover em todos os países a liberalização do comércio exterior e dos fluxos de capitais enquanto mantêm protegidos os seus mercados internos para os setores menos competitivos, a começar pela agricultura. Isso sempre ocorreu, e casos recentes, como os do algodão, do suco de laranja e do etanol, são exemplares. Aí, perdedores em processos de arbitramento multilateral em organizações das quais fazem parte, mantêm suas políticas consideradas ilegais. Em outra área, aplicam restrições a investimentos chineses e árabes, arguindo razões de segurança econômica e política. Sua devoção às livres forças de mercado é condicionada, portanto, a seus interesses nacionais e políticos, e as vultosas operações de salvamento pelo Estado americano de seus bancos e de suas megaempresas durante a crise que se iniciou em 2008 bem confirmam essa interpretação de sua visão peculiar do mercado.

13. A restrição à difusão de tecnologia, em especial a tecnologia dual de ponta, i.e., de uso civil e militar, seria uma política indispensável para manter a hegemonia econômica e militar americana. O sistema de restrições à transferência de tecnologia sensível foi organizado tendo como núcleo o Tratado de Não Proliferação (TNP) e arranjos conexos, tais como o Regime de Controle de Tecnologia de Mísseis (MTCR), o Acordo de Wassenaar, que sucedeu ao Cocom e que coordena as exportações de itens de tecnologia sensível, e o Grupo de Supridores Nucleares (NSG). Por outro lado, desenvolveram permanente esforço de fortalecimento do sistema de patentes no âmbito da Organização Mundial de Comércio (OMC) e utilizaram e utilizam ameaças e sanções unilaterais a terceiros países, por meio das leis americanas de comércio.

14. Todavia, entre todos os seus objetivos de política externa o mais importante era manter a hegemonia ideológica que fora conquistada em quase

todas as sociedades devido a sua vitória sobre o hediondo regime nazista. Essa hegemonia corresponde à capacidade de convencer todos os países da superioridade do Estado americano e de sua sociedade, em especial a partir de 1945, em comparação com o modelo soviético; do caráter benigno, desinteressado, altruísta e sincero da política exterior americana; da eficiência superior de sua economia; da maior viabilidade de seu modelo econômico e da possibilidade de poder ser ele adotado por qualquer país.

OS ABISMOS

15. Um indicador da crescente hegemonia política norte-americana é a ressurreição do Conselho de Segurança das Nações Unidas após a ascensão de Boris Ieltsin e Alexandre Kozirev, que alinharam a política russa à política exterior dos Estados Unidos. Na prática, esse alinhamento redundou no desaparecimento dos vetos russos, que passaram de um total de 118 no período 1945-1991 para quatro no período 1992-2009. Como resultado, os Estados Unidos obtiveram, inclusive sem a oposição da China, apoio para suas ações de punição política, por meio de sanções comerciais e outras de toda ordem, com base no Capítulo VI da Carta da ONU, e de ação militar, com base no Capítulo VII. Como cada país é obrigado pela Carta a cumprir as sanções impostas pelo Conselho a terceiros países, sem ter participado do processo de decisão do Conselho de Segurança, quer essas sanções contrariem quer não seus interesses nacionais, a nova situação ampliou o exercício da hegemonia americana, inclusive sob o manto multilateral das Nações Unidas. Em decorrência da estratégia americana, o abismo político se aprofundou.

16. O hiato militar entre, de um lado, os Estados Unidos e, do outro, todos os demais países tomados em conjunto cresceu de forma significativa a partir de 1945, devido a duas políticas: a primeira, de impedir que os demais países tivessem acesso à tecnologia nuclear e à tecnologia dual, e a segunda, de desenvolver tecnologias cada vez mais sofisticadas. Essas duas políticas fizeram com que a distância entre a América e as potências industriais, mas sobretudo entre a América e os países subdesenvolvidos da periferia, se ampliasse e se tornasse um abismo quando comparada à situação existente em 1945.

17. Em 1988, as despesas militares americanas eram de US$ 533 bilhões. Entre 1988 e 2009 tiveram um aumento acumulado de US$ 10.376 bilhões. O segundo país em despesas militares, a União Soviética (mais tarde Rússia), tinha gastos, em 1988, de US$ 339 bilhões. O acumulado de despesas russas entre 1988 e 2009 foi de US$ 1.683 bilhões. A distância de poder militar entre os dois países, medida em termos de despesas, que refletem o acúmulo e a sofisticação dos armamentos, aumentou de US$ 199 bilhões em 1988 para US$ 8.693 bilhões em 2009. Entre os Estados Unidos, de um lado, e todos os demais países, do outro, essa distância aumentou muito mais.

18. Nos últimos anos, a distância econômica, i.e., de nível de vida médio e de quantidade de bens à disposição para consumo e produção, entre os habitantes dos países desenvolvidos e os habitantes dos países subdesenvolvidos não cessou de crescer até a crise de 2008. Em 1988, a renda per capita média dos oito principais países desenvolvidos (Estados Unidos, Japão, Alemanha, França, Reino Unido, Itália, Canadá e Austrália) era de US$ 18.000, e a renda média per capita dos oito principais países subdesenvolvidos (China, Índia, Brasil, Rússia, Indonésia, México, Argentina e África do Sul) era de US$ 1.300. A diferença de renda per capita em 1988 era, portanto, de US$ 16.700. Em 2008, a renda per capita média desses oito países desenvolvidos atingiu US$ 43.000 e a renda média per capita dos oito países subdesenvolvidos chegou a US$ 6.000. A diferença de renda per capita entre os dois grupos de países aumentou de US$ 16.700 para US$ 37.000. O abismo de renda, de nível médio de vida, se aprofundou. A hegemonia econômica americana, medida pela presença de suas megaempresas em todos os países, pela sua participação no comércio mundial, pela geração de novas tecnologias e pela dimensão de sua economia, persiste e se expande.

19. O abismo ideológico entre os Estados Unidos e os demais países aumentou. A criação de grandes conglomerados de entretenimento/informação; os canais globais televisivos de notícias; a desarticulação das estruturas nacionais de produção audiovisual, mesmo em países desenvolvidos; o predomínio do noticiário gerado pelas agências de notícias americanas; os vastos programas de formação educacional e profissional em todas as áreas, inclusive militar; a produção científica em termos absolutos e comparados; o número de Prêmios Nobel conquistados; e finalmente a capacidade de recrutar talentos em todo o mundo fazem com

que a influência cultural, científica e tecnológica americana seja extraordinária, e maior do que era em 1945, devido à aceleração do progresso científico e tecnológico. O fosso aumentou e não há outra nação — russa, chinesa, brasileira ou japonesa — que disponha do mesmo arsenal de meios e recursos e da mesma flexibilidade de idioma e de cultura que a torne capaz de se contrapor à americana.

O BRASIL NO CONTEXTO DA HEGEMONIA

20. Diante do amplo e complexo panorama da estratégia de implementação dessas diretrizes da política exterior americana, se colocam as relações entre o Brasil e os Estados Unidos de 1950 a 1988, documentadas, descritas e analisadas, em todas as suas peripécias e tensões, por Moniz Bandeira em sua obra *Brasil-Estados Unidos: a rivalidade emergente*. Sua leitura é essencial a todos os brasileiros, políticos, diplomatas, militares, intelectuais, empresários e trabalhadores que desejarem melhor interpretar a política externa brasileira, e é ela que provoca as reflexões deste prefácio.

21. Brasil e Estados Unidos são sociedades, economias e Estados que apresentam semelhanças estruturais. São países de grande extensão territorial, semelhante e contínua. Ambos detêm em seus territórios uma variada gama de recursos minerais, suas agriculturas são muito produtivas e seus parques industriais, sofisticados. Brasil e Estados Unidos são países de grande população, sociedades multiétnicas, com grandes contingentes de origem europeia e africana. Ambos são países democráticos e sua cultura é de origem e matriz ocidental. O Estado brasileiro é, como o Estado americano, organizado sob a forma de federação, ainda que seu sistema jurídico seja fundado no direito romano e o dos Estados Unidos no direito anglo-saxão, cuja base é a *common law*, i.e., a jurisprudência e os costumes.

22. Os Estados Unidos são, desde o final do século XIX e ainda mais a partir de 1945, a maior potência econômica do mundo; seus exércitos e suas sofisticadas armas fazem do país a maior potência militar do planeta; sua capacidade de gerar conceitos e de divulgá-los tornou-o a maior potência ideológica e cultural; sua criatividade e sua capacidade de

atrair talentos de todas as partes fez da nação a maior potência científica e tecnológica do mundo. Os Estados Unidos detêm, ademais, a moeda de reserva e de curso internacional, o dólar, e são, sem dúvida, para os grandes capitalistas, sejam eles megaempresas, megabancos, megafundos ou indivíduos de alta renda, o centro do sistema capitalista internacional e seu baluarte. Esses sucessos americanos se encontram, na realidade, entrelaçados. A elite americana está absolutamente convencida de que tudo o que se passa em todos os países que integram o sistema internacional é de interesse para sua sociedade e para sua sobrevivência. Os Estados Unidos se apresentam, com tranquilidade, segurança e autoestima, como o país líder da civilização ocidental e, hoje, como o líder mundial de todas as nações, o Estado mais democrático, a economia mais eficiente, a potência militar mais poderosa. Por essas razões se atribuem, com naturalidade, o direito de dizer a cada país como deve se organizar econômica e politicamente e como deve orientar sua política externa. Em casos extremos, se arvoram o supremo direito de exigir que mudem de regime político e, se falham a persuasão e a cooptação, o fazem por meio de sua política, denominada, sem disfarces, de *regime change* (mudança de regime), em desafio aos princípios de não intervenção e de autodeterminação consagrados na Carta das Nações Unidas, princípios que os Estados Unidos exigem que os demais países cumpram. Os Estados Unidos são, sem sombra de dúvida, o centro do Império.

23. O Brasil, devido a circunstâncias históricas, políticas, econômicas e sociais, ainda é um país que está longe de ter desenvolvido todo o seu potencial. Sua principal característica são as extraordinárias e gritantes disparidades sociais e econômicas, que fazem com que seja classificado entre os quatro países mais desiguais do mundo. O Brasil é um Estado vulnerável política e militarmente, apesar dos esforços feitos nos últimos anos e dos resultados alcançados. Reduziu-se a vulnerabilidade externa, retomou-se a construção da infraestrutura física (estradas, energia, portos) e social (escolas, hospitais etc.); reduziram-se de forma radical a pobreza e a miséria, e o Brasil passou com galhardia pela grave crise econômica e financeira iniciada em 2008 e que ainda permanece em 2011. Enquanto os países do G-7, segundo o FMI, viram o seu PIB se reduzir em 3,5% em 2009, o PIB brasileiro caiu apenas 0,2%; enquanto os Estados Unidos perderam 7,3 milhões de empregos em 2008 e 2009, a economia brasileira gerou 2,5 milhões (e mais 2,5 milhões em 2010). O Brasil atravessa um

momento de sua História em que as classes populares, conduzidas pelo Partido dos Trabalhadores e pelos partidos progressistas, sob a liderança do presidente Lula, iniciaram um processo de transformação econômica, política e social a fim de construir uma sociedade democrática de massas. Todavia, diferentemente dos Estados Unidos, o Brasil é um país subdesenvolvido, na periferia do sistema internacional.

24. É natural que os Estados Unidos, testemunhando a emergência de um país com a riqueza e o potencial do Brasil, se tenham sentido, quando se iniciou esse processo, por volta de 1950, com Getúlio Vargas, desafiados em sua hegemonia, que desejam incontestável nas Américas, a área geopolítica mais próxima de seu território. É natural que o Brasil, diante da aspiração e da obrigação histórica de sua sociedade de superar os desafios das desigualdades, das vulnerabilidades e da realização de seu potencial, tenha deparado, desde que iniciou os primeiros esforços nesse sentido, com a suspeita e mais tarde a rivalidade americana. Daí a propriedade do título que sintetiza a substância desta obra de Moniz Bandeira, que examina esse período da história brasileira e as iniciativas de superação de sua condição de atraso e de semicolônia: *Brasil-Estados Unidos: a rivalidade emergente, 1950-1988*.

25. O Brasil vive um momento de transformação da natureza da inserção de sua sociedade e de seu Estado no sistema internacional. A estrutura do comércio exterior se alterou, reduzindo muitíssimo a dependência da economia brasileira não só em relação a terceiros mercados como em relação a produtos específicos; os fluxos de investimento direto estrangeiro se diversificaram com o aumento significativo da participação de capitais de novas origens; o Brasil passou de devedor a credor internacional, acumulando reservas que chegam a quase U$ 300 bilhões, maiores que as da França, da Inglaterra e da Alemanha; passou a exportar capitais por meio de empréstimos e investimentos diretos de empresas brasileiras no exterior.

26. Na política internacional, a participação do Brasil passou a ser a de um ator importante, e sua presença é cada vez mais solicitada no trato político de questões como a do Oriente Próximo, do Haiti, da luta contra a pobreza, da reforma das Nações Unidas, da crise econômica internacional, da gestão do G-20 financeiro, da ação do G-20 comercial, da crise ambiental e da dinâmica política regional. Assim, o conhecimento não midiático, não jornalístico, das questões internacionais, da evolução da

política externa brasileira e de sua estratégia se torna essencial para compreender e para participar, de forma não preconceituosa, do debate cada vez mais intenso sobre o novo papel internacional do Brasil.

27. O professor Luiz Alberto Moniz Bandeira construiu, no curso de décadas, uma obra histórica que permite compreender, de um ângulo brasileiro, o sistema internacional, seu contexto e sua dinâmica e, em especial, entender o momento histórico que se inicia em 1950, quando começa a se transformar a natureza da inserção do Brasil no mundo.

28. Suas obras tratam com profundidade e a partir da análise de extensa documentação de temas de grande interesse para a política externa atual, desde *O expansionismo brasileiro e a formação dos Estados na Bacia do Prata, De Martí a Fidel — a revolução cubana e a América Latina, Brasil, Argentina e Estados Unidos — conflito e integração na América do Sul, Formação do Império Americano* e *Fórmula para o caos*, e de tópicos da política interna e externa brasileira, tais como *Presença dos Estados Unidos no Brasil (Dois séculos de história)*; *O governo João Goulart*; *As relações perigosas: Brasil-Estados Unidos (De Collor a Lula)* e *Brasil-Estados Unidos: a rivalidade emergente*, que agora é reeditada e revista e que trata do período que vai de 1950 a 1988 — todas obras indispensáveis para aqueles que necessitam conhecer a história brasileira recente.

29. A importância dos Estados Unidos para a economia, a política e a sociedade brasileiras foi desde a Segunda Guerra Mundial e ainda é extraordinária: a recíproca nunca foi verdadeira no passado, e ainda não é, mas virá a ser, no futuro, igualmente extraordinária.

30. Alguns números servem para revelar essa importância e para explicar (mas não para justificar) o comportamento de líderes políticos brasileiros, em determinados momentos, diante das demandas e das pressões americanas. Por volta de 1950, o café representava cerca da metade das nossas exportações, e os Estados Unidos não só compravam 50% do café brasileiro como eram, ademais, o nosso principal parceiro comercial, com uma parcela de cerca de 40% do intercâmbio externo brasileiro, importações mais exportações. Por volta de 1980, 90% do petróleo utilizado no Brasil era importado, e o petróleo representava mais de 50% de nossas importações. As variações em seu preço tinham grande impacto, para o bem e para o mal, sobre a economia brasileira. Naquela época, as importações norte-americanas provenientes do Brasil representavam cerca de 2% do total das importações dos Estados Unidos, enquanto as

exportações americanas para o Brasil representavam cerca de 1,5% do total das exportações americanas para o mundo.

31. Diante dessa situação brasileira de dependência econômica é que se pode avaliar a importância e a coragem de ações decisivas para o desenvolvimento de nosso país, como negociar a participação na Segunda Guerra Mundial em troca do financiamento da construção da Companhia Siderúrgica Nacional (CSN) — o que somente ocorreu após relutante apoio americano — e a criação, por Getúlio Vargas, da Petrobras, em 1954, essencial para alcançar a autonomia energética. Vargas, tão duramente combatido pelas mesmas correntes políticas que historicamente, e até hoje, se opõem à autonomia do Brasil e defendem seu ingresso subordinado em outros blocos, de forma direta ou sob o eufemismo de abertura e de inserção, de qualquer forma, na globalização assimétrica e hegemônica, cujo ritmo se reduziu mas não desapareceu com a crise de 2008. Seu principal expoente, o sociólogo e presidente Fernando Henrique Cardoso, expressando o antagonismo das classes proprietárias tradicionais e das elites intelectuais cosmopolitas, em certo momento declarou: "Nosso passado político ainda atravanca o presente e retarda o avanço da sociedade. Refiro-me ao legado da Era Vargas — ao seu modelo de desenvolvimento autárquico e ao seu Estado intervencionista!"

32. Hoje o café representa 3% das exportações brasileiras, nosso maior parceiro comercial é a China e o nosso principal produto, tanto no caso das exportações como no das importações, não ultrapassa 10% do total. Nos últimos anos, os Estados Unidos têm representado, em média, cerca de 17% de nossas exportações, se não considerarmos o ano crítico de 2009. A crise econômico-financeira internacional permanece, e apesar das flutuações de atividade, nada indica seu fim próximo; pelo contrário, tudo aponta para a possibilidade de seu agravamento (ou de sua permanência, com a economia em depressão). Mesmo após o fim da crise, a participação americana na pauta comercial brasileira não deverá voltar a seus antigos e elevados níveis.

33. A importância dos Estados Unidos para o nosso comércio exterior (e para a parte de nossas elites a ele vinculada de uma forma ou de outra) se reduziu muito. Assim, esvaiu-se aos poucos a capacidade de os Estados Unidos utilizarem contra o Brasil os mesmos instrumentos de pressão comercial e política que utilizaram no caso da Lei de Informática, em 1987, ou das patentes farmacêuticas. A possibilidade de que venham

a ameaçar o Brasil com sanções é remota, pois sabem que, caso tentassem implementá-las, essas sanções seriam ineficazes. Àquela época, as sanções por parte dos Estados Unidos poderiam ser tão eficazes que sua mera ameaça fez com que as próprias elites brasileiras, por meio de ampla campanha de mídia e da mobilização de intelectuais e economistas "modernos", exigissem a revogação da Lei de Informática, o que viria a ocorrer no mandato do presidente Fernando Collor. A partir do momento de sua posse, os "desejos" americanos foram satisfeitos em cascata, até mesmo por antecipação, uma vez que o governo Collor decidiu alinhar-se, sem nada obter ou pedir em troca, politicamente ao Ocidente e economicamente ao Consenso de Washington.

34. Um comentário decorre da reflexão sobre os eventos analisados, de maneira magistral, por Moniz Bandeira. O presidente José Sarney assumiu a presidência em momento delicado da política brasileira e foi capaz de conduzir a transição de um regime autoritário para um regime democrático em situação de pertinaz crise econômica. Garantiu a liberdade de imprensa, iniciou um processo de firme aproximação com a Argentina, base do futuro Mercosul, introduziu ampla liberdade de organização partidária, inclusive com a legalização dos partidos comunistas, resistiu às pressões para adotar medidas de arbítrio, convocou a Assembleia Constituinte, promulgou a Constituição de 1988 e presidiu, com serenidade, uma campanha eleitoral de grande violência verbal contra si e contra sua família. Desempenhou papel fundamental, garantindo não somente o sucesso da transição democrática após a queda do regime civil-militar de 1964, mas também apoiando programas estratégicos vitais para o Brasil, como o programa nuclear, o espacial e o cibernético. Ao resistir às pressões americanas para desmantelar esses programas, contrariou poderosos interesses econômicos e políticos, nacionais e alienígenas. Talvez essa tenha sido a razão do antagonismo sistemático que viria a permear setores da mídia contra a sua pessoa e que ressurge até hoje, periodicamente.

35. Os investimentos diretos e financiamentos, originários dos países exportadores de capital e que se destinam aos países subdesenvolvidos, frágeis econômica e politicamente, têm sido importantes na História para construir laços de dependência econômica e política. Sempre que as poderosas potências credoras julgam necessário, esses laços tornam possível o exercício de pressões de toda ordem sobre os países subdesenvolvidos

para que estes, fracos e devedores, modifiquem políticas internas e posições externas, circunstâncias que ficam expostas em diversas passagens da obra de Moniz Bandeira.

36. Os investidores e financiadores da economia brasileira e de suas elites foram, até a Grande Depressão de 1929, as casas bancárias europeias, em sua grande maioria inglesas. A rede de ferrovias que ligava as áreas produtoras de café do interior paulista (atividade central da política e da economia do Império e da Primeira República) aos portos de exportação foi financiada e construída por firmas inglesas, em um regime de garantia de retorno — i.e., de garantia de lucro — do investimento estrangeiro. Foi por essas mesmas casas financiada a construção dos primeiros sistemas de transporte urbano e de iluminação pública nas principais cidades do país.

37. Até a Grande Depressão não havia indústria digna desse nome no Brasil. Foi o isolamento involuntário do país em relação à economia mundial entre 1929 e 1945, período em que foi reduzida e quase eliminada a possibilidade de exportar café, que tornou difícil importar e transportar bens de consumo, o que estimulou o surgimento de indústrias com o objetivo de produzir bens que substituíssem os importados, consumidos principalmente pelas elites e classes médias urbanas. Dessa época datam a construção da primeira hidrelétrica projetada e construída por brasileiros, Paulo Afonso, e da usina de Volta Redonda, para produzir energia e aço, pilares indispensáveis à construção de qualquer parque industrial sólido.

38. Um parêntese aqui para uma observação heterodoxa. Todo processo de desenvolvimento econômico de um país, que corresponde ao aprendizado daquela sociedade da produção de bens, se faz pela substituição gradual de importações. Seria impossível para qualquer sociedade agrária subdesenvolvida saltar do estágio primário-exportador para o estágio de produção e exportação de produtos industriais. Aliás, o estágio primário-exportador é caracterizado em todos os países pela liberdade de câmbio e pelas tarifas baixas (usadas apenas para fins de arrecadação), inclusive porque os bens industriais de consumo têm de ser importados, o que dificulta o surgimento de indústrias locais (e de impostos sobre essa atividade). Assim, a ideia de alguns economistas de que os países subdesenvolvidos poderiam optar livremente entre um modelo de crescimento por meio das exportações e um modelo de substituição de importações é

irreal. O caminho natural do desenvolvimento se inicia pela substituição de importações e pelo fortalecimento do incipiente capital nacional, o que, de um lado, requer a proteção contra as importações estrangeiras mais competitivas e, do outro, faz surgir reclamações de importadores nacionais e de interesses exportadores estrangeiros.

39. A influência financeira americana no Brasil começa a se expandir com os primeiros empréstimos concedidos pela Casa Dillon Reed, que viria a substituir os bancos ingleses, como a Casa Rothschild, enquanto os investimentos diretos americanos viriam a substituir os capitais franceses e ingleses, que começaram a se retrair após a Primeira Guerra Mundial, enquanto, por breve período, surgiram os interesses alemães, em competição com os americanos. Quando as dificuldades em aumentar exportações, e assim gerar as divisas necessárias para realizar as importações de bens de capital e de bens de consumo de toda ordem, consumidos pelas elites e classes médias urbanas, tornaram necessário elevar as tarifas e implantar sistemas de administração e controle cambial, os investimentos americanos vieram para o Brasil aproveitar as oportunidades de mercado protegido que surgiram.

40. Os investimentos diretos americanos aumentaram de forma significativa no período entre 1945 e 1964, expandindo também sua participação no estoque de capital estrangeiro no Brasil. Nos últimos anos, a importância estratégica dos investimentos americanos na economia diminuiu devido a novos investimentos espanhóis, portugueses e agora chineses, sendo que os últimos já ultrapassaram a primeira dezena de bilhão de dólares. A participação do capital estrangeiro na formação de capital no Brasil não ultrapassa hoje 10%, ainda que se deva ressaltar sua importância para a transferência e assimilação de tecnologia proprietária. É verdade, por outro lado, que o aumento do estoque de capital estrangeiro dá, no futuro, origem a remessas significativas de lucros, o que é grave sempre que coincide com momentos em que o superávit comercial diminui devido à redução das exportações, ou aumento das importações, o que leva a situações periódicas de dificuldades no balanço de transações correntes, em especial quando há crise econômica nos países de origem do capital.

41. Os financiamentos de organismos internacionais, que correspondiam a 1% do PIB em 1984, não ultrapassam hoje 0,3%. A dívida externa, pública e privada, com bancos comerciais, que ameaçava o país e que

levou à moratória nos anos 1980, não existe mais. Foi substituída pela emissão de títulos de crédito pelo Tesouro Nacional e pelas empresas, tomados por investidores estrangeiros às vezes institucionais, como fundos de pensão. Há forte entrada de capitais especulativos, atraídos pelas altas taxas de juro, que apesar de serem componente indesejável do ingresso de capital, devido a sua volatilidade, se tornaram importantes para o fechamento do balanço de pagamentos, permitindo equilibrar o déficit em transações que decorre das crescentes remessas de lucros, royalties, assistência técnica etc.

42. No período que vai de 1950 a 1988, que Moniz Bandeira examina nesta obra, os empréstimos de bancos internacionais e de bancos oficiais eram essenciais para fechar as contas externas e foram instrumentos muitas vezes utilizados para procurar influenciar as políticas interna e externa brasileiras. Assim ocorreu, por exemplo, com a recusa americana de autorizar empréstimos do FMI a Juscelino Kubitschek e a João Goulart e a decisão de autorizá-los rapidamente a Castelo Branco e a Jânio Quadros, conforme relata Moniz Bandeira.

43. O estrangulamento cambial é hoje uma arma política impossível de ser esgrimida contra o Brasil, pois o país tem reservas de quase US$ 300 bilhões, pagou os credores oficiais que se reúnem e se coordenam no chamado Clube de Paris e resgatou os títulos da dívida pública interna denominados em dólar. O Brasil saldou sua dívida com o FMI e, portanto, não está mais sujeito a sua fiscalização e à consequente imposição legal (devido aos compromissos assumidos nos acordos de empréstimo) de políticas fiscais, monetárias, cambiais e outras, inclusive no campo do trabalho, que são economicamente restritivas e social e politicamente desestabilizadoras.

44. J. Stiglitz, Prêmio Nobel de Economia, descreveu a política que os países desenvolvidos e os organismos internacionais, entre eles o FMI, recomendam e exigem dos países subdesenvolvidos: "Nós pregamos aos países em desenvolvimento sobre a importância da democracia, mas então, quando se trata dos temas com os quais estão mais preocupados, aqueles que afetam sua subsistência, a economia, afirmamos a eles: as leis de ferro da economia permitem a vocês pequena ou nenhuma escolha; e já que (por meio de seu processo político democrático) provavelmente farão uma trapalhada, vocês têm de ceder as decisões econômicas-chave, digamos aquelas concernentes à política macroeconômica, a um Banco

Central independente, quase sempre dominado por representantes da comunidade financeira; e para assegurar que agirão de acordo com os interesses da comunidade financeira, dizemos a vocês que devem se focar exclusivamente na inflação — não se preocupem com empregos ou crescimento; e para ficarmos seguros de que farão exatamente isso, dizemos a vocês para impor regras ao Banco Central, tais como expandir a oferta de moeda a uma taxa constante; e quando uma regra falha em conseguir o que se esperava, outra regra é recomendada, tal como metas de inflação."[2]

45. Enfim, após um longo período de experimento, de crise e de estagnação neoliberal, a transformação iniciada pelo governo do presidente Lula levou à recuperação da autonomia na política econômica, à redução da vulnerabilidade externa, à reconstrução da infraestrutura e à construção de um mercado interno de massas, o que permite que a economia brasileira hoje se encontre menos dependente da economia internacional e menos sujeita, portanto, a pressões comerciais e financeiras de Grandes Potências, entre elas os Estados Unidos. Segundo alguns economistas, jornalistas e intelectuais cosmopolitas, o grau de abertura da economia brasileira seria baixo, a inserção externa do Brasil seria reduzida, o Brasil seria um país "autárquico", e esses seriam sinais de "atraso". Em realidade, foi essa situação de menor inserção, inclusive na fraudulenta ciranda financeira, que permitiu que nos resguardássemos dos efeitos da crise e se salvassem a economia e a sociedade brasileira de mais uma década perdida.

46. Ao acompanhar a evolução das relações políticas do Brasil com os Estados Unidos no período examinado por Moniz Bandeira vemos que, de um lado, elas se entrelaçam e incidem sobre a aspiração de parte significativa da elite dirigente brasileira de promover o desenvolvimento industrial. Essa aspiração se confronta periodicamente com a política americana, que decorre de sua convicção de que o desenvolvimento brasileiro tem de ser o resultado natural da ação das forças de mercado. Portanto, não necessitaria, nem deveria, ser estimulado ou conduzido pelo Estado brasileiro, a não ser para que este adote políticas de liberalização do comércio exterior e dos fluxos de ingresso e saída de capitais. Desse modo, as iniciativas do Estado de procurar o desenvolvimento autônomo da economia brasileira foram vistas com preocupação e resistência pelos Estados Unidos, que se recusaram sistematicamente a financiá-las.

47. Assim ocorreu com a recusa dos Estados Unidos de estender ao Brasil, país aliado que enviara tropas em 1944 à Europa e permitira o uso de seu território pelas forças americanas durante a Segunda Guerra Mundial, os esquemas de doação de capital e de empréstimo a juros subsidiados e condições muito favoráveis, essência do Plano Marshall, concedidos aos antigos inimigos europeus. Tal recusa causaria impacto e consternação no Brasil, mesmo em sua elite política e econômica tradicional, e levaria, inclusive, à apresentação do chamado *"memorandum* de frustração" pelo chanceler Neves da Fontoura, político conservador, às autoridades americanas, em 1953.

48. O Plano de Metas do presidente Juscelino Kubitschek foi visto com reservas pelo governo dos Estados Unidos. As empresas americanas não se interessaram em participar de forma significativa das políticas de incentivo, i.e., de isenções de impostos, de importação sem cobertura cambial, de doações de terrenos etc. aos investidores estrangeiros (diferentemente das empresas europeias, em especial alemãs). No campo político, a Operação Pan-Americana de Juscelino Kubitschek, inspirada pela fracassada viagem do vice-presidente Nixon pela América do Sul, em 1958, foi recebida com frieza pelo presidente Eisenhower. Mais tarde J. F. Kennedy, substituindo a proposta do Brasil e distorcendo seu sentido desenvolvimentista, lançou a Aliança para o Progresso, de caráter assistencialista, que, politicamente, permitiu se contrapor às mensagens da Revolução Cubana e recuperar a imagem dos Estados Unidos na região, mas que, economicamente, em pouco resultou.

49. No período militar, de 1964 a 1985, os esforços brasileiros para desenvolver conhecimento e capacitação tecnológica em áreas sensíveis, como a nuclear e a informática, foram obstaculizados sistematicamente pelos Estados Unidos, que ameaçaram e implementaram sanções comerciais unilaterais, ilegais, contra o Brasil, como ocorreu no caso da Lei de Informática.

50. Na área nuclear, é possível verificar como se procurou construir, de forma metódica e midiática, o "perigo" que representava a hipotética existência de uma corrida armamentista entre Brasil e Argentina. Ideia sem qualquer fundamento na realidade, devido ao estágio industrial incipiente dos programas nucleares em cada país, sendo que a mesma insuficiência se aplicava à área espacial. Aliás, o conflito militar entre Brasil e Argentina não teria motivações e causas profundas e, portanto, sua

possibilidade prática era, em realidade, próxima de zero. As restrições americanas à transferência de bens e de tecnologia nuclear levaram, paradoxalmente, ao desenvolvimento da tecnologia nuclear pelos engenheiros e cientistas brasileiros e à fabricação gradual desses bens, o que viria a permitir que em 1988 o presidente Sarney fizesse o anúncio oficial do completo domínio tecnológico (mas não industrial) do ciclo nuclear.

51. Ocorreram momentos de inflexão política devidos a decepções cíclicas: as elites tradicionais brasileiras entretinham, apesar de todos os reveses sofridos em suas esperanças neocoloniais, expectativas de cooperação com os Estados Unidos para obter tecnologia, promover o desenvolvimento industrial e expandir as exportações brasileiras. Faziam gestos e declarações e tomavam atitudes de alinhamento com as iniciativas políticas dos Estados Unidos e se defrontavam, na prática, a cada volta do caminho, com a reação de governos de diferente índole, com a sistemática recusa americana de cooperação ou com sua relativa indiferença, resultado, aliás e inclusive, de um alinhamento político excessivo e subserviente aos Estados Unidos.

HEGEMONIA E POLÍTICA EXTERNA

52. Vivemos o momento em que se desenvolve a estratégia de transformar a inserção — política, econômica, tecnológica — no mundo por meio de uma nova ação do Brasil na América do Sul, na África, no Oriente Próximo e nos organismos internacionais, diante das Grandes Potências e na conquista de autonomia diante do FMI. Essa estratégia foi conduzida pelo presidente Lula, implementada pelo chanceler Celso Amorim (escolhido pela revista *Foreign Policy* e pelo jornal *Washington Post* a sexta personalidade criativa mais importante do mundo, à frente de Hillary Clinton, Angela Merkel e 92 outras), com o auxílio de Marco Aurélio Garcia, assessor do presidente Lula. O momento atual é decisivo para o futuro do Brasil.

53. É indispensável para o país manter a estratégia de reduzir a vulnerabilidade econômica externa, o que significa controlar os fluxos de capital especulativo e estimular o ingresso de capital produtivo; reduzir a vulnerabilidade militar, o que significa desenvolver forças armadas

modernas, adequadas, equipadas, adestradas e democráticas; reduzir a vulnerabilidade política, o que significa lutar, com perseverança e serenidade, para obter um assento permanente no Conselho de Segurança, órgão central do sistema político e militar (e tecnológico) internacional, a cujas decisões o Brasil hoje tem de obedecer sem participar do processo de negociação que leva a sua adoção; eliminar a vulnerabilidade tecnológica, que requer uma política firme de indução de transferência de tecnologia pelo capital estrangeiro, que vem para o país atraído pelas perspectivas de lucro, e desenvolver no Brasil as tecnologias mais sofisticadas; resistir aos esforços internos e externos que acarretariam, na prática, o aumento da vulnerabilidade da política econômica, resistência que significa não se deixar incluir, formal ou disfarçadamente, em qualquer bloco econômico-político que não o sul-americano, em troca dos "benefícios" desiguais de abertura assimétrica de mercados, acompanhados da redução de autonomia de instrumentos para promover políticas de desenvolvimento acelerado; desenvolver nosso potencial humano, nossos recursos naturais e nosso capital, por meio da formação de um mercado de massas, da capacitação da mão de obra, do conhecimento dos recursos naturais e do fortalecimento de estruturas empresariais nacionais.

54. É necessário, prudente e proveitoso manter as melhores relações com as Grandes Potências, devido a sua importância no mundo em geral e para o Brasil em particular, porém com fundamento nos princípios da igualdade soberana, da reciprocidade, da não intervenção e da autodeterminação, sem jamais perder de vista que os interesses nacionais brasileiros, que são os de um país subdesenvolvido porém de extraordinário potencial, não são idênticos aos interesses nacionais de cada uma das Grandes Potências e muito menos daquela que é, de longe, a maior potência mundial, os Estados Unidos da América.

55. Assim, o alinhamento da política externa brasileira com a política externa de qualquer país, por mais poderoso que seja, sob qualquer pretexto, seja ele a luta contra o terrorismo, seja o enfrentamento de novas ameaças, amarelas ou não, seja a luta contra o risco nuclear, disfarçado esse alinhamento de defesa de uma postura de sobriedade e discrição, é um anacronismo dos tempos da Guerra Fria, da luta entre o Bem e o Mal. A postura independente e correta, que sabe enxergar além da manipulação oportunista de ideais, válidos em si mas muitas vezes não praticados

pelos que os defendem (vide a prática da tortura, da *rendition*, isto é, o sequestro para tortura em outro país, as invasões sob pretextos falsos etc.), é sempre acusada de desafiadora, estridente, contestadora, imprudente. Mas a política que nos serve e que atende aos nossos interesses é uma só: é aquela alinhada com os interesses do Brasil, com a superação da vulnerabilidade, com a redução das desigualdades, com a realização de nosso potencial econômico e político.

56. Essa tem de ser uma política altiva, ativa, soberana, não intervencionista, não impositiva, não hegemônica, que lute pela paz e pela cooperação política, econômica e social, em especial com os países vizinhos e irmãos sul-americanos, a começar pelos países sócios do Brasil no Mercosul, aos quais nos une um destino comum, com os países da costa ocidental da África, igualmente nossos vizinhos, e com os países aos quais somos semelhantes: megapopulacionais, megaterritoriais, megadiversos, mega-ambientais, megaenergéticos, megassubdesenvolvidos, megadesiguais. Não podemos nos iludir. Nossos verdadeiros aliados são nossos vizinhos, daqui e de além-mar — com quem nosso destino político e econômico está definitivamente entrelaçado —, e nossos semelhantes, os grandes Estados da periferia.

Samuel Pinheiro Guimarães
22 de dezembro de 2010

NOTAS

1   "*You have to pat them a little bit and make them think you are fond of them.*" Secretário de Estado John Foster Dulles, 1953. In Schoultz, Lars. *Beneath the United States: a History of US Policy toward Latin America*. Cambridge, Mass: Harvard University Press, 1998.

2   "*We tell developing countries about the importance of democracy, but then, when it comes to the issues they are most concerned with, those that affect their livelihoods, the economy, they are told: the iron laws of economics give you little or no choice; and since you (through your democratic political process) are*

likely to mess things up, you must cede key economic decisions, say concerning macroeconomic policy, to an independent central bank, almost always dominated by representatives of the financial community; and to ensure that you act in the interests of the financial community, you are told to focus exclusively on inflation — never mind jobs or growth; and to make sure that you do just that, you are told to impose on the central bank rules, such as expanding the money supply at a constant rate; and when one rule fails to work as had been hoped, another rule is brought out, such as inflation targeting." Prefácio de J. Stiglitz, in Polanyi, Karl. *The Great Transformation*. Boston: Beacon Press, 2001.

Prefácio à primeira edição

As relações entre Brasil e Estados Unidos sempre contiveram um elemento de controvérsia. O Brasil, que descobria o século XX durante a Segunda Guerra Mundial, a partir do governo Vargas começou a lutar por sua independência tecnológica. Alguns esforços chegam hoje a provocar risos. Por exemplo, a construção da estrada Cuiabá-Santarém figura nos manuais do Estado-Maior do Exército desde os anos 1940. Mas com essa preocupação desenvolvimentista também figura a necessidade de o país formar — naquela época — engenheiros especializados capazes de produzir automóveis.

O exemplo brasileiro é dramático por meio do esforço desenvolvido pelo país para alcançar alguma independência tecnológica. Antes, na década de 1940, o governo dos Estados Unidos se opunha à transferência da tecnologia da produção do aço. O Brasil só a conseguiu à custa da cessão de facilidades aeroportuárias no Nordeste, durante a Guerra, e depois de assumir o compromisso de enviar tropas para o cenário da luta, na Itália.

Esse conflito foi ganhando novas proporções à medida que o desenvolvimento do país passou a, primeiro, incomodar o capital norte-americano e, depois, a ameaçá-lo no Brasil e, pior, em mercados de outros países do Terceiro Mundo. A evolução desse conflito é o tema deste magnífico trabalho elaborado pelo professor Moniz Bandeira. Ele descreve com precisão e objetividade suas várias faces e a dificuldade em encontrar o termo médio no interesse dos dois países. Ocorre que não há mais caminhos alternativos para um país do porte do Brasil. Sua independência tecnológica choca-se com o mundo desenvolvido, que pretende manter colônias subdesenvolvidas pelo desconhecimento das melhores técnicas.

Os recentes episódios vividos pela indústria nacional de informática demonstram com eloquência essa situação, desenvolver uma indústria autônoma, capaz de abastecer o seu mercado e, ainda, de exportar. No dia 7 de setembro, o presidente Reagan anunciou o início de um processo para aplicar sanções contra o Brasil, que mantinha essa "condenável" prática de pretender ser autônomo em setor de alta tecnologia. O mesmo ocorreu no território da energia nuclear, da química fina e de supercondutores. O mundo desenvolvido pretende condenar as nações em desenvolvimento à marginalidade tecnológica. Ou seja, ao atraso perpétuo.

O livro descreve de maneira precisa todo o contencioso existente entre Brasil e Estados Unidos. Por meio da narrativa do professor Moniz Bandeira deve-se, contudo, alcançar outros patamares de análise. A recentíssima Constituição Federal consagrou o princípio da empresa brasileira de capital nacional para evitar que as multinacionais continuem a utilizar recursos e tecnologia brasileiros que depois geram lucros em dólar e são exportados do país. O princípio da reserva de mercado também ficou estabelecido no texto constitucional. Moniz Bandeira faz referências ao trabalho incansável de brasileiros ilustres, de que é exemplo o almirante Álvaro Alberto, um pioneiro na luta pelo estabelecimento no país de empreendimentos no setor nuclear. O texto constitucional demonstra que aquela luta teve continuação e ganhou mais adeptos e seguidores.

A narrativa de Moniz Bandeira demonstra, com uma clareza capaz de ferir até os olhos menos sensíveis, que a luta pelo desenvolvimento e pela autonomia tecnológica é um dos mais significativos esforços que uma nação deve fazer para sonhar com um futuro melhor. E não há alternativa: sem tecnologia adequada, pode ocorrer que não haja futuro algum.

Severo Gomes

Nota introdutória

Presença dos Estados Unidos no Brasil (Dois séculos de história), de minha autoria e cuja primeira edição apareceu em 1973, é, na verdade, um livro duplamente inacabado. Não só obstáculos políticos impediram, àquela época, a publicação dos dois últimos capítulos, referentes ao período posterior ao golpe de Estado de 1964 (governos Castelo Branco, Costa e Silva e Garrastazu Médici), com as conclusões, como o *processus* histórico prosseguiu e retomou seu curso, de modo surpreendente para muitos observadores. As áreas de atrito entre o Brasil e os Estados Unidos, não obstante todo o empenho do governo Castelo Branco (1964-1967) para as eliminar, começaram a reaparecer no governo Costa e Silva (1967-1969) e tanto se ampliaram quanto se agravaram enormemente na década de 1970, durante o governo Geisel (1974-1979), levando, a partir de então, as relações entre os dois países a um nível de deterioração ainda mais profundo do que ao tempo do governo Goulart (1961-1964). Era preciso, portanto, escrever novo livro para explicar como e por que o apoio norte-americano ao golpe de Estado, em 1964, não conseguiu, senão por breve e aberrante interregno, reverter as tendências da política exterior do Brasil e de suas relações com os Estados Unidos.

A oportunidade surgiu ao ter de estudar para o Instituto Latino-Americano de Desenvolvimento Econômico e Social (Ildes), da Fundação Friedrich Ebert, as políticas do Brasil para transformar-se em potência mundial, segundo o projeto que, embora explicitado na década de 1970 pelos militares, já inspirava seu esforço de industrialização desde os anos 1930.

E por isso, a fim de mostrar, sob o regime autoritário dos anos 1960, 1970 e 1980, a unidade e a continuidade do *processus* histórico, em suas diferenças e mudanças, remontei à era de Vargas, sobretudo ao período do seu segundo governo (1951-1954), por ser o marco de novo ciclo no desenvolvimento econômico, social e político do Brasil.

Parti da concepção de que os fenômenos políticos, quando se manifestam, resultam de transformações quantitativas e qualitativas de tendências históricas, razão pela qual devem ser estudados e compreendidos em seu encadeamento mediato, em sua condicionalidade essencial e em seu constante *devenir*. Para que se possa avaliar o futuro é preciso conhecer o passado, como substância real do presente, em que as possibilidades e contingências se delineiam, a suprimirem (*aufheben*) e a conservarem (*aufheben/aufbewahren*) as contradições intrínsecas do *processus* histórico. A ciência política sem história é mero exercício impressionista, que não alcança e não demonstra a condicionalidade essencial do fenômeno, mas apenas a sua acidentalidade.

Também me orientei pelo princípio de que o sentido das relações internacionais e, consequentemente, das políticas exteriores de um país, em última instância, tende sempre a subordinar-se, quaisquer que sejam as percepções ou ideologias dos homens e partidos no poder, aos interesses concretos, ou seja, àqueles gerados e modelados pelas necessidades do processo produtivo, que o Estado nacionalmente articula, organiza e representa. Muitas vezes, evidentemente, as relações internacionais e as políticas exteriores, em sua dimensão ideológica, podem adquirir, obedecendo a uma dinâmica própria, certa autonomia. Porém, os interesses concretos — econômicos, sociais e políticos — pressionam e terminam, no mais das vezes, por prevalecer, como condição de segurança, defesa ou expansão do próprio Estado nacional, responsável pela sua satisfação, não importando qual a sua *forma imperii* (forma de soberania) ou a sua *forma regiminis* (forma de governo). De outro modo não se compreenderia por que a França monárquica e absolutista de Luís XVI apoiou a Revolução Americana de 1776-1783 ou a União Soviética manteve estreitas relações diplomáticas e comerciais com a Itália fascista, enquanto o governo de Mussolini encarcerava e assassinava comunistas. Na verdade, as necessidades históricas são as forças motrizes que condicionam o comportamento do Estado diante das contingências, bem como as posições políticas das próprias classes sociais enquanto atores de acontecimentos.

Tanto isso é certo que desde 1930 Getúlio Vargas, um fazendeiro, impulsionou, como presidente da República, a industrialização do Brasil, conquanto os cafeicultores constituíssem ainda o segmento mais importante de suas classes dominantes, o que o levou a relações ambivalentes com os Estados Unidos. Essa condicionalidade essencial também se evidenciou claramente com o fracasso de Castelo Branco, ao fim de três anos de governo, ao procurar restabelecer padrões de política exterior historicamente superados porque não mais correspondiam às prementes necessidades concretas do processo produtivo e, consequentemente, aos reais interesses do Brasil. Um país em pleno desenvolvimento capitalista e que necessitava exportar cada vez mais para continuar a importar e a crescer a taxas compatíveis com o seu aumento demográfico, da ordem de quase 3% a.a. na década de 1960, não podia manter suas relações internacionais e sua política exterior atreladas aos interesses de outra potência, por mais amiga que fosse, sob pena de comprometer não só a *forma regiminis* como até mesmo a *forma imperii* do Estado nacional.

Explicar, dentro desse marco teórico-metodológico, como as linhas da política exterior, evoluindo de Vargas e Kubitschek a Quadros e Goulart, conservaram-se, embora o golpe de Estado de 1964 as negasse e as pretendesse suprimir, requeria, por conseguinte, um estudo do regime autoritário, enquanto *Aufhebung* (negação/conservação) dos conflitos de interesses, analisando como as Forças Armadas internamente reagiram, na medida em que, ao exercerem elas próprias o governo, enfrentaram os problemas do desenvolvimento nacional em suas relações econômicas, financeiras e políticas com os Estados Unidos, sobretudo quando demandas militares específicas visavam à transformação do Brasil em potência mundial. O apoio do Ildes/Fundação Friedrich Ebert, em particular do seu diretor, dr. Harald Jung, ao qual agradeço a confiança que sempre teve nos meus projetos, permitiu-me então proceder à pesquisa sobre a evolução da política exterior do Brasil, bem como do papel que os militares, direta ou indiretamente, consciente ou inconscientemente, tiveram na sua formulação. E daí a elaboração deste livro, intitulado *Brasil-Estados Unidos: A rivalidade emergente*.

No curso da pesquisa, que me custou mais tempo do que a princípio imaginava, contei, naturalmente, com a preciosa colaboração de várias pessoas. Os embaixadores Mário Gibson Barbosa, ex-chanceler do governo Garrastazu Médici, e Antônio Azeredo da Silveira, ex-chanceler do governo Ernesto Geisel, concederam-me longas entrevistas, possibilitando-me mais clara compreensão do processo decisório de 1970. Não posso deixar de agradecer aqui os importantes esclarecimentos do Dr. Roberto de Abreu Sodré, chanceler do governo José Sarney, durante algumas audiências que ele gentilmente me concedeu; do embaixador Carlos Augusto Santos Neves, assessor do embaixador Paulo de Tarso Flecha de Lima, secretário-geral do Ministério das Relações Exteriores, bem como de outros diplomatas, entre os quais o embaixador Bernardo Pericás, o embaixador Sebastião do Rego Barros e o ministro Gelson Fonseca e o secretário Samuel Hindenburgo. O senador Roberto Campos dispôs-se, por sua vez, a cooperar, expondo-me, em uma entrevista, alguns pontos da política exterior do governo Castelo Branco, na qual influiu devido aos seus conhecimentos de relações internacionais, apesar de exercer o cargo de ministro do Planejamento. As informações do senador Severo Gomes, ex-ministro da Indústria e Comércio nos governos Castelo Branco e Ernesto Geisel, também me foram muito valiosas, bem como aquelas que o jornalista Carlos Chagas me prestou.

Renato Archer, ex-ministro da Ciência e Tecnologia do governo José Sarney, contribuiu, igualmente, para este trabalho, dado que, com a velha amizade que nos une, sempre cooperou para o êxito das minhas pesquisas, desde 1971-1972, quando escrevi *Presença dos Estados Unidos no Brasil*. Não só me concedeu sempre profundas entrevistas, como me abriu seus arquivos, para a consulta dos documentos sobre a questão atômica ao tempo dos governos Vargas e Kubitschek, na década de 1950. Seu chefe de gabinete, o conselheiro Antônio Rocha, bem como o Ministério da Ciência e Tecnologia também colaboraram.

Na área militar, a entrevista e a documentação que o general Antônio Carlos de Andrada Serpa me concedeu, desvendaram muitos elementos para a compreensão do pensamento militar; do mesmo modo, o coronel Almerino Raposo, o coronel Kardeck Leme, o general Donato Ferreira e outros oficiais deram-me alguns subsídios, uma vez que, em épocas distintas e em posições diferentes, todos eles participaram de vários movimentos nas Forças Armadas.

Quero ainda agradecer, nesta oportunidade, aos meus amigos Rômulo Almeida, diretor do BNDES no governo José Sarney, Cleanto de Paiva Leite, presidente do Instituto Brasileiro de Relações Internacionais (IBRI), e o senador Afonso Arinos, ex-chanceler do governo Jânio Quadros, que, com toda a experiência que possuem, contribuíram, como em outras vezes anteriores, com importantes esclarecimentos para a minha pesquisa.

O embaixador dos Estados Unidos em Brasília, Harry Schlaudeman, recebeu-me para uma entrevista e facilitou-me a leitura de seus discursos, pronunciados em diversas ocasiões, a fim de que eu pudesse conhecer as posições norte-americanas. O conselheiro Stanley A. Zuckerman, da Embaixada dos Estados Unidos, e o dr. John P. Dwer, então diretor da Casa Thomas Jefferson e adido cultural, atenderam, com toda a cortesia, às minhas solicitações. Na Casa Thomas Jefferson, a cujos funcionários também agradeço, encontrei bastante material para estudo.

O professor Amado Luiz Cervo, meu amigo e colega no Departamento de História da Universidade de Brasília, leu os originais, reviu-os, apresentou sugestões e discutiu comigo vários pontos. Como profundo conhecedor da história da política exterior do Brasil, sua contribuição foi imensamente valiosa. Aos meus colegas da Universidade de Brasília, ao reitor Cristovam Buarque e, em particular, aos companheiros do Departamento de História, que estimularam o meu trabalho, estendo o meu reconhecimento.

Por fim, a bem da verdade, cumpre-me dizer que a colaboração que todas as pessoas e instituições aqui mencionadas generosamente prestaram a este trabalho jamais significou ou significa qualquer endosso ou concordância com minhas análises e interpretações. As opiniões são de responsabilidade exclusiva do Autor.

Brasília, setembro de 1988
Luiz Alberto Moniz Bandeira

Capítulo I

A POLÍTICA PAN-AMERICANA DE RIO BRANCO • DEPENDÊNCIA EM RELAÇÃO AOS ESTADOS UNIDOS • BUSCA DE MAIOR AUTONOMIA • ALINHAMENTO INCONDICIONAL SOB O GOVERNO DO MARECHAL DUTRA • O SEGUNDO CICLO DE VARGAS E O CRESCENTE CHOQUE DE INTERESSES BRASIL-ESTADOS UNIDOS • A COMISSÃO MISTA BRASIL-ESTADOS UNIDOS E SEUS IMPASSES • ACORDO MILITAR ENTRE OS DOIS PAÍSES • A LEI N° 1.310 • OS PROBLEMAS EM TORNO DA LEI DE REMESSA DE LUCROS

O fato de que, ao separar-se de Portugal, o Brasil manteve, sem ruptura da ordem política, a unidade de vasta extensão territorial, alicerçou nas suas elites — e no povo — uma consciência de grandeza, suficiência e superioridade diante dos demais países da América Latina. A partir desse legado histórico, o Estado-Império, como o Brasil se constituiu, formou a nação, atribuindo-lhe manifesto destino de potência, que se expressou não com a dilatação das fronteiras físicas (do que já não mais necessitava), mas, sim, com a sua consolidação e, posteriormente, com o esforço de desenvolvimento econômico, objetivando aproveitar as riquezas naturais dentro delas existentes e, transformando-as, conquistar, de acordo com aquela percepção, um status de maior autonomia no sistema internacional de poderes. Assim, da mesma forma que reagiu, no século XIX, ao predomínio da Grã-Bretanha, com a qual entrou em atrito ao rechaçar, desde 1844, as fortes e constantes pressões para a renovação do Tratado de Comércio de 1827, o Brasil, no século XX, não se conformou com a hegemonia dos Estados Unidos e tratou obstinadamente de superar a situação de dependência em que a monocultura do café o mantinha, mediante a industrialização e a diversificação do seu comércio exterior, promovidas como um projeto de Estado depois de 1930.

A política externa do barão do Rio Branco (1903-1912), orientada, por meio da adoção da Doutrina Monroe e do corolário que o presidente Theodore Roosevelt lhe aplicou, para uma aliança tácita com os Estados Unidos, refletiu uma situação em que o Brasil dependia em cerca de 60% a 70% das exportações de café, e estas, em igual proporção, do mercado norte-americano. Naquelas circunstâncias, constituiu igualmente um meio de enfrentar as pressões financeiras da Grã-Bretanha, tradicional credor da nação, bem como as ameaças da Argentina, coligada eventualmente com outros países do continente. Mas o objetivo da política pan-americana de Rio Branco, desdobrando uma tendência latente na diplomacia do Império, era considerar as Américas uma espécie de condomínio, em que o Brasil exerceria, livremente, sua influência sobre o Sul, enquanto os Estados Unidos manteriam sob tutela o Norte, o Centro e o Caribe. Tanto isso é certo que, embora Rio Branco lamentasse particularmente o acontecimento, o Brasil não protestou quando, em 1903, o Panamá se separou da Colômbia, com o apoio do presidente Theodore Roosevelt, nem atendeu, em 1910, ao apelo da Nicarágua para usar seus bons ofícios no sentido de impedir que um navio de guerra dos Estados Unidos continuasse a sustentar a insurreição naquele país.[1] Mas reagiu energicamente contra a atitude dos Estados Unidos, favorável ao Peru no litígio pelos territórios de Purus e Juruá, afirmando o "direito nosso de operar em política nesta parte sem ter que pedir licença ou dar explicações" ao governo de Washington,[2] o qual, segundo as palavras de Rio Branco, não devia envolver-se, "para ajudar desafetos nossos, nas questões em que estejamos empenhados".[3]

Com a morte de Rio Branco (1912), a política externa no Brasil marchou *ao compasso de Washington,* refletindo, em larga medida, a situação de extrema dependência em que caíra. Os Estados Unidos, seu principal cliente de café, borracha, cacau e outros produtos primários, adquiriram também a primazia como fornecedores de manufaturas, ao suplantarem, desde a eclosão da Primeira Guerra Mundial (1914-1918), tanto a Grã-Bretanha quanto a Alemanha, e assumiram substancial parcela de sua dívida externa. Entretanto, após a Revolução de 1930 e a ascensão de Getúlio Vargas ao poder, as necessidades do processo de industrialização, conduzido como um projeto de Estado, começaram a influir sobre a política externa do Brasil, que voltou a reclamar reciprocidade dos Estados Unidos, praticamente nos mesmos termos definidos pelo barão do Rio

Branco. Por ocasião da Conferência Econômica sobre o Chaco, ao término do conflito entre o Paraguai e a Bolívia (1933-1935), Oswaldo Aranha, então embaixador em Washington, declarou a Summer Welles, subsecretário de Estado norte-americano, que "nada explica o nosso apoio aos Estados Unidos em suas questões na América Central e mundiais, sem uma atitude recíproca de apoio ao Brasil na América do Sul".[4]

O Brasil, àquele tempo, tratou de alcançar o máximo possível de autonomia na política internacional, mantendo sua liberdade de negociar com todos os países nos moldes que mais lhe conviessem. Assim, no mesmo ano (1934) em que assinou o Tratado de Comércio com os Estados Unidos, sem ceder às pressões para a liberação do câmbio e a abertura do mercado, firmou, apesar da oposição daquela potência, o Acordo de Compensação com a Alemanha, que se tornaria seu principal fornecedor de manufaturados até a deflagração da Segunda Guerra Mundial. Essa situação permitiu a Vargas estabelecer entendimentos tanto com os Estados Unidos quanto com a Alemanha, em busca de cooperação técnica e financeira para a montagem, no Brasil, de um complexo siderúrgico, uma antiga aspiração das Forças Armadas, preocupadas em criar meios para a fabricação de seus próprios armamentos e eliminar dependências capazes de comprometer a segurança nacional. E como as companhias privadas norte-americanas, a começar pela United States Steel, recusavam-se a investir no Brasil para a produção de aço e a Krupp dispunha-se a fazê-lo, o presidente Franklin Delano Roosevelt concedeu os créditos necessários à concretização do empreendimento por uma empresa do Estado, com o que evitou a expansão da influência alemã no maior país da América do Sul e obteve a autorização para instalar bases aeronavais ao longo do seu litoral.

Ao fim da Segunda Guerra Mundial (1939-1945), o Brasil perdeu, substancialmente, o poder de barganha. Com a exaustão econômica e financeira da Grã-Bretanha e da França a complementar a derrota da Alemanha, da Itália e do Japão, os Estados Unidos, que não sofreram diretamente os impactos de destruição e cujo mercado interno permanecera sem maiores desequilíbrios, alcançaram a hegemonia quase absoluta sobre todo o sistema capitalista e colonial, em confronto apenas com a União Soviética, já a estender seu domínio e a projetar sua sombra sobre outros países da Europa Oriental e da Ásia. O governo do marechal Eurico Dutra (1946-1951), ex-ministro da Guerra de Vargas e simpatizante da Alemanha nazista, orientou o Brasil, naquele contexto, para o alinhamento incondicional com os Estados Unidos, adotando políticas econômicas e excedendo-os no próprio anticomunismo e antissovietismo (proscrição do Partido Comunista e rompimento de relações com a União Soviética), sem nada receber, em contrapartida, por tamanha devoção.

Entretanto, num país com minério de ferro em abundância, um parque manufatureiro de bens de consumo, sobretudo têxteis, já implantado e uma população a crescer a taxas bastante elevadas e em rápido ritmo de urbanização, o funcionamento do complexo siderúrgico de Volta Redonda, como empreendimento do próprio Estado, impulsionou ainda mais a expansão das forças produtivas do capitalismo, e as crescentes necessidades do processo de industrialização passaram a determinar e modelar o interesse nacional. Por isso, quando retornou, em 1951, à presidência do Brasil, Vargas condicionou sua boa vontade de contribuir para o esforço de guerra dos Estados Unidos, quando intervieram no conflito das duas Coreias, à *reciprocidade econômica*, isto é, à boa vontade da administração norte-americana de conceder prioridades de fabricação e créditos bancários em médio e longo prazos, viabilizando a imediata execução de um programa racional de industrialização e obras públicas.[5] As discrepâncias entre os dois países logo se manifestaram.

Durante a IV Reunião de Consulta dos Chanceleres Americanos (1951), os Estados Unidos trataram de evitar o debate sobre as demandas econômicas da América Latina, partindo da tese de que o seu desenvolvimento devia continuar somente na medida em que houvesse estoques disponíveis de capital. O que lhes interessava, como prioridade máxima, era o programa de defesa do hemisfério, diante do agravamento da crise internacional, que a perspectiva de confronto com a União Soviética provocara. O objetivo do governo de Washington, naquela emergência, consistia, portanto, em robustecer a coesão política e militar dos países latino-americanos, aos quais solicitou, inclusive ao Brasil, o envio de contingentes para combater na Coreia.[6] O Brasil, pelo contrário, apontou a *agressão interna*, ou seja, a revolução, como a principal ameaça que pairava sobre os países latino-americanos, e propugnou pela urgente elevação do nível de vida dos povos do continente como o caminho mais adequado para preveni-la e evitá-la. Um dos delegados brasileiros, o advogado Francisco de San Tiago Dantas, afirmou publicamente que a América Latina, pontilhada com áreas de pobreza e de miséria, estava a sofrer ainda mais com as consequências do programa de defesa dos Estados Unidos. E salientou a necessidade de criar um ambiente político e social capaz de fortalecer as economias dos países da América Latina para um programa, em longo prazo, de defesa, pois, de outra maneira, sua estrutura interna ficaria ameaçada.[7]

A diferença entre as necessidades econômicas e políticas dos Estados Unidos, que se empenhavam na preservação, sob sua tutela, do sistema capitalista mundial, e as do Brasil, lutando para superar as dependências, condicionava a contradição entre os respectivos interesses nacionais e, por conseguinte, as divergentes percepções do problema de segurança. Os Estados Unidos não pretendiam, efetivamente, contribuir para a industrialização de outros países, senão na medida de suas conveniências econômicas e/ou políticas, como aconteceu com a recuperação da Europa por meio do Plano Marshall. A opinião de Roosevelt, favorável ao desenvolvimento industrial do Brasil, com o argumento de que os Estados Unidos desejavam um aliado forte e não o temiam como concorrente,[8] não refletia, na realidade, a da maioria do *establishment* empresarial e político de seu país. O projeto elaborado pela Missão Cooke (1942), que defendia, inclusive, a transferência de tecnologia para o Brasil, resultara de uma contingência da guerra e nunca se concretizou.[9] A Europa constituía, de fato, a primeira prioridade para os Estados Unidos, devido à vizinhança da União Soviética, que se lhes afigurava, juntamente com a recém-inaugurada República Popular da China, como o principal inimigo, a fonte de expansão material e ideológica do comunismo. Os países da América Latina, entre os quais o Brasil, não significavam, naquela conjuntura, qualquer perigo para a ordem internacional e, situados na retaguarda dos Estados Unidos, deviam permanecer, com as economias complementares, na condição de fornecedores de matérias-primas estratégicas para as suas indústrias de armamentos.

O Brasil, por sua vez, identificava a ameaça à segurança do sistema capitalista não somente nas políticas da União Soviética e da China Popular, mas, sobretudo, nas áreas onde a miséria e a pobreza, como potenciais fatores de revolução, poderiam propiciar a expansão do comunismo. Tratava-se, portanto, de as eliminar, mediante a melhoria de suas condições sociais, o que exigia o apoio dos Estados Unidos ao desenvolvimento econômico da América Latina. O interesse nacional do Brasil, particularmente, demandava que todo o seu esforço se concentrasse na instalação, ampliação e consolidação das indústrias de base, com a exploração de todas as fontes disponíveis, de modo a substituir as importações de petróleo e de bens do capital, aliviando os encargos do balanço de pagamentos, cada vez mais pesados. Vargas tinha plena consciência do problema e ressentia-se, da mesma forma que grande parte das elites políticas e militares, do fato de os Estados Unidos terem alocado, por meio do Plano Marshall, vultosos capitais na Europa, sobretudo para a reconstrução da Alemanha e da Itália, seus inimigos na Segunda Guerra Mundial, enquanto em nada cooperaram para o desenvolvimento do Brasil.[10] Por isso, a atitude do Brasil durante a IV Reunião de Consulta dos chanceleres Americanos assinalou, ao retomar os termos da política externa anterior à Segunda Guerra Mundial, a superação da linha de *transigência ilimitada,* que o governo de Dutra adotara, pelo *rigor de uma resistência moderada,* com o objetivo de obter, nas conversações bilaterais, concessões favoráveis ao seu projeto de industrialização.[11]

Com efeito, a Comissão Mista Brasil-Estados Unidos, criada pouco antes da posse de Vargas na presidência da República, logo se instalou, a fim de equacionar os problemas e formular projetos de desenvolvimento nos setores de transporte, distribuição e energia, *inter alia,* com possibilidades de captarem financiamentos do Banco de Exportação e Importação (Eximbank) e do Banco Internacional de Reconstrução e Desenvolvimento (Bird), agências internacionais sustentadas pelo governo norte-americano. Mas o andamento dos trabalhos da Comissão Mista desapontou Vargas, que atribuía sua morosidade à suposta conexão de vários delegados norte-americanos com os interesses de Wall Street.[12] E os resultados frustraram-no ainda mais. Sua expectativa era de conseguir US$ 500 milhões (inclusive US$ 380 milhões para os projetos recomendados pela Comissão Mista), e o Bird e o Eximbank, até dezembro de 1953, aprovaram apenas US$ 130 milhões, que, como se destinavam a empreendimentos de longo prazo, pouco valeram para aliviar a crise cambial do Brasil.[13]

O embaixador norte-americano Herschell V. Johnson, no Rio de Janeiro, e o secretário de Estado assistente, Edward G. Miller, advogaram, tanto quanto puderam, em favor das pretensões econômicas e financeiras do governo de Vargas, compreendendo-as e justificando-as, ao tempo em que tratavam de resguardar o êxito das negociações políticas e militares em que os Estados Unidos se empenhavam. Johnson solicitou, diversas vezes, ao Departamento de Estado que pressionasse o Bird e o Eximbank no sentido de atenderem mais rápida e favoravelmente aos pedidos de financiamento para os projetos da Comissão Mista. Advertiu-o de que os líderes brasileiros já estavam a questionar a utilidade da política de íntima colaboração econômica com os Estados Unidos.[14] Não acreditava que Vargas, do ponto de vista político, pudesse render-se às pressões norte-americanas, mas se eventualmente o fizesse, esmagado por fatos e circunstâncias econômicas, os Estados Unidos teriam provocado profunda e duradoura hostilidade, fazendo o jogo daqueles que desejavam abater sua influência e seus interesses no Brasil.[15] Miller, por outro lado, observou que o fato de ter o governo norte-americano investimento de mais de US$ 3 bilhões no Bird parecia nada representar para Eugene Black, presidente daquela agência financeira, cujos olhos percebiam claramente as razões da comunidade de negócios, mas piscavam bastante quando se tratava de entender interesses brasileiros.[16] Por isso cria, às vezes, que o diretor-executivo daquele banco não era o secretário do Tesouro assistente e sim Leo Welch, da Standard Oil de Nova Jersey, o que o induzia a lamentar sua criação e/ou a decisão de o incumbir dos empréstimos para o Brasil.[17]

A comunidade de negócios dos Estados Unidos exercia efetivamente pressões no sentido de que aquelas duas agências financeiras não aprovassem financiamentos enquanto Vargas não modificasse o Decreto-Lei de 3 de janeiro de 1952, que limitava a remessa de lucros a 8% sobre o capital registrado, isto é, aquele que de fato ingressara no país (o que excedesse a percentagem seria considerado retorno de capital), ao mesmo tempo em que determinava a revisão contábil do montante de investimentos estrangeiros realizados na economia nacional. Essa medida ele tomara em face do agravamento da crise cambial, provocado não somente pela queda dos preços do café como também pela evasão de divisas, que as empresas internacionais promoviam ao sobrevalorizar seus estoques de capital para efeito das remessas de lucros e dividendos.[18] O embaixador Johnson, em entendimentos com João Neves da Fontoura, ministro das Relações Exteriores, e Horácio Lafer, ministro da Fazenda, esperava superar o problema com a aprovação pelo Congresso brasileiro do projeto do deputado Adolfo Gentil, cuja transformação na Lei nº 1.807, de 7 de janeiro de 1953, proporcionaria aos capitais estrangeiros um regime de privilégios, ao eliminar, mediante a criação do mercado livre, paralelo ao oficial, quaisquer restrições às transferências de lucros, juros e dividendos. As relações entre os Estados Unidos e o Brasil, no entanto, chegavam a uma encruzilhada, como Johnson observou, e encalhavam, conquanto ele o tentasse evitar, no "círculo vicioso das dificuldades políticas conflitantes".[19]

Os Estados Unidos, àquela época, negociavam com o Brasil a assinatura do Acordo Militar, o envio de soldados para a Coreia e a garantia de suprimento de materiais estratégicos para as suas indústrias. Vargas, como contrapartida, impusera várias condições, entre as quais a "decidida cooperação" do governo de Washington para a industrialização do petróleo no Brasil, programa que julgava da mais alta prioridade, constituindo um "problema essencialmente político", dado que as importações de combustíveis líquidos, já perto de US$ 250 milhões, absorviam quase todas as suas reservas cambiais.[20] A montagem de refinarias, pelo menos até o limite de 105.000 barris diários, correspondentes ao consumo nacional, adquiria, naquela situação, o caráter da maior urgência, enquanto o Conselho Nacional de Petróleo, órgão do governo Federal, continuava os trabalhos de prospecção e perfuração de poços. Tanto o Bird quanto o Eximbank negavam-se então a conceder empréstimos para o desenvolvimento daquela indústria, sob a alegação de que havia, em termos razoáveis, disponibilidade de capitais privados estrangeiros interessados no setor.[21] Mas os equipamentos para as refinarias, bem como para pesquisa e exploração do petróleo, já estavam encomendados nos Estados Unidos, não dependiam de financiamento norte-americano e Vargas queria tão somente que o Departamento de Estado interviesse junto à Defense Production Administration para que concedesse a mais alta prioridade ao seu atendimento. E nenhum dos dois órgãos julgava aquele problema essencial, diante da perspectiva de guerra contra a União Soviética.[22]

A demora na fabricação dos equipamentos, na verdade, vinculava-se diretamente à luta pela exploração e lavra do petróleo, que já se arrastava desde 1947. Uma comissão de alto nível, nomeada naquele ano pelo presidente Dutra, elaborara um anteprojeto normativo, a ser submetido ao Congresso, abrindo a exploração do petróleo aos investimentos estrangeiros. Segundo sua proposta, o governo brasileiro concederia os direitos de exploração, e as companhias entrariam com o capital e os conhecimentos técnicos. Os primeiros 6% retornados contabilizar-se-iam como juros dos investimentos e os outros 6% destinar-se-iam ao governo. O balanço final de perdas e lucros repartir-se-ia igualmente entre as duas partes.[23] O embaixador William D. Pawley, então representante dos Estados Unidos no Brasil, considerou inaceitável o Estatuto do Petróleo e empenhou-se para obter uma legislação ainda mais favorável às companhias estrangeiras, inclusive nas atividades de refino e transporte.[24] E indicou dois advogados norte-americanos — Herbert Hoover Jr. e Arthur A. Curtice — que trabalharam junto ao governo da Venezuela para assessorarem Odilon Braga, presidente da comissão que redigiria o Estatuto do Petróleo.[25] A opinião dos diplomatas norte-americanos era, naturalmente, a mesma da Standard Oil, contrária àquela proposta,[26] e o próprio secretário de Estado, George Marshall, mandou avisar ao presidente Dutra, por meio de instruções ao embaixador Pawley, que a escassez de petróleo se tornaria progressivamente pior e que o Brasil somente poderia assegurar o combustível suficiente para as suas necessidades se obtivesse uma adequada produção interna, utilizando a experiência da indústria estabelecida no setor. E por essa razão uma lei "satisfatória" (para as companhias estrangeiras) parecia-lhe essencial aos próprios interesses do Brasil. Segundo Marshall, naquela emergência, podia ser difícil justificar medidas especiais de ajuda ao Brasil, a menos que esse país modificasse seus "critérios de desenvolvimento", os quais, no futuro, impediriam efetivamente qualquer utilização real de seus próprios recursos.[27]

O presidente Dutra e sua equipe, sensíveis às pressões dos Estados Unidos, tudo fizeram, por meio de uma série de atos, "para que a indústria do petróleo fosse explorada pelo capital privado e que nela participasse o capital estrangeiro", conforme o advogado e empresário João Pedro Gouvêa Vieira, ligado ao grupo da Refinaria Ypiranga, concluiu, afirmando que, se continuasse no rumo traçado por aquela administração, o Brasil "estaria muito brevemente ao inteiro sabor dos trustes nacionais e estrangeiros".[28] Mas o Estatuto do Petróleo, que, embora não fosse "satisfatório" para a Standard Oil e para as autoridades norte-americanas, abria o setor aos investimentos estrangeiros, sofreu, por isso mesmo, vigorosa oposição das correntes nacionalistas e, principalmente, das Forças Armadas, o que paralisou o seu andamento no Congresso. Vargas, ao assumir, em 1951, a presidência da República, modificou então aqueles "critérios de desenvolvimento" no sentido inverso do que Marshall pretendera. Confiou ao economista Rômulo Almeida, chefe de sua Assessoria Econômica, a missão de elaborar outro anteprojeto para a exploração do petróleo, dando ao problema uma "solução nacionalista",[29] mediante a criação de uma empresa de economia mista, controlada pelo Estado e com viabilidade de empreender a tarefa sem o concurso do capital estrangeiro. E o Congresso aprovou, em 1953, a Lei nº 2.004, que instituiu o monopólio estatal da pesquisa, exploração e lavra do petróleo, com a fundação da Petrobras, empresa encarregada de executar aquelas tarefas. As pressões norte-americanas resultaram, no caso, inócuas e mesmo contraproducentes, ao exacerbarem a resistência nacionalista, sobretudo dentro das Forças Armadas. A ameaça de boicote ao abastecimento do Brasil não se concretizou, evidentemente, e os Estados Unidos terminaram por fornecer-lhe os equipamentos destinados à instalação de refinarias e à exploração de petróleo, a fim de evitar que o governo de Vargas os comprasse na Europa, cujos países, recuperando-se das consequências da guerra, voltavam a competir no mercado mundial.

A restrição às remessas de lucros e a exploração do petróleo, da qual o monopólio estatal se convertera na pedra de toque do nacionalismo, não constituíam nem os únicos nem os principais problemas a intrincar as relações entre os Estados Unidos e o Brasil. A obtenção de minerais estratégicos, naquela conjuntura, interessava muito mais ao governo de Washington, a fim de atender à crescente demanda de sua produção nuclear, já enfrentada pela União Soviética. E seu esforço, conforme Gordon Dean, presidente da Comissão de Energia Nuclear dos Estados Unidos, declarou, visava então a "encontrar o máximo de urânio com a mesma febre com que, no princípio deste século, os homens pesquisavam o ouro".[30] O ouro, na sua opinião, nada mais valia. Ricos eram os países que possuíam urânio.[31] E até então nenhuma jazida importante aparecera nos Estados Unidos.

As autoridades de Washington estavam convencidas da existência de abundantes reservas daquele material radioativo no Brasil,[32] onde, além do mais, havia jazidas de outros minérios estratégicos, tais como tântalo e manganês, para os quais não se conheciam substitutos adequados,[33] colúmbio e tório, vitais para a moderna indústria de armamentos. Um acordo secreto de 1945 permitira aos Estados Unidos importarem, pagando US$ 200 por tonelada, o mínimo anual de 3.000 toneladas de areias monazíticas, cujo valor, depois de processados, ascendia a US$ 1.000 e US$ 1.500 por tonelada (tório, urânio, clorato e sulfato de cério).[34] Tendo o prazo de validade expirado em 1948, o governo de Washington propôs sua prorrogação, o que implicaria a manutenção do direito à exclusividade para a aquisição daquele material radioativo.[35] Todavia, àquele tempo, as elites brasileiras, sobretudo os comandos militares, começavam a formular diretrizes para uma política mais adequada ao interesse nacional de desenvolvimento no campo da energia nuclear, a partir da valorização das ricas jazidas de materiais estratégicos que o país possuía. O 5º Congresso Brasileiro de Metal, realizado em 1950, recomendou a proibição das vendas ao exterior de minérios radioativos — em particular de berilo, tântalo e colúmbio —, o que ocasionou enorme preocupação nos círculos diplomáticos dos Estados Unidos e da Grã-Bretanha.[36] O Congresso Nacional, alguns meses depois, aprovou a Lei nº 1.310, promulgada em 15 de janeiro de 1951, estabelecendo o monopólio estatal das exportações dos principais minérios radioativos e submetendo-as a severas restrições, inclusive à anuência do Conselho de Segurança Nacional, do Conselho Nacional de Pesquisa (CNPq), então criado,[37] e, se necessário, do Estado-Maior das Forças Armadas (Emfa). O governo de Washington também a considerou *inaceitável* e a Grã-Bretanha, empenhada na compra de 500t de monazita, apoiou sua posição, sugerindo-lhe condicionar qualquer ajuda financeira ao Brasil, durante a administração de Vargas, à melhor satisfação das necessidades anglo-americanas daquele mineral.[38]

Vargas, ao assumir a presidência da República, já encontrou assim o impasse, agravado ainda mais quando o Conselho de Segurança Nacional, em consonância com o Conselho Nacional de Pesquisas e o respaldo do Estado-Maior das Forças Armadas, fixou, secretamente, normas de orientação política, a complementar a Lei nº 1.310, com o objetivo de aparelhar o Brasil para o domínio da energia atômica. Sua diretriz pautava-se pelos princípios da liberdade de relação com outros países, além dos Estados Unidos no setor da energia nuclear, e das compensações específicas a exigir pelas vendas de minérios radioativos. Isso significava que o Brasil não somente procuraria a colaboração científica e técnica dos países amigos, sem restrições, como passaria a condicionar as exportações de areias monazíticas e outros minérios estratégicos à obtenção, como contrapartida, de *know-how* e facilidades de aquisição de equipamentos, bem como de reatores nucleares mais modernos, já em uso nos Estados Unidos.[39]

O governo de Washington, que considerara a Lei nº 1.310 inaceitável, não podia, naturalmente, tomar o princípio das compensações específicas como base para a negociação de novo acordo com o Brasil. Alegou o impedimento criado pela sua própria legislação, o Atomic Energy Act ou Lei McMahon, cujos dispositivos vedavam a cessão de equipamentos, a divulgação de informações e a cooperação técnica com outros países para o desenvolvimento da energia nuclear. O esforço dos Estados Unidos era no sentido de preservar seu monopólio naquele setor e obter, ao mesmo tempo, as reservas disponíveis de minérios radioativos existentes no Brasil pelos preços mais baixos possíveis, sem atender aos seus reclamos de desenvolvimento. As posições dos dois países, portanto, não se conciliavam, ao refletirem, conforme Renato Archer salientou, o conflito dos interesses de um, detentor de processos tecnológicos mais avançados e a necessitar de matérias-primas, com os do outro, que as possuía e se empenhava para trocá-las pelo conhecimento indispensável à sua utilização.[40]

As negociações sobre as vendas de materiais estratégicos, tanto de manganês quanto de areias monazíticas, entreteciam-se então com outras, particularmente com aquelas sobre o Acordo Militar Brasil-Estados Unidos e o envio de soldados para a guerra na Coreia. E a enfrentar, interna e externamente, fortes pressões econômicas e políticas, com sua própria administração fraturada pela controvérsia entre os nacionalistas e os chamados *entreguistas,* isto é, entre os que se opunham e os que defendiam as concessões aos Estados Unidos, Vargas não pôde senão articular uma *resistência moderada.* A resistência partia de amplos setores das Forças Armadas, sobretudo do ministro da Guerra, o general Estilac Leal, cuja queda permitiu que a moderação do Ministério das Relações Exteriores, sob a chefia do chanceler João Neves da Fontoura, prevalecesse. Assim, embora não atendesse ao pedido de soldados para a Coreia, Vargas assinou o Acordo Militar e autorizou as exportações de areias monazíticas, sem exigir as compensações específicas que as normas do Conselho de Segurança Nacional determinavam.[41] Entretanto, por outro lado, tratou de implementar o princípio da liberdade de relações com outros países no campo da energia atômica, a fim de obter os conhecimentos técnicos e os equipamentos negados pelos Estados Unidos. O almirante Álvaro Alberto, presidente do Conselho Nacional de Pesquisa, assinou um contrato com a Societé des Produits Chimiques des Terres Rares para a compra de uma usina de produção de urânio metálico nuclearmente puro, a ser instalada em Poços de Caldas (Minas Gerais). E encomendou aos físicos Wilhelm Groth, do Instituto de Físico-Química da Universidade de Bonn, Konrad Beyerle, da Sociedade Max Planck para o Progresso da Ciência, e Otto Hahn, responsável pela fissão nuclear, todos da Alemanha Ocidental, a fabricação de três ultracentrífugas, segundo um processo que eles aperfeiçoavam, com o objetivo de instalar, no Brasil, uma usina de separação de isótopos, ou seja, de enriquecimento de urânio, como etapa decisiva para o domínio da tecnologia, que possibilitava a produção da bomba atômica.[42]

Esses entendimentos se concretizaram ao longo de 1953, depois que o general Dwight Eisenhower, eleito pelo Partido Republicano, assumira a presidência dos Estados Unidos e já se evidenciava que o Brasil não receberia qualquer colaboração tecnológica para o seu programa nuclear como compensação pelas vendas de areias monazíticas, nem os recursos necessários à execução dos projetos de desenvolvimento, elaborados pela Comissão Mista. Os serviços de inteligência norte-americana então previam que, por fracassar na obtenção dos financiamentos, o governo de Vargas poderia enveredar por uma rota cada vez mais independente em questões econômicas, e que o desejo de fortalecer o poder de barganha *vis-à-vis* dos Estados Unidos tornar-se-ia importante fator na política externa do Brasil, compelindo-o a estreitar relações com a América Latina, bem como a incrementar seu comércio e mesmo restabelecer relações diplomáticas com a União Soviética.[43]

Sem dúvida alguma, àquela altura, as ações e reações recíprocas dos dois países encadeavam-se em um processo vicioso. João Neves da Fontoura e Horácio Lafer, favoráveis a maiores concessões aos Estados Unidos, saíram dos Ministérios das Relações Exteriores e da Fazenda entre junho e julho de 1953, quando o Departamento de Estado decidia, unilateralmente, encerrar as atividades da Comissão Mista Brasil-Estados Unidos. Em 3 de outubro Vargas sancionou a Lei n° 2.004, instituindo o monopólio estatal do petróleo, e seis meses depois Oswaldo Aranha, que substituíra Lafer no Ministério da Fazenda, baixou a Instrução 70, por meio da Superintendência da Moeda e do Crédito (Sumoc), a fim de restringir o regime de privilégios para o capital estrangeiro, estabelecido com a criação do mercado livre, paralelo ao oficial (Lei n° 1.807, de 7/1/1953), ao tempo em que encarecia as importações de bens de capital e assim estimulava a produção de similares nacionais, com a utilização da capacidade ociosa da indústria já existente no país, bem como a sua ampliação, para atender à demanda do mercado. E pouco tempo depois, o governo dos Estados Unidos comunicou ao do Brasil que o Eximbank não lhe concederia mais que US$ 100 milhões — e apenas para atender ao pagamento de atrasados comerciais, dos US$ 250 milhões prometidos pela administração anterior, sob a presidência de Truman, e considerados insuficientes por Vargas.[44]

Assim, sem receber qualquer ajuda dos Estados Unidos, Vargas tratou outra vez de conter a evasão de divisas, de modo a enfrentar o agravamento da crise cambial, para o que a violenta queda dos preços do café contribuía, no momento em que a dívida comercial do Brasil alcançava a cifra de US$ 850 milhões, aproximadamente dois terços do valor de suas exportações anuais.[45] Além de investigar e denunciar as manobras de superfaturamento, praticadas pelos exportadores, ele acometeu as empresas estrangeiras, que acumulavam capitais em cruzeiros, em montantes até 200 vezes superiores aos seus investimentos diretos iniciais, e continuavam a transformá-los em dólares, transferindo-os, a título de lucros e dividendos, para o exterior.[46] E, em 5 de janeiro de 1954, assinou o Decreto-Lei n° 34.839, mediante o qual restringiu as remessas de lucros e dividendos pelo mercado livre em até 10% ao ano (8% para os juros), ao mesmo tempo que impunha às empresas estrangeiras a obrigatoriedade de se cadastrarem na Sumoc como requisito para gozarem das vantagens oferecidas pelo governo.

Conquanto o Departamento de Estado protestasse energicamente contra a medida e o Conselho Americano de Câmaras de Comércio sugerisse, como represália, a suspensão de todos os empréstimos ao Brasil,[47] a medida não violara os compromissos internacionais com respeito ao general Agreement on Tariffs and Trade (Gatt) nem os artigos do acordo do Fundo Monetário Internacional, conforme parecer do deputado consultor jurídico assistente para assuntos econômicos, Stanley D. Metzger, do governo dos Estados Unidos, formulado em 1952, quando Vargas pela primeira vez limitara as remessas de lucros para o exterior.[48] As contendas com os Estados Unidos, portanto, constituíram, mais que um problema de relações exteriores, um fator de agitação na política interna do Brasil, onde importantes segmentos das elites civis e militares, representados sobretudo pela União Democrática Nacional (UDN) e pela Cruzada Democrática (corrente antinacionalista dentro das Forças Armadas), solidarizavam-se econômica ou ideologicamente com os interesses norte-americanos. Para tais setores, inclusive considerável parcela da classe média, o grau de legitimidade do governo brasileiro passava, em certa medida, pelo nível de seu entendimento com os Estados Unidos. Tanto assim que a oposição utilizou contra Vargas a revelação, confirmada pelo ex-chanceler João Neves da Fontoura, de que ele negociara secretamente com o general Juan D. Perón um pacto antinorte-americano, a ser formado por Argentina, Brasil e Chile.[49] Desse modo, as relações com os Estados Unidos tornavam-se, no Brasil, mais que um problema de política exterior, um elemento de sua política interna, com jornalistas, políticos e militares, os que moveram a campanha para derrubar Vargas do poder, a apoiarem, em sua larga maioria, modelos ideológicos aspirando à completa liberdade de circulação de mercadorias e de capitais, cuja implementação, dentro do sistema capitalista mundial, o governo de Washington, por todos os meios, tratava de promover. Nunca se encontrou, entretanto, qualquer prova que confirmasse a suspeita de participação direta ou indireta de serviços oficiais dos Estados Unidos, se é que houve, no processo de desestabilização de Vargas. Apenas Tancredo Neves, que fora, naquele período, ministro da Justiça, admitiu certa vez conhecer indícios de que a CIA sustentara o diário *Tribuna da Imprensa,* dirigido pelo jornalista Carlos Lacerda.[50]

O Departamento de Estado, evidentemente, avaliava que Vargas poderia não terminar seu mandato como presidente do Brasil. Em janeiro de 1952, o chanceler João Neves da Fontoura alertou o embaixador Herschell Johnson para essa probabilidade,[51] o que se configurava bastante estranho, pois ele ainda participava daquela mesma administração, havia apenas um ano inaugurada e à qual depois se oporia, ao afastar-se do Ministério das Relações Exteriores, com todas as suas forças. O Intelligence Advisory Committee, órgão interdepartamental coordenado pela CIA, transmitiu também ao Departamento de Estado, já em dezembro de 1953, informações de que Vargas estava mal de saúde, com a possibilidade de que se tornasse física ou mentalmente incapaz de superar os problemas do governo, caso em que o vice-presidente Café Filho o substituiria.[52] Com efeito, Vargas não completou o período de governo (cinco anos) para o qual se elegera. No dia 24 de agosto de 1954, ante o *ultimatum* dos militares, mobilizados pelos oficiais da Cruzada Democrática e pelos líderes civis da UDN, para que renunciasse à presidência da República, desfechou um tiro no coração, acusando os grupos nacionais e internacionais de se aliarem na "campanha subterrânea" contra a sua administração. Conforme ele próprio escreveu, em carta deixada como testamento:

> A lei dos lucros extraordinários foi detida no Congresso. Contra a justiça da revisão do salário mínimo se desencadearam os ódios. Quis criar a liberdade nacional na potencialização das nossas riquezas através da Petrobras; mal esta começa a funcionar, a onda da agitação se avoluma. A Eletrobras foi obstaculizada até o desespero.[53]

Vargas denunciou outrossim que, quando assumiu a presidência da República, os lucros das empresas estrangeiras alcançavam até 500% ao ano e as fraudes constatadas nas declarações de valor das importações eram superiores anualmente a US$ 100 milhões, sofrendo ainda a economia brasileira, no momento em que ele tentou sustentar o preço do café, violenta pressão, que o obrigou a ceder.[54] Vargas, no entanto, não revelou que, um mês antes, o brigadeiro britânico Harvey Smith, do Military Board Security, apreendera, por ordem expressa do professor James Conant, alto-comissário dos Estados Unidos na Alemanha, todo o material das ultracentrífugas encomendadas pelo Brasil para a produção de urânio enriquecido.[55] Nem aludiu à assinatura de mais um ajuste com os Estados Unidos, no dia 20 de agosto, para a troca de monazita por trigo, sem a exigência de reivindicações específicas. O que disse, de qualquer forma, foi bastante para provocar tal impacto político, amplificado emocionalmente pela tragédia do suicídio, que as multidões se arrojaram às ruas, em quase todas as capitais do país, a atacarem as representações diplomáticas dos Estados Unidos e, durante alguns dias, a depredarem e a destruírem não somente as sedes dos jornais, rádios e partidos da oposição, mas, igualmente, casas comerciais, bancos e todos os estabelecimentos cujos nomes indicassem alguma vinculação com investimentos norte-americanos.

NOTAS

1. Telegrama de Rio Branco à Embaixada do Brasil em Washington, 16/6/1910, Telegramas Expedidos, AHI, 235/4/1.
2. Telegrama de Rio Branco a Joaquim Nabuco, embaixador do Brasil em Washington, 10/1/1908, id., ib.
3. Id., ib.
4. Carta de Aranha a Vargas, Washington, 9/4/1935, doc. 18, v. 18, AGV.
5. *Memorandum*, Vargas ao embaixador Herschell V. Johnson, Rio de Janeiro, 14/1/1951, pasta de 1951, AGV.
6. Dean Acheson, *Present at the Creation (My Years in the State Department)* (Nova York: W. W. Norton & Co. Inc., 1969), p. 497-498. *Diário de Notícias*, Rio de Janeiro, 14/3/1951. Carta de João Neves da Fontoura a Vargas, Washington, 5/4/1951, pasta de 1951, AGV.
7. Telegramas de 3/4/1951 e 4/4/1951 da Delegação à IV Reunião de Consulta dos ministros das Relações Exteriores das Repúblicas Americanas, Washington, Telegramas e CT's — Reunião de Consultas em Washington, pasta de 1951, AGV. *The New York Times*, Nova York, e *The Washington Post*, Washington, 4/4/1951. *Diário de Notícias*, Rio de Janeiro, 4/4/1951.
8. *Résumé of Discussion Held at the Presidencial Palace*, Rio de Janeiro, 5/7/1952, confidencial, NA 110.11 AC/7-1452. O documento registrou a conversa entre Vargas e Dean Acheson, então secretário de Estado, em presença de outras autoridades brasileiras e norte-americanas.
9. Sobre o assunto, ver Mônica Hirst, *O processo de alinhamento nas relações Brasil-Estados Unidos* (Rio de Janeiro: Iuperj, 1982), p. 81-91 (dissert. de mestrado, cópia dat.).
10. Telegrama de Herschell V. Johnson ao Departamento de Estado, Rio de Janeiro, 9/5/1952, 8 p.m., secreto, prioridade, NA 800.05132/5-952: Telegram. *Memorandum*, Sterling J. Cottrell, *Office of South American Affairs*, Washington, 12/1/1953, confidencial, NA 932.512/1-1253.
11. Carta de San Tiago Dantas a Vargas, Nova York, 27/4/1951, pasta de 1951, AGV.
12. Telegrama de Johnson ao Departamento de Estado, Rio de Janeiro, 9/5/1952, 8 p.m., secreto, prioridade, NA 800.05132/5-952: Telegram.
13. *National Intelligence Estimate*, Washington, 4/12/1953, secreto, NIE-86, NA INR-NIE Files.
14. Telegrama de Johnson para o Departamento de Estado, Rio de Janeiro, 22/5/1952, 2 p.m., confidencial, NA 832.00 TA/5-2252: Telegram.
15. Telegrama de Johnson ao Departamento de Estado, Rio de Janeiro, 11/3/1952, 8 p.m., secreto, prioridade, NA 832.00 TA/3-1152: Telegram.
16. Carta de Miller a Johnson, Washington, 31/5/1952, secreto, NA Miller Files, lot 53 D 26, "Brazil".

17 Id., ib.
18 Sobre o assunto, ver Pedro Sampaio Malan, "Relações econômicas internacionais do Brasil (1945-1964)", in *História geral da civilização brasileira* (São Paulo: Difel, 1984), t. III — O Brasil Republicano, v. 4 — Economia e cultura, p. 70-77. Moniz Bandeira, *Presença dos Estados Unidos no Brasil* (Rio de Janeiro: Civilização Brasileira, 1973), p. 344-349.
19 Telegrama de Johnson ao Departamento de Estado, Rio de Janeiro, 11/3/1952, 8 p.m., secreto, prioridade, NA 832.00 TA/3-1152: Telegram.
20 Telegrama da Delegação Brasileira à IV Reunião de Consulta dos Chanceleres das Repúblicas Americanas, Washington, 3-4/4/1951, confidencial. Telegrama da Delegação Brasileira à IV Reunião de Consulta dos Chanceleres Americanos, Washington, 6/4/1951, secreto, conversações bilaterais, a) João Neves da Fontoura, pasta de 1951, AGV.
21 *National Intelligence Estimate*, cit.
22 Telegrama da Delegação Brasileira à IV Reunião de Consulta dos Chanceleres das Repúblicas Americanas, Washington, 3-4/4/1951, confidencial, pasta de 1951, AGV.
23 Embaixador William D. Pawley ao secretário de Estado, Rio de Janeiro, 7/3/1947, confidencial, NA 832.6363/3-747: Airgam.
24 Id., ib.
25 Allan Dawson, chefe da Divisão de Assuntos Brasileiros, para o embaixador Pawley, Washington, 25/2/1947, confidencial, NA 832.6363/2-1447. *Memorandum* de conversação, por Dawson, chefe da Divisão de Assuntos Brasileiros, NA 832.6363/8-2147.
26 *Diário de Notícias*, Rio de Janeiro, 9/10/1949, p. 5.
27 Telegrama do Secretário de Estado ao embaixador Pawley, Washington, 6/1/1948, 4 p.m., confidencial, NA 832.6363/12-2447: Telegram.
28 Carta de João Pedro Gouvêa Vieira a Vargas, Rio de Janeiro, 20-2-1953, pasta de 1953, AGV.
29 Entrevista de Rômulo Almeida, chefe da Assessoria Econômica de Vargas, ao Autor. Sobre as negociações entre Vargas e a Standard Oil ver mais detalhes em Moniz Bandeira, *Presença dos Estados Unidos no Brasil*, cit., p. 317-322.
30 Carta de João Neves da Fontoura a Vargas, Washington, 12/4/1951, pasta de 1951, AGV.
31 Depoimento de João Neves da Fontoura à Comissão Parlamentar de Inquérito, em Dagoberto Salles, *As razões do nacionalismo* (São Paulo: Fulgor, 1959), p. 50-51.
32 Carta de João Neves da Fontoura a Vargas, Washington, 12/4/1951, pasta de 1951, AGV.
33 Lars Schoultz, *National Security and United States Policy Toward Latin America* (Princeton, Nova Jersey: Princeton University Press, 1987), p. 154.

34 Neville Butler, embaixador da Grã-Bretanha no Brasil, a Sir Rogers Makins, K.C.M.G., Foreign Office, Rio de Janeiro, 3/3/1950, secreto, PRO-FO 128/469 034933. Segundo o relatório da Comissão Parlamentar de Inquérito, o Brasil chegou a vender o tório ao "irrisório nível" de US$ 30 por tonelada. De 1945 à segunda metade da década de 1950, o Brasil exportou cerca de 3.200t de monazita bruta ou industrializada na forma de óxido de tório, que lhe renderam menos de US$ 7 milhões, sem produzir, portanto, efeito apreciável para a sua economia. Apud D. Salles, op. cit., p. 53-54.
35 Embaixador Neville Butler a Sir Roger Makins, Foreign Office, Rio de Janeiro, 12-3-1950, secreto, PRO-FO 128/469 034933.
36 Butler a Sir Roger Makins, Foreign Office, Rio de Janeiro, 21/3/1950, secreto, PRO-FO 128/469 034933.
37 A Lei nº 1.310 criou também o Conselho Nacional de Pesquisa (CNPq), sendo o almirante Álvaro Alberto seu primeiro presidente. Esse órgão, que hoje se denomina Conselho Nacional de Desenvolvimento Científico e Tecnológico e mantém a mesma sigla — CNPq —, passou, desde 1985, a integrar a estrutura do Ministério da Ciência e Tecnologia.
38 Telegrama de Butler a F. W. Marten, embaixador da Grã-Bretanha em Washington, repetido para o Foreign Office, Rio de Janeiro, 17/11/1950, *top secret*, PRO-FO 128/469 034933.
39 Exposição de Motivos nº 361, de 3/7/1952, do Conselho de Segurança Nacional, Resoluções do CNPq, de 10 e 16/9/1952, anexas à Exposição de Motivos nº 696, de 14/10/1952, do Conselho de Segurança Nacional, todas aprovadas por Vargas, ARA.
40 Renato Archer, *Política nacional de energia atômica*, discurso na Câmara dos Deputados, 6/6/1956 (Rio de Janeiro, 1956), p. 6.
41 Em 16 de janeiro de 1952, enquanto o almirante Álvaro Alberto viajava, o CNPq aprovou uma exportação de monazita para os Estados Unidos sem exigir as compensações específicas. "Esta constitui, pela primeira vez no governo de Vossa Excelência, a quebra da política defendida pelo CNPq e pelo Conselho de Segurança Nacional no tocante à exportação de minerais atômicos." Relatório nº 771, do secretário do Conselho de Segurança Nacional, general Agnaldo Caiado de Castro, Rio de Janeiro, 25/11/1953, aprovado por Vargas em 30/11/1953, ARA.
42 Ver Moniz Bandeira, *Presença dos Estados Unidos no Brasil*, cit., p. 335-337 e 354-360.
43 *National Intelligence Estimate*, cit.
44 Telegrama da Embaixada do Brasil em Washington (Walter Moreira Sales), 20-21/11/1953, secreto, pasta de 1953, AGV. *Memorandum* do secretário de Estado Assistente para os Assuntos Interamericanos, Thomas Mann, ao secretário de Estado, John Foster Dulles, Washington, 20/2/1953, confidencial, NA 832.10/2-2053.

45 *National Intelligence Estimate*, cit.
46 Ver mais detalhes em Moniz Bandeira, *Presença dos Estados Unidos no Brasil*, cit., p. 345-349.
47 *The Economist*, Londres, 23/2/1952.
48 *Memorandum*, de Stanley D. Metzger, consultor jurídico assistente para Assuntos Econômicos, a Mortimer D. Goldstein, assistente chefe para Restrições Cambiais e Acordos de Pagamentos, 8/1/1952, NA 832.131/1-852.
49 Ver Moniz Bandeira, *O eixo Argentina-Brasil — O processo de integração da América Latina* (Brasília: Ed. da Universidade de Brasília, 1987), p. 30-31.
50 Entrevista de Tancredo Neves ao Autor, Rio de Janeiro, 22/12/1976.
51 Johnson ao Departamento de Estado, Rio de Janeiro, 5/1/1952, 9 p.m., secreto, prioridade, NA 832.131/1-552.
52 *National Intelligence Estimate*, cit.
53 Carta-testamento de Vargas, cuja cópia ele entregara a João Goulart.
54 Id., ib.
55 Ofício do almirante Álvaro Alberto a Vargas, 25/7/1954, secreto, pasta de 1954, AGV. Renato Archer, *Segundo depoimento*, discurso na Câmara dos Deputados, 9/11/1967, p. 11.

Capítulo II

AS FORÇAS ARMADAS E A INDUSTRIALIZAÇÃO DO BRASIL • O GOVERNO CAFÉ FILHO E O RETROCESSO NA POLÍTICA NUCLEAR • A POSIÇÃO DO EMFA E DO CSN • O GOVERNO KUBITSCHEK E AS DIFICULDADES COM OS ESTADOS UNIDOS • O PROGRAMA DE METAS, A OPERAÇÃO PAN-AMERICANA E O ROMPIMENTO COM O FMI • A MUDANÇA NA POLÍTICA EXTERNA

O objetivo de Vargas, sobretudo em seu segundo governo, consistiu em estabelecer e consolidar os meios indispensáveis à autossustentação do desenvolvimento capitalista no Brasil. Por isso ele promoveu a intervenção do Estado na economia, onde e quando as empresas nacionais não possuíam recursos financeiros e tecnológicos e as estrangeiras não se dispunham realmente a investir ou não aceitavam normas e salvaguardas da conveniência nacional que a experiência recomendava, como no caso do petróleo, cujas concessões a Royal Dutch-Shell, por intermédio da Companhia Brasileira de Petróleo, e a Standard Oil, por meio da Companhia Geral Pan-Brasileira, obtiveram, entre as décadas de 1920 e 1930, e nunca exploraram, mantendo as jazidas cativas, na condição de reservas. A estatização de alguns setores de base, por conseguinte, tornou-se a única forma possível de ampliar e robustecer a capacidade produtiva do Brasil, uma vez que a chamada iniciativa privada não pôde e a estrangeira não o quis fazer. E a necessidade de captar recursos para tais projetos compeliu Vargas a tratar de conter a exportação de capitais, sob a forma de remessas de lucros e dividendos, ao constatar que eles não retornariam dos Estados Unidos nem como investimentos diretos nem como empréstimos do Eximbank e do Bird, o que concorria, juntamente com a queda dos preços do café, para engravescer ainda mais a inaudita crise cambial.

Os Estados Unidos, naquelas circunstâncias, não tinham razões para apoiar a expansão industrial do Brasil e desse modo favorecer o surgimento de concorrentes domésticos em um mercado no qual suas manufaturas efetivamente predominavam. Isso era tão evidente que Thomas Schneider, secretário de Comércio assistente, questionou, em uma reunião do Conselho Nacional Assessor sobre problemas monetários e financeiros internacionais, a sabedoria de emprestar-se dinheiro a uma empresa brasileira, a Companhia Metalúrgica Barbará, para a produção de tubos de aço, em competição com os exportadores norte-americanos, e o Eximbank só liberou o financiamento porque, além de ser uma pequena soma, da ordem de US$ 1,86 milhão, destinava-se à compra de equipamentos nos Estados Unidos.[1] A expansão industrial do Brasil, por outro lado, tampouco interessava a forte segmento da burguesia comercial, por prejudicar-lhe os negócios de importação e exportação, levando-a a fomentar, juntamente com outras frações do empresariado, tanto estrangeiro quanto nacional, a campanha da UDN e dos meios de comunicação contra o governo de Vargas.

A industrialização do Brasil correspondia, no entanto, aos interesses das Forças Armadas. O projeto de exploração e refino do petróleo bem como o programa de construção, no país, dos primeiros reatores atômicos (usinas para a produção de urânio metálico e separação de isótopos) tinham, sobretudo, raízes bastante profundas nos meios militares, da mesma forma que, anteriormente, o esforço pela instalação do complexo siderúrgico de Volta Redonda, necessário ao desenvolvimento da indústria pesada. As Forças Armadas percebiam, desde pelo menos a década de 1930, a conveniência de reduzir as vulnerabilidades internas e externas do Brasil, mediante o aproveitamento dos seus próprios recursos naturais, tais como ferro, carvão, petróleo e, posteriormente, tório, urânio e outros minerais estratégicos, de modo a suprimir, tanto quanto possível, dependências de suprimentos estrangeiros e, possibilitando o progresso industrial e o avanço tecnológico, avigorar os meios de defesa e promover melhores condições de segurança nacional. A expansão industrial significava, para eles, o incremento do seu poderio militar, tático e estratégico, e, nessa medida, a percepção da segurança nacional contra ameaças internas e externas entrelaçava-se e fundia-se com a do desenvolvimento econômico, que ao Estado, naquelas circunstâncias, cabia impulsionar ou diretamente empreender. Essa consciência, racionalizada pelo general

Góes Monteiro, transformou-se em doutrina, orientando, via de regra, o comportamento das Forças Armadas.

A grande maioria de sua oficialidade era, assim, nacionalista, inflectindo, em variados graus ideológicos, mais para a direita — haja vista que antes da Segunda Guerra Mundial considerável parcela, inclusive o general Góes Monteiro, simpatizava com o nazifascismo — do que propriamente para a esquerda, conquanto alguns militares se aproximassem politicamente da linha anti-imperialista, tal como os comunistas implementavam. Entretanto, com o agravamento da guerra fria, o anticomunismo, como o outro verso do nacionalismo, a ele se sobrepôs, inibindo-o e ofuscando os problemas essenciais do Brasil, uma vez que a divisão bipolar da política internacional, a radicalizar-se, modelava uma *Weltanschaung* maniqueísta, que identificava toda oposição aos interesses dos Estados Unidos com o favorecimento ideológico da União Soviética. Esse fator permitiu então que, em 1952, a Cruzada Democrática derrotasse a corrente nacionalista na eleição para a diretoria do Clube Militar e, por meio dessa entidade, articulasse o movimento para forçar a renúncia de Vargas, em meio à crescente agitação dirigida pela UDN e pelo jornalista Carlos Lacerda. A campanha desenvolveu-se de forma aparentemente defensiva, e como não se podia acoimar Vargas de simpatia pelo comunismo, a acusação, *inter alia*, foi a de que ele supostamente pretendia implantar no Brasil uma República Sindicalista, segundo o modelo de Perón.

O suicídio de Vargas, com toda a sua força trágica a legitimar pateticamente a denúncia contra os grupos econômicos nacionais e estrangeiros, foi o que desorientou e conteve o aprofundamento do golpe de Estado. A violenta reação das massas populares frustrou todo o intento de instalar uma ditadura, o *regime de exceção ou estado de emergência,* conforme Lacerda apregoava. A UDN e os oficiais da Cruzada Democrática ocuparam o governo, com a ascensão de Café Filho, dentro dos marcos da Constituição, à presidência da República, e não puderam reverter completamente a obra de Vargas, uma vez preservado o regime democrático. O monopólio estatal do petróleo permaneceu, não obstante o ministro da Fazenda, Eugênio Gudin, e o chefe da Casa Militar, general Juarez Távora, atacarem abertamente a Lei nº 2.004, cuja modificação os Estados Unidos continuavam a demandar.[2] O ministro da Fazenda também não teve força para executar a reforma cambial, extinguindo as taxas múltiplas de câmbio devido às resistências que surgiram dentro das próprias áreas militares ligadas ao governo. Apenas revogou as restrições às remessas de lucros para o exterior e permitiu às empresas estrangeiras, por meio da Instrução 113 da Sumoc, importarem máquinas e equipamentos obsoletos, sem cobertura cambial, anulando o caráter protecionista da Instrução 70 e provocando um *dumping* no mercado brasileiro de bens de capital.

O retrocesso mais radical ocorreu na política atômica sobre a qual o Ministério das Relações Exteriores, favorável à posição dos Estados Unidos, divergia da linha independente e nacionalista do CNPq e do Conselho de Segurança Nacional. O general Juarez Távora, assumindo, como chefe de Casa Militar do presidente Café Filho, a Secretaria-Geral do Conselho de Segurança Nacional, decidiu então dirimir suas dúvidas, por meio de consulta ao órgão mais habilitado para falar sobre o interesse do Brasil, a Embaixada Americana, da qual recebeu quatro documentos secretos sobre o assunto. O de número 1, conforme a classificação da Secretaria-Geral do Conselho de Segurança Nacional, consistia na minuta de um acordo sobre pesquisa de materiais físseis, datado de 9 de março de 1954 e proposto pelos Estados Unidos ao governo de Vargas.[3] O de número 2, com data de 22 de março de 1954, era uma nota expositiva sobre as pretensões do governo de Washington, que acreditava existir no Brasil ricas reservas de urânio economicamente exploráveis.[4] Os de números 3 e 4, de autoria de Robert Terril, ministro conselheiro da Embaixada dos Estados Unidos, e Max White, geólogo da equipe norte-americana, tinham o caráter de *notas verbais,* sem data e sem assinatura, e criticavam duramente a política nuclear do Brasil.[5]

O principal documento, ao qual os demais foram anexados, era o de número 3, de autoria do ministro conselheiro Robert Terril, que ameaçava com a possibilidade de sanções e represálias, caso o Brasil seguisse caminhos considerados injuriosos pelos Estados Unidos, e considerava impossível qualquer entendimento entre os dois países, "mutuamente satisfatório, mediante novas negociações com o almirante [Álvaro Alberto] ou com o Conselho [Nacional de Pesquisa], tal como se acha agora constituído".[6] O documento nº 4, por outro lado, atacava o projeto de enriquecimento de urânio por meio da ultracentrifugação, considerando-o uma "aventura germânica no Brasil".[7] E, após anunciar uma série de represálias, afirmava que o estabelecimento, no Brasil, de um processo para a extração de urânio físsil, por meio de importantes organizações de um país europeu, que está proibido, por lei, de obter esse metal dentro de suas fronteiras, pode ser considerado uma ameaça potencial dos Estados Unidos e do hemisfério ocidental.[8]

O coronel Bettamio Guimarães, chefe do Gabinete da Secretaria-Geral do Conselho de Segurança Nacional, analisou os documentos e demonstrou que os Estados Unidos, desde 1951, negavam as compensações específicas, consideradas imprescindíveis por aquele órgão e pelo CNPq, e tratavam de assegurar, durante as negociações, "o monopólio das atividades estrangeiras sobre energia atômica no Brasil".[9] A Secretaria-Geral do Conselho de Segurança Nacional, não obstante, outorgou aos Estados Unidos o *tratamento preferencial* para as assinaturas de acordos que visassem à execução do programa atômico, posto que, para o general Távora importava apenas em reconhecer *de direito* uma regra que o Brasil já adotava *de facto*.[10] E proibiu o CNPq de tomar iniciativas de negociar com autoridades ou entidades estrangeiras, deixando essa tarefa a cargo exclusivo do Itamaraty. Assim, no dia 24 de dezembro de 1954, Távora solicitou a Raul Fernandes, que fora chanceler de Dutra e voltara ao mesmo posto com Café Filho, que obtivesse dos Estados Unidos "a concretização de uma proposta global de cooperação"[11] para o aproveitamento dos minerais radioativos do Brasil. Nada comunicou ao almirante Álvaro e, algumas semanas depois, exonerou-o da presidência do CNPq.

A proposta dos Estados Unidos para um convênio com o Brasil, no campo de pesquisa, identificação e avaliação dos recursos nacionais em minérios radioativos chegou ao Itamaraty, por intermédio do embaixador James Scott Kemper, com data de 18 de março de 1955. Távora aprovou-a, e o "primeiro passo" para o acordo seria, como ele próprio reconheceria, "aplainar certas divergências entre o Itamaraty e setores militares que interferiam na matéria",[12] isto é, suprimir a exigência das compensações específicas, consideradas diplomaticamente difíceis, embora desde junho de 1954 os Estados Unidos abrandassem as rígidas normas do Atomic Energy Act, proibindo o fornecimento de informações técnicas e equipamentos a outros países. Dessa forma, a Comissão de Exportação de Materiais Estratégicos (Ceme) do Itamaraty aprovou a venda de mais 300 t de areias monazíticas aos Estados Unidos, em troca de 500 t de trigo, sem considerar que o CNPq, já sob a presidência de José Batista Pereira, solicitava a Café Filho a revogação do ajuste, com o mesmo teor e que o próprio Vargas autorizara, talvez para aliviar as pressões contra seu governo, em 20 de agosto de 1954, quatro dias antes de suicidar-se. E, no dia 3 de agosto de 1955, o chanceler Raul Fernandes e o embaixador dos Estados Unidos, James Clement Dunn, assinaram o Programa Conjunto de Cooperação para Reconhecimento dos Recursos de Urânio no Brasil, conforme a proposta contida no documento secreto nº 1 e o Acordo de Cooperação para Usos Civis de Energia Atômica.[13]

Entretanto, ao conhecer esses protocolos, que o Itamaraty e a Embaixada Americana sigilosamente negociaram, o Estado-Maior das Forças Armadas (Emfa) decidiu então manifestar-se, por meio da Exposição de Motivos nº D-2, de 12 de setembro de 1955, na qual não somente criticava o fato de não ter sido consultado quanto aos aspectos militares, como salientava a necessidade de não se comprometerem as reservas de tório e urânio — ainda desconhecidas — com exportações, tendo em vista a segurança futura do Brasil.[14] Café Filho, entretanto, não permaneceu por muito mais tempo no poder. Cerca de 20 dias depois, Juscelino Kubitschek e João Goulart, com o apoio das mesmas forças, o Partido Social Democrático (PSD) e o Partido Trabalhista Brasileiro (PTB), que haviam sustentado Vargas, venceram o general Juarez Távora e Milton Campos, candidato da UDN, nas eleições para presidente e vice-presidente da República. E o Exército, sob o comando do general Henrique Teixeira Lott, interveio na crise política, a fim de assegurar que eles assumissem aquelas funções, afastando da chefia do governo, sucessivamente, o deputado Carlos Luz (presidente interino) e Café Filho (supostamente enfermo), por favorecerem as articulações de um golpe contra o resultado do pleito.[15]

As divergências entre o Brasil e os Estados Unidos, em suas relações bilaterais, tendiam, portanto, a subsistir e a agravar-se, na medida em que a ascensão de Kubitschek à presidência da República significava a retomada do poder pelas forças favoráveis à industrialização a qualquer custo, condicionadas não somente pelas urgentes necessidades materiais do país como por uma consciência nacionalista, que não aceitava maiores retrocessos, acesa e traumatizada como fora pelo suicídio e pelas denúncias de Vargas. Kubitschek buscou, antes mesmo de assumir o governo, um diálogo com Eisenhower, que o convidou para um almoço em Key

West (Flórida). Mas não encontrou nenhuma receptividade para a sua tese de que um programa de investimentos com o objetivo de desenvolver o Brasil seria fundamental para a segurança do hemisfério. A preocupação maior de Eisenhower era com medidas de segurança militar e de combate ao comunismo, por meio da repressão, o que tornava necessário o entrosamento entre a CIA e os serviços secretos brasileiros, conforme a percepção do seu secretário de Estado, John Foster Dulles.[16] E a outra questão, que salientou, foi a do petróleo. Ele argumentou que os Estados Unidos não podiam conceder financiamentos à Petrobras quando havia bastante disponibilidade de capitais privados, e aconselhou Kubitschek a entregá-la às pequenas empresas norte-americanas, às quais a resistência, ao que supunha, seria menor do que à Standard Oil.[17] Kubitschek respondeu que o estabelecimento do monopólio estatal não constituíra uma vitória dos comunistas, como Eisenhower dissera, e sim uma opção do povo brasileiro, por intermédio do Congresso, que assim equacionou o problema da exploração do petróleo.[18]

Os Estados Unidos, na verdade, não podiam modificar sua política de promover os interesses dos capitais privados, base de toda a sua economia, da mesma forma que o Brasil, tinha menos condições ainda de retroceder no monopólio estatal do petróleo, tanto assim que nem o governo de Café Filho se empenhou para rever a Lei nº 2.004, embora estivesse seriamente disposto a fazê-lo. A viagem de Kubitschek aos Estados Unidos não lhe proporcionou, por conseguinte, substancial apoio ao seu Programa de Metas, que visava a promover, em cinco anos de governo, cinquenta anos de desenvolvimento, uma vez que nem sequer obteve a garantia de maiores investimentos privados sobretudo com vistas à implantação da indústria automobilística, para a qual a Ford e a General Motors julgavam não existir mercado suficiente no Brasil, onde se recusavam a montar suas fábricas.[19] Não restou a Kubitschek senão a alternativa de aplicar maciçamente capitais públicos a fim de expandir os setores de energia, transporte e indústrias de base enquanto atraía as empresas da Europa, particularmente da Alemanha Ocidental, as quais tinham a perspectiva de ganhar um mercado sob o predomínio dos Estados Unidos. O que então induziu as companhias norte-americanas a realizarem maiores investimentos no Brasil, de modo a não perderem o seu mercado para as europeias, foi a Lei de Tarifas, que proibisse virtualmente as importações de manufaturas com similares de fabricação nacional, ao mesmo tempo em que facilitava a entrada de máquinas e equipamentos sem cobertura cambial.

Não obstante seu esforço para manter razoável entendimento com os Estados Unidos, logo nos primeiros meses do governo, Kubitschek teve de enfrentar o problema dos acordos sobre política nuclear, firmados na administração de Café Filho. O major Carlos Molinari Cairoli descobriu na Secretaria-Geral do Conselho de Segurança Nacional os quatro documentos secretos que a Embaixada Americana remetera ao general Juarez Távora, e, após analisá-los, encaminhou-os ao general Lott, ministro da Guerra. O assunto logo transpirou e repercutiu nos meios militares, tomando o caráter de escândalo. O Emfa novamente se pronunciou. Com a Exposição de Motivos n° D-1, de 27 de fevereiro de 1956, dirigida a Kubitschek, reafirmou ser um imperativo da segurança e da sobrevivência do progresso industrial do Brasil o desenvolvimento dos trabalhos relativos à energia atômica e a salvaguarda dos minérios essenciais à sua produção, considerando os acordos assinados com os Estados Unidos não apenas inconvenientes como ilegais, porquanto violavam a Lei n° 1.310, de 15 de julho de 1951.[20] Sua crítica visava, especialmente, ao compromisso, que o Brasil assumira no Programa Conjunto, de exportar para os Estados Unidos quase a totalidade do urânio porventura descoberto no território nacional. E, a reiterar a recomendação para que o presidente da República não autorizasse outros acordos sem sua prévia audiência, o Emfa defendeu uma linha de resistência, salientando que

> o impulsionamento do estudo das questões atômicas e pesquisas correlatas constitui um imperativo do momento e que o Brasil está altamente capacitado para encarar com altivez, confiança e mesmo certa arrogância tais problemas, exigindo, no âmbito nacional, compensações muito maiores do que o simples pagamento em dinheiro, pois que em sua mão possui argumentos decisivos aos quais têm que se dobrar mesmo as mais poderosas nações.[21]

Um mês depois, na Exposição de Motivos n° 1/CPMPM, de 19 de março de 1956, o Emfa mais uma vez expressou sua opinião a Kubitschek, por julgar inoportuno novo compromisso internacional do Brasil para a exportação de tório, quando se acentuava cada vez mais nitidamente "o interesse universal sobre o material estratégico, que, inclusive, poderá vir a condicionar o próprio futuro energético do país".[22] O Emfa, em todos os seus pronunciamentos, apoiou e reforçou a doutrina do Conselho de Segurança Nacional, formulada ao tempo de Vargas e modificada por Távora, com base nos quatro documentos secretos da Embaixada Americana, durante a curta administração de Café Filho. Diante daquelas circunstâncias, com os pareceres do Emfa e o Conselho de Segurança Nacional a restabelecer as "normas muito salutares para o interesse nacional, sem optar por preferência e exigindo compensações específicas à saída de materiais atômicos",[23] Kubitschek só podia denunciar, como o fez, o Programa Conjunto de Cooperação para Reconhecimento dos Recursos de Urânio, bem como os contratos para a exportação de tório, enquanto autorizava a importação dos equipamentos, já pagos, liberados e ainda depositados na Europa, os quais se destinavam à montagem das usinas de separação de isótopos e produção de urânio metálico, nuclearmente puro.

Contudo, a partir de então, aquele programa de pesquisa, elaborado pelo almirante Álvaro Alberto da Mota e Silva, não mais avançou, por muito tempo, ao ponto de proporcionar ao Brasil o domínio da tecnologia da fissão nuclear. Mesmo com a criação da Comissão Nacional de Energia Nuclear, as usinas-piloto, cujos equipamentos a França e a República Federal da Alemanha haviam produzido, nunca foram realmente instaladas. E Kubitschek, em 31 de dezembro daquele ano, permitiu a venda de 150 t de monazita (volume bem menor do que do último contrato — 500 t — negociado pelo governo de Café Filho), concordando com a aquisição de 600 t de trigo, que prejudicaram enormemente o comércio do Brasil com a Argentina e o Uruguai. Sem dúvida alguma, ele não desejava engravescer as relações entre o Brasil e os Estados Unidos e aumentar as desconfianças dos conservadores, de modo a afetar a estabilidade de seu governo e prejudicar o andamento do Programa de Metas. Pela mesma razão, também autorizou o ajuste de 19 de janeiro de 1957, permitindo aos Estados Unidos a instalação, segundo os termos do Tratado Interamericano de Assistência Recíproca (Tiar), de 1947, e do Acordo Militar de 1952, de uma estação, na ilha de Fernando de Noronha, para o rastreamento de foguetes teleguiados, sob o pretexto de fortalecer a defesa conjunta do território nacional e do continente americano.

Essas concessões de Kubitschek não aliviaram, naturalmente, as crescentes dificuldades que interesses econômicos contraditórios criavam para as relações entre os dois países. Os Estados Unidos não cessavam de insistir para que o Brasil abrisse a exploração do petróleo aos grupos privados como requisito para a concessão de financiamento ao setor. Continuavam igualmente a opor-se à política de sustentação dos preços do café, cuja cotação baixou, em Nova York, de 60 para 85 pontos, paralelamente a um declínio de 19%, em 1957, nas exportações do produto, reduzindo a receita do Brasil à sua menor cifra desde 1953.[24] O valor das exportações do Brasil para os Estados Unidos também despencou de US$ 84,6 milhões, em janeiro de 1957, para US$ 53,4 milhões, em janeiro de 1958,[25] ano em que já se evidenciava a impossibilidade de prosseguir com a maximização das receitas cambiais por meio da sustentação dos preços do café. O déficit da balança comercial do Brasil, em 1957, alcançou então a soma de US$ 92,2 milhões, e somente nos três primeiros meses de 1958 totalizou US$ 50 milhões. A queda praticamente ininterrupta das exportações, entre 1951 e 1958, e depois a sua estagnação, até o final do governo de Kubitschek, concorrendo para comprimir sua capacidade de pagamentos, compeliam o Brasil a atritar-se com os Estados Unidos, a fim de modificar os termos da parceria e manter acelerado o ritmo de industrialização, que os investimentos diretos estrangeiros e os empréstimos haviam contribuído, na verdade, para viabilizar.

Com efeito, o impulso de desenvolvimento que o governo de Kubitschek, a complementar a obra de Vargas, promoveu modificou qualitativamente o perfil do parque industrial do Brasil, dando à sua economia características de maturidade capitalista, com as condições de autossustentar-se e autorreproduzir-se. A contribuição dos capitais estrangeiros foi, sem dúvida, bastante significativa. Entre 1955 e 1959, o Brasil, por meio da Instrução 113, da Sumoc, recebeu máquinas e equipamentos sem cobertura cambial, contabilizados, como investimentos diretos, em cerca de US$ 395,7 milhões, dos quais US$ 164,2 milhões (40,4%) eram da Europa Ocidental, quase alcançando o total dos capitais oriundos dos Estados Unidos, da ordem de US$ 192,5 milhões (8,8%).[26] Somente a República Federal da Alemanha respondeu por US$ 73,2 milhões (17,8%),[27] sendo que, de 1951 a 1961, ela destinou ao Brasil cerca de 17,6% de seus investimentos no exterior, ou seja, a importância de DM 598 milhões, a maior parcela durante o governo de Kubitschek.[28] Esse fato, o fluxo dos capitais europeus, os alemães à frente, foi o que, *inter alia,* mais induziu os Estados Unidos, antes esquivos e mesmo adversos, a incrementarem as aplicações de capitais de risco no Brasil a partir de 1956, de forma a não perderem as posições e conservarem a supremacia sobre o seu mercado.

O setor de bens de capital, que permitiria, com a reprodução ampliada, a autossustentação e a autotransformação da economia, foi o que menos contou com a participação de capitais estrangeiros, calculados entre 10% e 15% em 1959.[29] No entanto, foi o que mais se expandiu. De 1955 a 1960, enquanto a fabricação de bens de consumo cresceu 63%, a produção de máquinas e equipamentos, não obstante as importações subsidiadas pela Instrução 113 da Sumoc, aumentou 370%, o que possibilitaria, nos anos subsequentes, atender a aproximadamente 85% das demandas dos setores de petróleo e derivados, energia elétrica, siderurgia, cimento, papel e celulose.[30] Em 1958 ela já respondia por 55,5% do total da produção industrial, superando a de bens de consumo, cuja participação declinara para 44,5%.[31]

Essa mudança qualitativa na estrutura industrial ocorreu, em larga medida, devido às demandas do Estado, que desde Vargas se transformava em *capitalista coletivo real,* ao intervir cada vez mais na economia, a fim de impulsionar seus setores de base. A participação do Estado na formação bruta de capital fixo, da ordem de 15,8%, em 1947, começara a crescer a partir daquela época, e alcançou, em 1958, sob a administração de Kubitschek, o patamar de 40,8%, no qual se manteve, com pequenas variações, até 1962.[32] Ela ocorreu em setores estratégicos e vitais para o desenvolvimento do Brasil, nos quais os capitais privados estrangeiros não mais queriam investir, tais como energia elétrica e transporte, ou que o Estado decidira conservar sob seu controle, por motivos de segurança nacional, a exemplo da siderúrgica e do petróleo. E o governo de Kubitschek tratou assim de viabilizar, com os próprios recursos do Estado, o Programa de Metas, cujos fundamentos se encontravam nos estudos da Comissão Mista Brasil-Estados Unidos. Planejou e construiu hidrelétricas, reequipou e modernizou as ferrovias, compradas à Grã-Bretanha pelo governo de Dutra, e apoiou a implantação de outras siderúrgicas — Usiminas (Minas Gerais) e Cosipa (São Paulo) — enquanto ampliava a produção de Volta Redonda. A Petrobras, por outro lado, intensificou a pesquisa e a exploração do petróleo, passando a atender a cerca de 35% das necessidades nacionais daquele combustível, embora o seu consumo duplicasse entre 1955 e 1960. E as refinarias, no mesmo período, aumentaram sua produção de 180.022 b/d para 256.570 b/d.[33]

Os investimentos estatais, a exigirem maiores emissões, concorreram, evidentemente, para fomentar a inflação. E o Fundo Monetário Internacional, bem como as autoridades do Tesouro dos Estados Unidos, passaram a condicionar os financiamentos ao Brasil à adoção de um plano de estabilização monetária, que exigia, entre outras medidas, cortes radicais daquelas despesas. A recessão de 1957-1958, nos Estados Unidos, aprofundou ainda mais, por outro lado, a crise do café, cujos preços, com as exportações continuamente a caírem, o Brasil já não podia sustentar como forma de maximizar as receitas cambiais e assim custear as importações e a conta de serviços, sempre desequilibrada em consequência da evasão de capitais, sob a forma de remessa de lucros, juros, *royalties* e dividendos. A partir de 1955 até o final do governo de Kubitschek (1961), o Brasil perdeu, somente com a desvalorização dos preços do café e dos outros produtos primários, segundo os termos de troca de 1951-1953, o equivalente a US$ 1,4 bilhão, importância muito superior ao total dos recursos, da ordem de US$ 1 bilhão, que os Estados Unidos, cujo valor do atacado das exportações, por outro lado, subiram 10%, puseram à sua disposição desde o fim da Segunda Guerra Mundial.[34] A quantidade das vendas, compensando a queda dos valores, fora o que lhe possibilitara manter sempre superávit na sua balança comercial com os Estados Unidos.

O colapso dos preços do café e, mais ainda, do volume de suas exportações, a tombarem de 16,8 milhões de sacas (US$ 1 bilhão), em 1956, para 14,3 milhões (US$ 845 milhões), em 1957, e 12,8 milhões (US$ 687 milhões), em 1958,[35] impunha, portanto, ao Brasil, em pleno *boom* da industrialização, as mudanças, já previsíveis desde o governo de Vargas (1951-1954),[36] na sua política exterior, a fim de abrir novos mercados e redefinir as relações de parceria, de um lado, com os Estados Unidos e, do outro, com os demais países da América Latina. Essas mudanças começaram a delinear-se em 1958, enquanto o Brasil ainda negociava com o FMI, que considerava inadequadas e insuficientes suas medidas antiinflacionárias e insistia, dentro do que chamava *termo de bom viver*, na execução de um programa de estabilização monetária mais eficaz como condição para aprovar-lhe os financiamentos.[37] Kubitschek aproveitou a oportunidade, quando violentas manifestações ocorreram, no Peru e na

Venezuela, contra a visita do vice-presidente Richard Nixon, e escreveu a Eisenhower, exortando-o a rever a política dos Estados Unidos *vis-à-vis* a América Latina. Ele assim iniciou a Operação Pan-Americana, com a qual procurava expressar o inconformismo não apenas do Brasil, mas também dos outros países do continente, onde, segundo suas próprias palavras: "amadureceu a consciência de que não convém mais formarmos um mero conjunto coral, uma retaguarda incaracterística, um simples fundo de quadros".[38]

O objetivo da Operação Pan-Americana, com o Brasil a assumir, pela primeira vez, a liderança da América Latina, foi compelir os Estados Unidos a modificarem concretamente os termos de suas relações com a América Latina, ou mediante a estabilização dos preços dos produtos primários, de modo a evitar a evasão dos seus recursos e/ou possibilitando que os excedentes exportados a eles retornassem, sob a forma de maiores investimentos diretos e empréstimos, em quantidades necessárias ao seu desenvolvimento. Os princípios sobre os quais a Operação Pan-Americana se fundamentava eram os mesmos da doutrina que Francisco San Tiago Dantas, durante a IV Reunião de Consulta dos Chanceleres Americanos (1951), já defendera, argumentando que sem desenvolvimento, não se podia falar de segurança na América Latina, uma vez que as áreas de miséria e de pobreza continham um potencial de *agressão interna* e ameaçavam suas estruturas econômicas e sociais. Como o próprio Kubitschek afirmou, ao visitar a Escola Superior de Guerra, "a Operação Pan-Americana representa, precisamente, um protesto contra a desigualdade de condições econômicas neste Hemisfério, uma advertência pública e solene no tocante aos perigos latentes no atual estado de subdesenvolvimento da América Latina".[39]

A preocupação com a segurança do continente, explícita na OPA, constituía uma forma de sensibilizar os Estados Unidos para os problemas do subdesenvolvimento, como fator da instabilidade política e de ameaça aos regimes democráticos, favorecendo a expansão do comunismo, na medida em que gerava as condições para a revolução social. A convergência do Brasil com os Estados Unidos, ante a necessidade de preservar o sistema capitalista, codificado como Ocidente, assinalava, porém, a profunda divergência entre os dois países, cujos interesses em conflito condicionavam percepções contrárias do problema. A segurança da América Latina, para os Estados Unidos, consistia, essencialmente, na proteção das fontes de materiais estratégicos, tais como os campos de petróleo da Venezuela, as minas de estanho da Bolívia, as jazidas de cobre do Chile,[40] as reservas de manganês, tantalum, columbium, urânio e tório do Brasil, bem como das linhas de acesso a elas, a fim de garantir o abastecimento de suas indústrias. Qualquer iniciativa que afetasse os seus interesses ou as formas pelas quais eles se exprimiam e se articulavam, ou seja, a liberdade de comércio, a empresa privada, os investimentos estrangeiros e a livre circulação de capitais, indicava-lhes a inspiração do comunismo, com o qual o nacionalismo se fundia e se confundia, como a outra face da mesma moeda, na *Weltanschaung* das autoridades norte-americanas. Conforme a politóloga Jan K. Black, da Universidade de Novo México, observou, "todas as administrações nos Estados Unidos, quer do Partido Democrata quer do Partido Republicano, liberal ou conservadora, basearam suas políticas para a América Latina em considerações de segurança, inclusive a segurança dos negócios norte-americanos e dos seus interesses bancários".[41] A estabilidade, por conseguinte, só lhes importava onde e quando favorecia um bom clima para os negócios,[42] não os preocupando, efetivamente, o caráter do regime, se democrático ou ditatorial, a garanti-la.[43]

Por outro lado, o desenvolvimento, que o Brasil privilegiava como condição de segurança nacional e coletiva, implicava a adoção de algumas diretrizes contrárias, de um modo ou de outro, aos interesses particulares dos Estados Unidos, cujas políticas econômicas, orientadas tão somente pelo egoísmo nacional, estavam a solapar as próprias bases do sistema capitalista, ao permitirem e/ou mesmo concorrerem para a "coexistência da extrema riqueza e da extrema miséria" nas Américas.[44] E tal situação compelia o Brasil a modificar sua política externa, restabelecendo e fomentando o intercâmbio comercial com a União Soviética, disposta a trocar 200.000 t de petróleo cru pelos seus excedentes de café, algodão e cacau, bem como prestar-lhe substancial ajuda no esforço de industrialização. O escritor e industrial Augusto Frederico Schmidt, um dos ideólogos da OPA, advertiu, perante a Comissão Especial de Fomento Econômico da OEA, que, se os Estados Unidos não decidissem empreender um programa de assistência, em larga escala, aos seus vizinhos do Sul, a América Latina, mais precisamente o Brasil, voltar-se-ia cada vez mais para a União Soviética.[45] Haveria "muitos riscos", segundo ele, nos contatos com os regimes comunistas, "mas isso era preferível aos perigos do estancamento econômico".[46]

A abertura para o Leste daria ao Brasil, revigorando-lhe o poder de barganha, melhores condições de induzir os Estados Unidos a aceitarem, sem tanta resistência, a Operação Pan-Americana e fazerem maiores concessões, a fim de evitar que a União Soviética penetrasse economicamente na América Latina. Assim, no final de 1958, Kubitschek anunciou a decisão de restabelecer as relações comerciais com a União Soviética, cujo programa de auxílio aos países subdesenvolvidos elevara-se de zero, em 1954, para US$ 1,6 bilhão, em 1957.[47] E o tipo de auxílio, além de crescente, era, na opinião de Kubitschek, bastante favorável aos países subdesenvolvidos, pois se caracterizava, em geral, pela concessão de vultosos empréstimos, a juros baixos, amortizáveis em mercadorias, o que contornava o problema de divisas e oferecia aos produtos agrícolas de difícil colocação no mercado internacional algumas possibilidades de escoamento.[48]

A crise nas relações do Brasil com os Estados Unidos, a engravescer-se desde o início dos anos 1950, começou, por fim, a determinar a inflexão de sua política externa, compelindo-a a orientar-se com maior autonomia, cujos limites internacionais a administração de Dutra, ao romper, em 1947, com a União Soviética, ainda mais amesquinhara, e levando-a a servir pragmaticamente aos interesses nacionais de desenvolvimento. O Brasil, embora continuasse aliado aos Estados Unidos na defesa do sistema capitalista ocidental, não se dispunha a aceitar a estagnação, renunciando a seus objetivos históricos de tornar-se também uma potência industrial. O próprio Kubitschek, ao explicar os propósitos da OPA, advertiu: "Desejamos formar ao lado do Ocidente, mas não desejamos constituir o seu proletariado."[49]

A reformulação da política exterior do Brasil respondeu, naquelas circunstâncias, a uma necessidade econômica e a projeção das linhas, sobre as quais se pautaria, não se deveu à esquerda — nem ao Itamaraty, onde, aliás, o restabelecimento de relações comerciais com a União Soviética sofreu forte resistência do conservadorismo —, e sim ao próprio Kubitschek, sob influência direta de Augusto Frederico Schmidt e San Tiago Dantas, ambos ideologicamente oriundos da direita nacionalista, o integralismo, que fora o simulacro nativo do nazifascismo europeu.

O restabelecimento do intercâmbio comercial com a União Soviética poderia, na verdade, propiciar alguns resultados, se o Brasil se dispusesse politicamente a aproveitar aquela opção de negócios, com todas as suas consequências. O Brasil não se dispunha. O radical preconceito anticomunista, de um lado, e os interesses econômicos e comerciais vinculados aos Estados Unidos, do outro, permeavam profundamente a sociedade civil e o Estado, de modo a não permitir ou a bloquear qualquer iniciativa de maior aproximação da União Soviética, tanto que Kubitschek nem falou de restaurar as relações diplomáticas, rompidas em 1947. A situação nos anos 1950, em meio à Guerra Fria, era bem diversa daquela dos anos 1930, quando poderosos grupos, com influência também na sociedade civil e no Estado, particularmente nas Forças Armadas, favoreciam, por motivos materiais e ideológicos, a expansão do intercâmbio com a Alemanha nazista, possibilitando que Vargas explorasse as rivalidades internacionais em proveito do Brasil e dos seus projetos de desenvolvimento. O poder de barganha, que o reatamento de relações comerciais com a União Soviética proporcionava a Kubitschek, não era, portanto, suficiente para sensibilizar os Estados Unidos e persuadi-los a apoiarem programas de industrialização com capitais públicos, tal como a Operação Pan-Americana pretendia. Eles insistiam na prevalência dos capitais privados para os projetos de desenvolvimento, concordando apenas com a criação de um banco regional, a exemplo do que admitiram no Oriente Médio, e de um mercado comum latino-americano, que o Banco Interamericano de Desenvolvimento (BID) e a Associação Latino-Americana de Livre Comércio (Alalc) formalizariam.

A extensão das desavenças entre o Brasil e os Estados Unidos não transpareceu somente nos fortes atritos de Augusto Frederico Schmidt com Thomas Mann, durante as reuniões do Comitê dos 21, organizado para o encaminhamento da Operação Pan-Americana e no qual os dois se expressavam pelos seus respectivos países.[50] Conforme Kubitschek posteriormente revelaria, "os norte-americanos não só não ajudaram o Brasil como atrapalharam suas negociações com o FMI",[51] de cujo aval a liberação de um financiamento de US$ 300 milhões ainda dependia. Eles não consideraram satisfatórias as medidas do Programa de Estabilização Monetária, adotado pelo governo de Kubitschek em fins de 1958, após consulta informal ao FMI. E induziram esse organismo financeiro a exigir que o Brasil também reduzisse os investimentos públicos, sobretudo na Petrobras, o que inviabilizaria definitivamente o Programa de Metas, paralisando o esforço de industrialização. Ao pregarem a ortodoxia monetarista para o Brasil, os Estados Unidos, conforme as próprias palavras de Arthur Schlesinger Jr., historiador de Harvard e assessor do presidente John Kennedy, ficavam assim "na posição da prostituta, que, ao aposentar-se com suas economias, passa a acreditar que a virtude pública exige o fechamento de todos os bordéis".[52] Efetivamente, como também o próprio Schlesinger assinalou, se os critérios do FMI tivessem predominado nos Estados Unidos durante o século XIX, o seu desenvolvimento econômico teria sido muito mais lento.[53] Portanto, diante daquelas circunstâncias, a Kubitschek, empenhado em acelerar a expansão econômica do Brasil, só restou como alternativa, uma vez que queria e não podia afrontar diretamente os Estados Unidos, suspender todos os entendimentos com o FMI, manifestando a "determinação de caminharmos isolados, se necessário for",[54] ao mesmo tempo em que acusava aquele organismo financeiro e os "inimigos do Brasil independente" de tentarem forçar uma "capitulação nacional", a fim de que a indústria caísse em "mãos forasteiras".[55]

A atitude dos Estados Unidos, enrijecendo as exigências para a liberação do financiamento de US$ 300 milhões, encadeava-se naturalmente com um fato que, daí por diante, geraria uma série de outros conflitos, a deteriorarem cada vez mais, nos anos subsequentes, as relações daquele país com o Brasil. Em 13 de maio de 1959, um mês antes da suspensão dos entendimentos com o FMI, o governador do Rio Grande do Sul, Leonel Brizola, desapropriaria (com a autorização de Kubitschek, que supusera dar-lhe apenas um instrumento de pressão, não crendo que ele fosse utilizá-lo) a Companhia de Energia Elétrica Rio-grandense, filial da empresa norte-americana Bond & Share, porquanto ela se recusava a realizar os investimentos necessários para a superação da crise de energia elétrica em que o Estado se encontrava.[56] E outros estados, como Pernambuco, Bahia e Minas Gerais, logo se inclinaram a seguir o exemplo e expropriar outras concessionárias de serviços públicos. A suspensão dos entendimentos com o FMI tendeu, portanto, a desencadear uma escalada de atritos, que nem a Kubitschek nem a Eisenhower realmente interessava.

Àquela época, a revolução em Cuba, vitoriosa em janeiro de 1959, começava já a envesgar cada vez mais para a esquerda, impulsionada, em certa medida, menos por motivação ideológica ou vontade política de Fidel Castro do que, exatamente, pelas necessidades objetivas de realizar determinadas reformas, como a agrária, gerando uma dinâmica de conflitos com os Estados Unidos, por ferirem alguns dos seus interesses econômicos. O curso da Revolução Cubana, dessa forma, confirmava o pressuposto doutrinário da Operação Pan-Americana, segundo o qual, sem desenvolvimento econômico, as condições de segurança do hemisfério seriam precárias, pois as zonas de pobreza e de miséria criavam na América Latina um potencial de *agressão interna* que ameaçava suas estruturas sociais e os alicerces da democracia política. E as autoridades de Washington, algumas das quais já excogitavam não apenas a invasão de Cuba, mas também o próprio assassínio de Fidel Castro,[57] mostraram-se então mais flexíveis no encaminhamento dos problemas com o governo de Kubitschek.

Assim, em fevereiro de 1960, exatamente quando Cuba assinava um tratado com a União Soviética para a venda de sua produção de açúcar e recebia um empréstimo de US$ 100 milhões, a juros de 2,5%, além de assistência técnica, Eisenhower chegou ao Brasil, em visita oficial, a fim de manter entendimentos com Kubitschek. O objetivo da viagem, segundo se noticiou, era "fortalecer a segurança dos Estados Unidos em seu flanco Sul, no momento em que a União Soviética procura infiltrar-se neste continente" e "ajudar o desenvolvimento da América Latina".[58] Com efeito, tendo como pano de fundo a Revolução Cubana, os dois presidentes puderam fazer alguns acertos. Eisenhower instou Kubitschek a restabelecer as relações com o FMI, adiantando-lhe que o ponto de partida não mais seria o rigoroso modelo monetarista; insistiu também na necessidade de medidas de segurança contra o comunismo, por meio da articulação dos serviços de inteligência dos Estados Unidos e do Brasil, tal como ele próprio, Foster Dulles, e Allen Dulles, diretor da CIA, já haviam proposto.[59]

Kubitschek concordou em reiniciar o diálogo com o FMI, do qual o embaixador do Brasil em Washington, Walter Moreira Sales, e Per Jacobson, presidente daquele órgão financeiro, se encarregaram, e recebeu, alguns meses depois, um crédito de US$ 47,7 milhões. E, com o propósito de atender a Eisenhower na questão de segurança, determinou a organização do Serviço Federal de Informações e Contra-Informações (SFICI), da Junta Coordenadora de Informações, bem como das Seções de Segurança Nacional, nos ministérios civis, todos esses órgãos subordinados à Secretaria-Geral do Conselho de Segurança Nacional. Eisenhower, ao regressar a Washington, autorizou os preparativos para a invasão de Cuba, com a qual os conflitos, nos meses subsequentes, intensificar-se-iam, e autorizou, por outro lado, o plano de Douglas Dillon para a criação do Fundo de Progresso Social, que os Estados Unidos apresentariam, no marco da Operação Pan-Americana, à III Reunião do Comitê dos 21, prevendo investimentos, com recursos públicos, da ordem de US$ 500 milhões nas áreas de habitação, colonização de terras, abastecimento de água, higiene etc. Por seu caráter assistencialista, o plano não contemplava exatamente os objetivos de Kubitschek, que reivindicaria, com a Operação Pan-Americana, capitais públicos para projetos específicos de industrialização, a fim de dinamizar as forças produtivas, em particular, do Brasil e, no conjunto, da América Latina.[60]

Kubitschek chegava, porém, ao fim do seu mandato como presidente da República, assim como Eisenhower, nos Estados Unidos. Durante aquele período, conseguira, de um modo ou de outro, complementar a obra de Vargas, impulsionando e consolidando a industrialização do Brasil, em cuja economia os capitais norte-americanos, malgrado a princípio recalcitrarem, ampliaram enormemente sua participação. Entretanto, por isso mesmo, já se podia prever que as relações entre o Brasil e os Estados Unidos tendiam a encrespar-se ainda mais, devido a fatores internos e externos. De um lado, a crise social, no Brasil, já se delineava, em meio à crescente inflação (fora de 15%-20% até 1959), com o recrudescimento das lutas de classes, a abalar tanto as cidades (greves gerais) quanto os campos (ocupações de terra). Do outro lado, o fluxo dos investimentos estrangeiros, sobretudo sob a forma de importações subsidiadas de máquinas e equipamentos, isto é, sem a correspondente cobertura de divisas, já praticamente se esgotara e começava, após maturação, a fase em que as empresas, assim instaladas, tratavam de promover o repatriamento dos capitais, incrementando as remessas de lucros, dividendo e *royalties*, o que pressionava o câmbio e desequilibrava ainda mais o balanço de pagamentos, cujo déficit se elevara a US$ 410 milhões, dado que as exportações (das quais o café ainda representava cerca de dois terços) haviam praticamente estagnado. Não havia, portanto, recursos suficientes para atender às crescentes demandas econômicas e sociais da classe trabalhadora, que, robustecida quantitativa e qualitativamente pela própria industrialização, adquirira maior peso político, e, ao mesmo tempo, manter a taxa de investimentos necessários à continuidade da expansão capitalista do Brasil. A busca de novos mercados no exterior não apenas para o café e outros produtos primários, mas também para o excedente de manufaturas, conformou-se, então, como alternativa, o que implicava a reorientação da diplomacia para a África e a América Latina, com a perspectiva de ter de concorrer com a Europa, o Japão, e, sobretudo, os Estados Unidos.

Assim, essas e outras contradições internas e externas, a entretecerem-se e a realimentarem-se, espessaram popularmente o nacionalismo, cujas bandeiras, tais como a limitação das remessas de lucros para o exterior, os candidatos à sucessão de Kubitschek, tanto o marechal Henrique Teixeira Lott, pela aliança PSD-PTB, quanto Jânio Quadros, da UDN e outros partidos de oposição, trataram de disputar. O desafio revolucionário de Fidel Castro às pressões dos Estados Unidos, como a luta de Davi contra Golias, constituiu outro fator a aviventar o nacionalismo, na política interna, modelando a percepção de que o resultado das relações do Brasil com aquele país passava pela defesa da autodeterminação e da soberania de Cuba, qualquer que fosse a natureza política e ideológica do seu regime. O Brasil, ainda sob o governo de Kubitschek, apoiou, na VII Reunião de Consulta dos Chanceleres Americanos (em São José de Costa Rica, em agosto de 1960), a declaração que condenava a ingerência ou a ameaça de ingerência de potência extracontinental em assuntos das repúblicas americanas, mencionando especificamente a "pretensão das potências sino-soviéticas", mas reafirmava "o princípio de não intervenção de um Estado americano nos assuntos internos ou externos dos demais Estados americanos [...] com o propósito de impor-lhes suas ideologias ou princípios políticos, econômicos e sociais".[61]

A VII Reunião de Consulta dos Chanceleres evidenciou que os Estados Unidos encontravam cada vez maiores dificuldades de impor, plenamente, suas diretrizes políticas aos demais países da América Latina. O México não as aceitara. E o Brasil já demonstrava claramente que não dispunha de condições internas para as sustentar. Como candidato à sucessão de Kubitschek, Jânio Quadros, que visitou Cuba, tomara a defesa de autodeterminação cubana como um dos pontos principais de sua campanha para a presidência da República. E ganhou a eleição, por maioria absoluta, à mesma época em que John F. Kennedy, pelo Partido Democrata, triunfava nos Estados Unidos.

Notas

1 Minutas de 197ª Reunião do National Advisory Council on International Monetary and Financial Problems, Washington, 10/10/1952, NA NAC files, lot 60 D 137, *Minutes*.
2 James S. Kemper, embaixador dos Estados Unidos no Brasil, ao Departamento de Estado, Rio de Janeiro, 12/9/1954, 10 p.m., confidencial, NA 398.13/9-1254: Telegram. *Memorandum* de Jack C. Corbett, diretor do Office of Financial and Development Policy, ao secretário de Estado assistente para Assuntos Econômicos, NA 832.10/11-754.
3 *Draft Prospecting Agreement*, 9/3/1954, confidencial, fotocópia; Tratado de Pesquisas Minerais, 9/3/1954, doc. secreto n° 1, cópia; programa conjunto de cooperação para o reconhecimento dos recursos de urânio no Brasil, sem data, confidencial, ARA.
4 *Draft notes*, 22/3/1954, secreto, fotocópia; nota expositiva, doc. secreto n° 2, cópia, tradução, ARA.
5 Nota manuscrita de Juarez Távora, sem data e em papel timbrado da presidência da República, Gabinete Militar, com o seguinte texto: "Confidencial. Fontes de informação e origem da documentação sobre a política atômica brasileira-norte-americana". Seguem-se os nomes acima referidos, ARA.
6 Original em inglês do doc. secreto n° 3, com data de 28/9/1954, riscada e correções, fotocópia; doc. secreto n° 3, tradução, ARA.
7 Doc. secreto n° 4, ARA. "Lamento profundamente que esses documentos reservados, que me foram entregues em confiança e cujo conhecimento me interessava, tivessem vindo a público." Juarez Távora, *Átomos para o Brasil* (Rio de Janeiro: José Olympio, 1958), p. 235.
8 Doc. secreto n° 4 é, presumivelmente, cópia de carta de pessoa da Embaixada Americana, em resposta à indagação que alguém "[...] lhe fizera sobre a encomenda das ultracentrífugas". Id., ib., p. 247.
9 Ofício do coronel José Luiz Bettamio Guimarães, chefe do Gabinete da Secretaria-Geral do Conselho de Segurança Nacional, Rio de Janeiro, 25/11/1954, secreto, ARA.
10 Juarez Távora, op. cit., p. 38.
11 Carta de Távora ao chanceler Raul Fernandes, Rio de Janeiro, 24/12/1954, in Juarez Távora, op. cit., p. 45.

12 Id., ib., p. 90.
13 "O acordo no Programa Conjunto de Cooperação para o Reconhecimento dos Recursos de Urânio no Brasil [...] corresponde ao preconizado nos anexos n⁰ˢ 1 e 2 ao ofício n° 1.017 [...]." Ofício n° 0189/Gab./073, general de Brigada Nelson de Melo, chefe do Gabinete Militar e secretário-geral do Conselho de Segurança Nacional, aos membros da Comissão de Estudos para a Política da Energia Nuclear, Rio de Janeiro, 4/6/1956, secreto, ARA. O ofício n° 1.017, secreto, acima referido, era do coronel José Luiz Bettamio Guimarães a Távora e analisava os quatro documentos secretos da Embaixada Americana. Rio de Janeiro, 25/11/1954, fotocópia, ARA.
14 Exposição de Motivos n° D-2, Emfa ao presidente da República, 12-9-1955, ARA.
15 Esses ocorreram em 11 e 21 de novembro de 1955. Café Filho, supostamente enfermo, afastou-se e o presidente da Câmara de Deputados, Carlos Luz, o seguinte na linha de sucessão, assumiu interinamente a presidência da República, tentando, a pretexto de um incidente militar, demitir o ministro da Guerra, general Lott. O Exército interveio e o derrubou. O Congresso legalizou o ato, votando o *impeachment*. Café Filho então quis reassumir o governo e aconteceu-lhe o mesmo. Nereu Ramos, presidente do Senado, assumiu interinamente o governo, até a posse de Kubitschek.
16 Entrevista de Juscelino Kubitschek ao Autor, Rio de Janeiro, 7/2/1972.
17 Ib.
18 Ib.
19 Ib.
20 Exposições de Motivos n° D-1, Emfa ao presidente da República, 27/2/1956, ARA.
21 Id., ib.
22 Exposição de Motivos n° 1/CPMPM, Emfa ao presidente da República, 19-3-1956, ARA.
23 Ofício n° 0189/Gab./073, general Nelson de Melo aos membros da Comissão de Estudos para a Política da Energia Nuclear, secreto, ARA. A Câmara de Deputados instalou então uma Comissão Parlamentar de Inquérito para investigar os acontecimentos em torno da política nuclear, denunciados pelo deputado Renato Archer, que teve uma atuação marcante nos seus trabalhos. Relatório da CPI, in D. Salles, op. cit., p. 21-154.
24 *Correio da Manhã*, Rio de Janeiro, 4/5/1958, última página.
25 Id., ib., 23/4/1958, última página.
26 Heitor Ferreira Lima, *História político-econômica e industrial do Brasil* (São Paulo: Cia. Ed. Nacional, 1976), p. 401.
27 Id., p. 401.
28 Pinto Ferreira, *Capitais estrangeiros e dívida externa* (São Paulo: Brasiliense, 1965), p. 211-212.

29 Sérgio Magalhães, *Problemas do desenvolvimento econômico* (Rio de Janeiro: Civilização Brasileira, 1960), p. 33. A mais alta participação de capital estrangeiro (talvez até 50%) era na caldeiraria pesada. Id., p. 33.
30 H. Ferreira Lima, op. cit., p. 397.
31 Moniz Bandeira, *O caminho da revolução brasileira* (Rio de Janeiro: Melso, 1962), p. 56 e 130.
32 H. Ferreira Lima, op. cit., p. 396-397. Cibilis da Rocha Viana, *Estratégia do desenvolvimento brasileiro* (Rio de Janeiro: Civilização Brasileira, 1967), p. 18.
33 H. Ferreira Lima, op. cit., p. 389-390.
34 Nota oficial da Embaixada do Brasil em Washington, distribuída à imprensa pelo embaixador Roberto Campos e publicada sob o título "Ajuda dos EUA é pequena e cara, diz a Embaixada do Brasil", *Jornal do Brasil*, Rio de Janeiro, 24/1/1963, p. 3.
35 Relatórios do Banco do Brasil, 1957 e 1958, cf. *Correio da Manhã*, Rio de Janeiro, 14/6/1959, última página.
36 Despacho nº 154, Neville Butler, embaixador da Grã-Bretanha no Brasil, ao Foreign Office, Rio de Janeiro, 4/7/1951, Seção 1ª, PRO-FO 371 90563. *National Intelligence Estimate*, Washington, 4/12/1953, cit.
37 *Correio da Manhã*, Rio de Janeiro, 21/6/1958, p. 1.
38 Discurso de Kubitschek, *Correio da Manhã*, Rio de Janeiro, 21/6/1958, p. 1.
39 Discurso de Kubitschek na Escola Superior de Guerra, in *Correio da Manhã*, Rio de Janeiro, 28/11/1958, p. 1.
40 Jan Knippers Black, *Sentinels of Empire — The United States and Latin American Militarism* (Connecticut: Greenwood Press Westport, 1986), p. 10-12.
41 Ib., p. 13.
42 Ib., p. 12-14. Ver também L. Schoultz, op. cit., p. 113-116
43 Ib., p. 113-116.
44 Conferência de Kubitschek na Pontifícia Universidade Católica do Rio de Janeiro, in *Correio da Manhã*, Rio de Janeiro, 30/10/1958, última página.
45 *Correio da Manhã*, Rio de Janeiro, 19/6/1958, última página.
46 Ib., 16/11/1958, p. 1.
47 Discurso de Kubitschek no Palácio do Catete, *Correio da Manhã*, Rio de Janeiro, 26/11/1958, p. 1. Discurso de Kubitschek na Escola Superior de Guerra, in *Correio da Manhã*, Rio de Janeiro, 28/11/1958, última página.
48 Ib.
49 Conferência de Kubitschek na Pontifícia Universidade Católica, cit.
50 Comitê Especial de Estudos da Formulação de Novas Medidas para a Cooperação Econômica, formado pelos representantes dos países da América Latina e dos Estados Unidos. Sobre os incidentes, ver *Correio da Manhã*, Rio de Janeiro, 19/11/1958, p. 1, 25/11/1958, p. 1, e 1º/5/1959, p. 1.

51 Entrevista de Kubitschek ao Autor, cit.
52 Arthur Schlesinger Jr., *Mil dias (John Fitzgerald Kennedy na Casa Branca)* (Rio de Janeiro: Civilização Brasileira, 1966), v. 1, p. 177.
53 Ib., p. 177.
54 Discurso de Kubitschek, in *Correio da Manhã*, Rio de Janeiro, 18/6/1959 e 27/6/1959.
55 Ib.
56 Sobre o assunto ver Moniz Bandeira, *Brizola e o trabalhismo* (Rio de Janeiro: Civilização Brasileira, 1979), p. 61-62.
57 Sobre o assunto ver *Alleged Assassination Plots Involving Foreign Leaders — An Interim Report of the Select Committee to Study Governmental Operations with Respect to Intelligence Activities* (Washington: U.S. Government Printing Office, 1975), United States Senate, 94th Congress, 1st Session, November 20th (legislative day, November 18th), 1975, p. 71-179.
58 *Diário de Notícias*, Rio de Janeiro, 23/2/1960.
59 Entrevista de Kubitschek ao Autor, cit.
60 Ib.
61 "Declaração de São José da Costa Rica", in Organização dos Estados Americanos, 2ª Conferência Extraordinária, Rio de Janeiro, 17/11/1965, *Coletânea de documentos preparada para a imprensa* (Rio de Janeiro: out. 1965), v. 1, p. 3-4 da Ata Final da VII Reunião de Consulta dos Ministros das Relações Exteriores.

Capítulo III

AS POLÍTICAS DOS ESTADOS UNIDOS PARA A AMÉRICA LATINA • A REVOLUÇÃO CUBANA • AS VARIÁVEIS DA POLÍTICA DE KENNEDY • ALIANÇA PARA O PROGRESSO E *COVERT ACTIONS* • O GOVERNO QUADROS E A POLÍTICA EXTERNA INDEPENDENTE • AS CONVERSAÇÕES DE QUADROS COM ACHESON, DILLON E BERLE JR. • O GOLPE DA RENÚNCIA

Em 1952, quando Eisenhower, com o apoio do Partido Republicano, venceu a eleição para a presidência dos Estados Unidos, já se previa que os interesses dos grandes banqueiros, industriais e comerciantes, enfim, dos magnatas daquele país e, consequentemente, do mundo passassem a dominar a sua administração.[1] Esta era, pelo menos, a expectativa de Oswaldo Aranha, transmitida ao presidente Vargas e ao ministro do Trabalho, Danton Coelho, ao escrever-lhes de Washington que, tendo Wall Street como Estado-Maior, o governo de Eisenhower, militar e republicano, conjugaria essas duas forças, em reação à "nova ordem, que se iniciava pela libertação dos povos do regime colonial", pois "o capitalismo no poder não conhece limitações", sobremodo as de caráter internacional.[2] Com otimismo, no entanto, percebia que os norte-americanos não estavam unidos "no sentido de apoiar essa volta violenta a um passado internacional, que levará inevitavelmente o país à guerra com quase todos os demais povos".[3]

O governo de Eisenhower, com efeito, empenhou-se em promover os interesses das corporações norte-americanas, tratando de criar, internacionalmente, um clima político favorável à expansão de seus investimentos e proporcionar-lhes melhores condições de segurança e proteção. Qualquer movimento de mudança social e/ou de corte nacionalista, a ameaçar interesses privados dos Estados Unidos, afigurava-se-lhe, portanto, como obra do comunismo, que exigia pronta e enérgica repressão. Desse modo, conquanto Eisenhower e seu secretário de Estado, John Foster Dulles, negociassem a paz na Coreia, a CIA, sob a direção de Allen Dulles, colaborou com o Intelligence Service para derrubar o primeiro-ministro do Irã, Mohammed Mossadegh (1953), responsável pela nacionalização da Companhia Anglo-Iraniana de Petróleo,[4] e organizou e treinou um corpo de exilados políticos, a fim de invadir a Guatemala (1954), onde o governo de Jacobo Arbenz, realizando a reforma agrária, expropriara algumas terras da United Fruit e os comunistas, devido ao próprio conflito com os Estados Unidos, ganhavam algumas posições.[5] Essas duas operações secretas (*covert actions*) obtiveram êxito, mas o caso de Cuba constituiu um exemplo de como a política de Eisenhower, em sua dinâmica reacionária, resultou exatamente no oposto ao objetivo que colimava, isto é, ao invés de conter, compeliu o regime de Castro a buscar o respaldo da União Soviética e a radicalizar-se, aderindo ao marxismo-leninismo como forma de a comprometer, moral e politicamente, com a sua defesa. Como o cientista político norte-americano Martin C. Needler observou, não era inevitável que a Revolução Cubana evoluísse daquela forma, até o ponto de identificar-se com a doutrina comunista e seu estilo de governo.[6]

Kennedy, ao assumir a presidência dos Estados Unidos em 1961, já se defrontara com esse problema, cuja equação o próprio Eisenhower formulara, ao romper relações diplomáticas com Cuba, depois de ordenar secretamente à CIA que iniciasse os preparativos para invadir, mediante a organização e o treinamento de contingentes de exilados políticos, nos mesmos moldes de como antes agira no caso da Guatemala. E ele ou não pôde ou não quis deter o andamento da operação, embora se dispusesse a realizar um governo mais liberal e reformista, menos comprometido com os objetivos da comunidade de negócios. E assim a política dos Estados Unidos, sob sua administração, começou a desdobrar-se em duas variáveis — uma repressiva e a outra preventiva — *vis-à-vis* dos problemas da América Latina.

De um lado, prevendo a necessidade de combater outros focos revolucionários que em curto prazo aparecessem no continente, o governo de Washington criou grupos especiais de contrainsurreição (CI), com treinamento em táticas militares e paramilitares, bem como em técnicas de guerrilhas, ao mesmo tempo em que incrementava as ações ocultas (*covert actions*) da CIA, cujos agentes alcançaram considerável sucesso ao penetrarem, até 1962, a maioria dos partidos comunistas da América Latina.[7] As atividades clandestinas da CIA nos anos subsequentes constituíram-se, predominantemente, de operações paramilitares, chegando a superar as ações políticas e psicológicas na alocação dos seus recursos orçamentários por volta de 1967.[8]

A Aliança para o Progresso, por outro lado, representou a segunda variável. Ela consistia na execução de um programa de apoio, com assistência técnica e financeira dos Estados Unidos, aos governos civis e democraticamente eleitos, dispostos a fomentar o desenvolvimento nacional e a empreender reformas, sobretudo nas áreas de saúde, higiene, educação, moradia e colonização de terras, de modo a eliminar ou pelo menos reduzir as zonas de pobreza e de miséria, onde as péssimas condições de vida, a fome e o analfabetismo poderiam funcionar como aliados do comunismo, criando a possibilidade de que outro Castro surgisse no continente.[9] A Aliança para o Progresso defendia, outrossim, a reforma tributária, a reforma agrária e a estabilização dos preços dos principais produtos de exportação, ao mesmo tempo em que visava estimular as empresas privadas dos Estados Unidos a investirem mais nos países da América Latina e a mergulharem em suas economias, associadas aos capitais nacionais.[10] O corolário político do programa de Kennedy seria, por conseguinte, o "apoio inequívoco à democracia", principalmente à "democracia progressista" ou "esquerda democrática",[11] representada por líderes como Arturo Frondizi (Argentina), Paz Estensoro (Bolívia), Haya de la Torre (Peru) e Rómulo Betancourt (Venezuela).

A personalidade que mais atraiu Kennedy, naquele contexto, foi a do recém-eleito presidente do Brasil, Jânio Quadros, cujo carisma e estilo de liderança populista, demonstrado nas eleições e suplantando partidos e ideologias, davam-lhe condições de realizar certas reformas, na moldura da democracia representativa e da economia capitalista, e assim contrapor-se, como alternativa, ao modelo de Castro. Além do mais, o Brasil, o maior e o mais importante país da América Latina, atravessava grave crise financeira, com suas reservas monetárias praticamente exauridas e o déficit do seu balanço de pagamentos tendendo a subir para US$ 455 milhões, em 1961, devido ao vencimento simultâneo de vários créditos de curto prazo, para investimentos de longa maturação, contraídos pelo governo de Kubitschek.[12] E o próprio Quadros, durante a campanha eleitoral, já demonstrara que sua política exterior seguiria um curso próprio, independente e sem subordinação aos interesses dos Estados Unidos, aprofundando e definindo uma tendência histórica, insinuada na administração de Vargas (1951-1954) e depois esboçada pelo governo de Kubitschek. A defesa intransigente dos princípios de autodeterminação e não intervenção, salvaguardando Cuba, constituía, portanto, para o Brasil uma forma de afirmar-se soberanamente na política continental, cujos novos aspectos, conforme Afonso Arinos, ministro das Relações Exteriores no governo de Quadros, reconheceu, Kubitschek teve o mérito de formalizar "em termos políticos e não técnicos (como a Cepal) e forçar orientações governativas, inclusive dos Estados Unidos".[13]

Entretanto, em fins de fevereiro de 1961, Adolf Berle Jr., como enviado especial de Kennedy, chegou ao Brasil. Sua missão era articular o apoio ou, pelo menos, o beneplácito para a invasão de Cuba, segundo um plano que, elaborado pela CIA, começaria com operações contra as ditaduras de Rafael Trujillo, na República Dominicana, e François Duvalier, no Haiti,[14] assumindo então o caráter de um movimento geral pela restauração de democracia representativa nos diversos países do continente, onde quer que ditaduras existissem.[15] Essa exposição Berle Jr. fez a Afonso Arinos, com quem primeiro conversou, e deixou-lhe a impressão não de que Kennedy quisesse apresentar cruamente como barganha a concessão de auxílio econômico contra apoio à sua política, em face de Cuba, mas, sim, que dava a esta prioridade sobre qualquer outra.[16] Ao Brasil, de acordo com a proposta de Berle Jr., só restaria, por conseguinte, uma "singela alternativa", em que ou aceitava participar da ação contra Cuba, por meio do funcionamento da OEA, ou, não desejando cooperar nesse cerco diplomático, mantinha-se como espectador de uma "política de mãos-livres", isto é, de intervenção, executada diretamente por Venezuela, Colômbia, Nicarágua, Guatemala e El Salvador, com o apoio material dos Estados Unidos.[17] Arinos demonstrou-lhe então que, se o Brasil concordasse com aquela iniciativa, passaria igualmente a depender do julgamento que os Estados Unidos viessem a fazer do seu governo, dando-lhes assim prévia autorização para procederem da mesma maneira caso dissensões entre os dois países porventura ocorressem.[18] Berle Jr., a afirmar que nada impediria os Estados Unidos de invadirem Cuba, lamentou apenas que o Brasil se abstivesse ou ficasse contra aquela operação.

Na audiência com Quadros, em Brasília, ele mencionou, primeiramente, o propósito dos Estados Unidos de outorgar ao Brasil um crédito de US$ 100 milhões e só depois abordou a questão de Cuba, referindo-se ao plano de intervenção, que envolveria também operações para a derrubada das ditaduras de Trujillo e Duvalier, como antes já o expusera a Afonso Arinos.[19] Quadros, por sua vez, manifestou dúvida sobre se aceitaria ou não aquele crédito, uma vez que o montante não atenderia às necessidades do Brasil, e falou sobre sua intenção de executar um programa de austeridade financeira, que o tornaria "muito impopular", mas que não podia deixar de o fazer, porque o país estava à beira da bancarrota.[20] Precisaria, para tanto, de sólido suporte dos Estados Unidos.[21] Quanto à situação de Cuba, embora parecesse concordar, plenamente, com a análise de Berle Jr., argumentou que não podia empreender qualquer manobra audaciosa no exterior enquanto não controlasse melhor a crise econômica e social com que o Brasil se defrontava.[22] Ponderou então que, se tomasse semelhante iniciativa contra Cuba, o resultado seria uma explosão interna. E acentuou que não dispunha de maioria no Congresso, com o que, aliás, estava "satisfeito", porque ela seria muito "dispendiosa".[23] Quadros, evidentemente, condicionava qualquer forma de colaboração com os Estados Unidos, na questão de Cuba, ao atendimento dos graves problemas financeiros do Brasil, e enfatizou ainda mais as dificuldades políticas que enfrentava, a fim de encarecer sua posição nos entendimentos. Sem dúvida alguma, naquelas circunstâncias, não lhe era fácil recuar, abandonar os princípios de autodeterminação e não intervenção, e tanto Berle Jr. quanto o embaixador John Moors Cabot colheram a impressão de que ele fora sincero.[24]

O propalado incidente entre Quadros e Berle Jr., na verdade, não ocorreu. Nem Quadros repeliu a proposta de Berle Jr., "com polidez, mas com firmeza",[25] nem se despediu "sem lhe apertar a mão", depois de responder-lhe "tão secamente que ele não pôde prosseguir",[26] conforme as versões que ele próprio difundiu, para efeito de propaganda interna. A conversa, como Arinos posteriormente observou, "foi amistosa e nada teve da rispidez ou da intolerância com que os boatos do tempo a descreveram".[27] E, além do mais, não foi a única que Quadros manteve com uma autoridade dos Estados Unidos. Um mês depois, recebeu o secretário do Tesouro, Douglas Dillon, e voltou a falar de sua posição como presidente da República, ressaltando que, apesar de eleito pela maior margem de votos já registrada na história do Brasil, como repúdio às políticas da administração anterior, ele ainda operava com um Congresso politicamente envelhecido, no qual — insistiu — não contava com maioria, devido ao fato de que as eleições não foram simultâneas.[28] Declarou que assumira a presidência da República comprometido com a preservação da democracia e do *modo de vida livre* no Brasil, cujo rumo, sem dúvida alguma, influiria, decisivamente, sobre o destino do hemisfério.[29] Segundo ele ainda, com uma população de 70 milhões de habitantes, o Brasil, se ordenasse sua situação, converter-se-ia em poderosa força para a estabilidade política do continente. Porém, se inflectisse para o "caminho errado", toda a América Latina mais cedo ou mais tarde o acompanharia.[30]

Quadros disse a Dillon julgar-se no direito de pedir aos Estados Unidos que nele confiassem. Educado dentro das tradições de liberdade e democracia, ele cria fervorosamente nos mesmos ideais que fizeram dos Estados Unidos uma grande nação e o seu objetivo era fazê-los triunfar no Brasil.[31] Sua folha de serviço como prefeito e depois governador de São Paulo demonstrava que ele sempre trabalhara com austeridade financeira e pretendia dar o mesmo tipo de administração ao Brasil, a fim de acabar com a inflação e o déficit orçamentário. Assim, Quadros assegurou a Dillon que "não havia causa, qualquer que fosse, para dificuldades políticas entre os Estados Unidos e o Brasil".[32] E esperava que o governo de Kennedy compreendesse as condições em que ele chegara ao poder. Não tinha as mãos completamente livres. E somente na proporção em que internamente se fortalecesse, devido ao sucesso do seu programa econômico e financeiro, poderia adotar posições mais fortes em política continental.[33]

Quadros repetiu, em duas ocasiões, essa mesma ideia e Dillon, captando a mensagem, concluiu que ele instrumentalizava a política externa com uma retórica do tipo neutralista, a fim de avigorar sua posição contra a esquerda brasileira, na batalha pela aplicação do programa econômico e financeiro.[34] Também o ministro da Fazenda, Clemente Mariani, oferecera-lhe a mesma explicação, antecipando o que Quadros pessoalmente confirmaria. E, do mesmo modo que Berle Jr. e Moors Cabot, Dillon reteve a impressão de que Quadros fora sincero em suas confissões, mas previu que ele, ao utilizar primordialmente a política externa como ferramenta para resolver problemas domésticos, viria a obter efeitos inesperados e, com o tempo, desagradáveis.[35]

O fato de que Quadros instrumentalizava a política exterior com o propósito de resolver problemas domésticos demonstrava, inequivocamente, que a linha de independência por ele defendida correspondia a uma necessidade objetiva do desenvolvimento nacional, da qual já havia alto nível de consciência popular, que, por isso mesmo, repulsava qualquer forma de subordinação aos interesses dos Estados Unidos. A abertura para o Leste Europeu e a China Popular, aprofundando a tendência dos governos de Vargas e Kubitschek,[36] visava à conquista de novos mercados, a fim de aumentar as fontes de divisas e diversificar as linhas de comércio do Brasil. As mesmas razões, acrescidas de outras de ordem política, orientaram o esforço de entendimento com a Argentina,[37] em particular, e de aproximação da América do Sul, como um todo, bem como a inflexão para os países da África negra, sobretudo os da costa ocidental, onde fatores de segurança também recomendavam a presença do Brasil, de modo a obstaculizar ou pelo menos contrabalançar a influência soviética, a avançar então à custa do desgaste das potências colonizadoras e dos Estados Unidos.[38] E não seria defendendo o *big stick* contra Cuba ou a continuidade de Guiné-Bissau, Cabo Verde, Angola e Moçambique como províncias ultramarinas de Portugal que o Brasil robusteceria seu prestígio internacional, particularmente no Terceiro Mundo, e alcançaria aqueles objetivos comerciais e políticos.

Contudo — e precisamente porque sua preocupação se concentrava na propaganda interna — a prática de Quadros na política exterior permaneceu, sob vários aspectos, muito aquém de sua retórica, evidenciando que a prudência diplomática de Arinos, seu chanceler, prevaleceu em diversas circunstâncias. Se em realidade não concordou com o encaminhamento da intervenção em Cuba por meio dos mecanismos jurídicos da OEA, para o que o governo de Kubitschek se inclinara, Quadros tampouco manifestou mais que "profunda apreensão" diante da invasão de Playa Girón (Baía dos Porcos), que os Estados Unidos finalmente efetivaram, em 17 de abril de 1961, ao optarem pelo emprego direto de contingentes contrarrevolucionários, já organizados e treinados pela CIA, em face da dificuldade de obterem a anuência do Brasil e do México para uma ação conjunta de países da América Latina. Tampouco restabeleceu as relações diplomáticas com a União Soviética, para onde apenas enviou, em missão comercial, o então ministro Leão de Moura, enquanto o jornalista João Dantas, com o mesmo objetivo, viajava pelos demais países socialistas da Europa. E não reconheceu a República Popular da China, conforme prometera durante a campanha eleitoral, limitando-se a apoiar a discussão do seu ingresso na ONU e a incumbir o vice-presidente João Goulart de a visitar, igualmente em missão comercial.[39]

Entretanto, com pouco mais de um mês de governo, começou a aplicar rigoroso programa de estabilização monetária, desencadeado com a reforma cambial e a desvalorização do cruzeiro em 100%,[40] o que lhe valeu o aplauso do Fundo Monetário Internacional e das autoridades dos Estados Unidos, dispostas então a dar-lhe toda a assistência financeira.[41] Conforme Arinos reconheceu, foi a linha de independência na política exterior que "permitiu o apoio ou, pelo menos, a boa vontade popular para a política de saneamento financeiro e austeridade administrativa do governo", tornando, por sua vez, "possível o auxílio econômico e financeiro internacional ao Brasil".[42] Com efeito, em maio e junho de 1961, o ministro da Fazenda, Clemente Mariani, não somente conseguiu a consolidação da dívida externa do Brasil como também obteve novos financiamentos nos Estados Unidos.[43] O FMI prorrogou vencimentos imediatos da ordem de US$ 140 milhões e abriu-lhe novo crédito de US$ 160 milhões. O Eximbank consolidou todos os empréstimos compensatórios, no valor de US$ 213 milhões, bem como o saldo de US$ 92 milhões, relativo a financiamentos eventuais do balanço de pagamentos, e outro no montante de US$ 100 milhões. O governo de Washington outrossim forneceu um crédito de US$ 70 milhões para a compra de trigo, enquanto os bancos privados não só consolidaram dívidas no total de US$ 210 milhões como ainda emprestaram ao Brasil mais US$ 48 milhões.[44]

Esses "créditos vultosos foram conseguidos porque", conforme Arinos ressaltou, "o governo, pelo seu dinamismo e austeridade, inspirava confiança",[45] embora algumas atitudes de Quadros, em política exterior, intrigassem o Departamento de Estado e o próprio Kennedy chegasse a interpelar o ministro Clemente Mariani, que lhe pedira uma audiência para agradecer-lhe o apoio nas negociações financeiras, sobre o seu real significado, uma vez que, alegou, nunca determinara qualquer pressão sobre o Brasil.[46] O fato de que as divergências diplomáticas a respeito de Cuba — inclusive o incidente com Moors Cabot, que, por instrução do Departamento de Estado, criticara em público as diretrizes de Quadros sobre a questão — não provocaram maiores dificuldades evidenciava, na verdade, que a condução da política econômica e financeira do Brasil constituía a essência de suas relações com os Estados Unidos. E aí, onde Kubitschek recalcitrara, Quadros logo cedera, devido aos seus compromissos materiais e ideológicos com a comunidade empresarial, que sustentara a sua candidatura.[47]

O verdadeiro propósito de Quadros, ao promover a política exterior com "certas roupagens provocadoras e demagógicas", como Arinos reconheceu, enquanto executava medidas econômicas e financeiras nos moldes aprovados pelo FMI e pelas instituições internacionais de crédito, era criar condições para obter o mais amplo respaldo possível tanto da esquerda quanto de direita, interna e externamente, quando provocasse o impasse nacional que planejava, de modo a compelir o Congresso a outorgar-lhe a soma dos poderes. Não era sem objetivo, portanto, que chamara insistentemente a atenção dos norte-americanos — Berle Jr. e Douglas Dillon — para a circunstância de que não dispunha de maioria no Congresso — com o que, por mais estranho que parecesse, estava "satisfeito" — nem queria formá-la, pois ela seria "dispendiosa", forçando-o a muitas concessões. Conforme posteriormente manifestou a Arinos, ele, "preso pelas estruturas reacionárias, não conseguiria cumprir os compromissos assumidos com o povo que o elegera",[48] razão pela qual tinha a "intenção de modificar as instituições do governo para poder governar".[49]

No entanto, exatamente como Douglas Dillon previra, Quadros começou, com o tempo, a colher resultados surpreendentes e desagradáveis. A CIA e a DIA, o serviço secreto do Exército dos Estados Unidos,[50] já o julgavam, desde o começo de 1960, "vulnerável" à influência comunista.[51] A manipulação da política externa, a fim de alcançar, em certos aspectos, objetivos de política interna, revigorou aquela suposição, alimentando maiores desconfianças. E, segundo se sabe, os oficiais dos Estados Unidos, na Comissão Militar Mista, manifestaram abertamente aos seus colegas do Brasil desapontamento e contrariedade com as posições de Quadros. Assim, embora as Forças Armadas fossem a "única instituição que lhe dava decidido apoio, sem receios nem interesses",[52] como Arinos assinalou, a "infiltração da propaganda norte-americana da guerra fria no meio dos oficiais superiores"[53] criou resistências à política do Brasil em face de Cuba, levada a termos de provocação quando Quadros condecorou o comandante Ernesto *Che* Guevara em seu regresso da Conferência de Punta del Este (5-17/8/1961), onde ele se recusara a assinar a carta de lançamento da Aliança para o Progresso. Vários oficiais das Forças Armadas, em movimento de protesto, devolveram então suas comendas e, em 24 de agosto, o ministro da guerra, marechal Odilio Denys, submeteu previamente a Quadros o comunicado que preparara para o Dia do Soldado, "expressando nossa adesão ao princípio de autodeterminação dos povos, com base em eleições livres e periódicas, e bem assim a nossa repulsa a qualquer forma de intervenção, seja através da infiltração ideológica ou da subversão política".

A ordem do dia, em seguida, afirmava que: "O Brasil segue, assim, em busca de seus gloriosos destinos [...], pelos caminhos da paz, do progresso entre os povos, sem quebra dos compromissos assumidos com as demais nações que vivem em comunhão conosco nos mesmos ideais democráticos e cristãos".[54]

O marechal Denys, no seu texto, condicionava o respeito à autodeterminação, que o Brasil defendia — e não podia ser de outra forma —, como princípio irrestrito do direito internacional à realização de eleições livres e periódicas, e acusava implicitamente a União Soviética de intervenção ideológica e subversão política, caracterizando assim as condições para a aplicação das penalidades jurídicas e políticas do sistema interamericano, como medidas preliminares da ação armada contra Cuba, intentada ainda pelos Estados Unidos, sob o manto da OEA. Ao mesmo tempo, o marechal Denys cobrava de Quadros a observância dos compromissos assumidos com as nações "democráticas e cristãs", ou seja, com os Estados Unidos. O texto de ordem do dia espelhava fielmente a linha que o embaixador Moors Cabot tentara, com insistência, compelir o Brasil, através de Arinos, a adotar[55] depois do fracasso da invasão de Playa Girón, e constituía um meio de constranger Quadros, pressioná-lo, indicando, em nome do Exército, o caminho a seguir no caso de Cuba. Quadros leu-o e nada disse. Afinal ele próprio assinara com os presidentes do Chile e do Peru declarações conjuntas no mesmo teor. E, na noite do mesmo dia, o jornalista Carlos Lacerda, então governador do Estado da Guanabara,[56] compareceu à televisão e delatou as articulações de Quadros e de seu ministro da Justiça, Oscar Pedroso Horta, para desfechar um golpe de Estado.

Tornava-se claro, àquela altura, que as forças da extrema direita, tendo Lacerda como porta-voz, queriam abortar o plano de Quadros. Não lhes interessava, justamente por motivos de política externa, que ele assumisse poderes discricionários na política interna. E não restou a Quadros, como alternativa, senão precipitar os acontecimentos. A fim de resolver a crise do poder, apelou para o poder da crise, renunciando à presidência da República. Calculava que esse seu gesto desencadearia, como o suicídio de Vargas, violenta reação popular, o clamor das massas, a imaginarem que os militares o haviam derrubado por causa de sua política externa. E sabia que os comandos das Forças Armadas, por outro lado, não aceitariam a ascensão à chefia do governo do vice-presidente João Goulart, eleito pelo PTB, suspeito de manter conexões com os comunistas e então em viagem de caráter comercial, por ele, Quadros, determinada à República Popular da China. Assim, ante o impasse político e institucional, seu retorno à presidência da República afigurar-se-ia como a única saída para a crise, com o que ele concordaria, impondo como condição que o Congresso lhe delegasse as faculdades legislativas. Essa era uma, talvez a única, das "fórmulas e soluções" que Quadros, conforme posteriormente confessaria, examinara, com o objetivo de "fortalecer a autoridade do governo", pois o considerava "desaparelhado" para enfrentar os problemas do país, "sem o sacrifício, contudo, dos aspectos fundamentais da mecânica democrática".[57]

O diretor da CIA, a qual já estava a prever que distúrbios ocorreriam, no Brasil, "em virtude do namoro de Quadros com o Bloco (Soviético) e da sua tendência para ações apressadas e dramáticas",[58] enviou a Kennedy, no mesmo dia do acontecimento, 25 de agosto de 1961, um *memorandum*, a fim de informá-lo que "ele [Quadros] provavelmente renunciou na expectativa de provocar uma forte manifestação de apoio popular, em resposta à qual poderia reassumir o posto em melhor posição contra seus opositores".[59]

A CIA rememorou que Fidel Castro certa vez resignara o governo de Cuba com tal propósito e que Perón o fizera mais de uma vez. E observou, em seguida, que os altos escalões das Forças Armadas, embora desgostassem de Quadros, não o impediriam de voltar ao poder.[60] Em avaliação, realizada alguns meses depois, ela, após qualificar a personalidade de Quadros como "instável, ambiciosa de poder, porém frustrada pelas dificuldades de dominar efetivamente os problemas crônicos do

Brasil", confirmou que ele saíra do governo, "contando em ser logo chamado com os poderes fortalecidos", mas, para a sua "aparente grande surpresa", o Congresso, com rapidez, aceitou-lhe a renúncia.[61]

Com efeito, o plano esbarrondou-se. O governador Leonel Brizola, que começara a mobilizar o Rio Grande do Sul em favor de Quadros, defrontou-se com um fato consumado e evoluiu para outra etapa: garantir a posse de João Goulart na presidência da República, vetada pelos ministros militares, Odilio Denys (Guerra), Sílvio Heck (Marinha) e Gabriel Grunn Moss (Aeronáutica). A comoção nacional, que Quadros desejara, só então ocorreu, não para clamar pela sua volta e sim para defender o respeito à Constituição, ou seja, para garantir a posse de Goulart como presidente da República. O III Exército, cujo comando tinha a sede em Porto Alegre, apoiou o governador Leonel Brizola, que levantara o povo do Rio Grande do Sul em favor da legalidade democrática. E a reação ao golpe de Estado, a espraiar-se por todo o país, fraturou profundamente as Forças Armadas e avigorou a resistência no Congresso.[62] Por outro lado, embora a Embaixada dos Estados Unidos entrasse em pânico ante a perspectiva da ascensão de Goulart à chefia do governo[63] e informes extraoficiais da CIA e do Pentágono, bem como a comunidade empresarial norte-americana no Brasil, estimulassem o movimento para, de qualquer forma, a impedir,[64] o Departamento de Estado resolveu não atender às solicitações para intervir na crise, inclusive militarmente, como o próprio Richard Nixon, ex-vice-presidente de Eisenhower, advogou.[65] E a política de Kennedy de não favorecer golpes de Estado, ameaçando não reconhecer governos que deles emanassem e cortar os recursos da Aliança para o Progresso, inibiu a ação dos três ministros militares. Assim, sem condições nacionais e internacionais, Denys, Heck e Grunn Moss não puderam fechar o Congresso, cuja ampla maioria se recusava a legalizar o golpe de Estado, com a aprovação do *impeachment* de Goulart. E aceitaram a implantação do regime parlamentarista, como fórmula que possibilitaria a Goulart, desvestindo-se dos poderes, investir-se como presidente do Brasil. A fim de evitar qualquer derramamento de sangue, Goulart também concordou, apesar de que, àquela altura, pudesse obter a soma dos poderes, que Quadros ambicionara, se marchasse sobre Brasília com as forças do Rio Grande do Sul e o respaldo da opinião pública nacional, conforme Brizola insistira.[66]

NOTAS

1 Carta de Aranha a Vargas, Washington, 2/12/1952, pasta de 1952, AGV. Carta de Aranha a Dalton Coelho, Washington, 4/12/1952, id., ib.
2 Carta de Aranha a Vargas, Washington, 2/12/1952, id., ib.
3 Id.
4 David Wise e Thomas Ross, *O governo invisível* (Rio de Janeiro: Civilização Brasileira, 1965), p. 114-118.
5 Id., p. 174-192.
6 Martin C. Needler, *The United States and the Latin American Revolution* (Los Angeles: UCCLA Latin American Center Publications, University of California, 1977), p. 33-34.
7 U.S., Congress, Senate, *Supplementary Detailed Staff Reports on Foreign and Military Intelligence (Final Report of the Select Committee to Study Governmental Operations with Respect to Intelligence Activities)* (Washington: U.S. Government Printing Office, 1976), book IV, 94th Congress, 2nd Session, Report n° 94-755, p. 49.
8 Ib., p. 67.
9 U.S., Congress, Senate, *Hearings Before the Select Committee to Study Governmental Operations with Respect to Intelligence Activities (Covert Action)* (Washington: U.S. Government Printing Office, 1976), vol. 7, 94th Congress, 1st Session, Dec. 4-5, 1975, p. 151.
10 A. Schlesinger Jr., op. cit., vol. 1, p. 197.
11 Id., p. 190 e 225.
12 Despacho n° 627, Embaixada Americana para o Departamento de Estado, "The Financial Situation Confronting President-Elect Jânio Quadros", 23/1/1961, a) Herbert K. May, Treasury Attaché, JFKL — Countries: Brazil, 1961, Box 1121.
13 *Memorandum* de Arinos a Quadros durante a campanha eleitoral, in Afonso Arinos de Melo Franco, *Planalto (Memórias)* (Rio de Janeiro: José Olympio, 1968), p. 79.
14 *Memorandum* de Arinos a Quadros, 28/2/1961, secreto, sem cópia no AHI, reproduzido in A. A. de Melo Franco, op. cit., p. 83-84. Telegrama 1.130, 3/3/1961, 1 p.m., Moors Cabot para o secretário de Estado, confidencial, desclassificado em 27/8/1975, JFKL.
15 A. A. de Melo Franco, op. cit., p. 86. Entrevista de Arinos ao Autor.
16 *Memorandum* de Arinos a Quadros, 28/2/1961, in op. cit., p. 84.
17 Ib.
18 Entrevista de Arinos ao Autor.
19 Telegrama 1130, 3/3/1961, 1 p.m., Cabot para o secretário de Estado, confidencial, JFKL.

20	Ib.
21	Ib.
22	Ib.
23	Ib.
24	Ib.
25	Jânio Quadros, "Exposição", 15/3/1962, in Castilho Cabral, *Tempos de Jânio e outros tempos* (Rio de Janeiro: Civilização Brasileira, 1962), p. 304.
26	Entrevista de Jânio Quadros a Almyr Gajardoni, in *Veja*, n° 155, 25/8/1971, p. 21.
27	A. A. de Melo Franco, op. cit., p. 85.
28	Telegrama 1.284, 12/4/1961, 12 p.m., da Embaixada Americana para o Departamento de Estado, contendo a mensagem de Dillon para Kennedy, secreto, JFKL.
29	Ib.
30	Ib.
31	Ib.
32	Ib.
33	Ib.
34	Ib.
35	Ib.
36	A. A. de Melo Franco, op. cit., p. 131.
37	Sobre o assunto, ver Moniz Bandeira, *O eixo Argentina-Brasil*, cit., p. 37-39.
38	A. A. de Melo Franco, op. cit., p. 143-145.
39	Ib.
40	*Memorandum*, Dean Rusk, secretário de Estado, para Kennedy, 21/3/1961, JFKL.
41	Ib.
42	A. A. de Melo Franco, op. cit., p. 94-95.
43	Jânio Quadros, "Exposição", 15/3/1962, in Castilho Cabral, op. cit., p. 300-301.
44	Ib., p. 300-301.
45	A. A. de Melo Franco, op. cit., p. 155-156.
46	Informação do ministro-conselheiro Carlos Alfredo Bernardes, que acompanhou o ministro Mariani à audiência com Kennedy, ao Autor, em 1971. Arinos também soube desse fato, contado por um dos presentes.
47	Ver René Armand Dreyfuss, *1964: A conquista do Estado* (Petrópolis: Vozes, 1981), p. 125-130.
48	A. A. de Melo Franco, op. cit., p. 140 e 162.
49	Ib.
50	Defense Intelligence Agency.
51	Jan K. Black, *United States Penetration of Brazil* (University of Pennsylvania Press, 1977), p. 40.

52 A. A. de Melo Franco, op. cit., p. 131.
53 Ib., p. 98.
54 Ver Moniz Bandeira, *O 24 de agosto de Jânio Quadros* (Rio de Janeiro: Ed. Melso, 1961), p. 53-54. Estudo reeditado in Moniz Bandeira, *A renúncia de Jânio Quadros e a crise pré-64* (São Paulo: Brasiliense, 1979), p. 49-50.
55 A. A. de Melo Franco, op. cit., p. 90-98.
56 A cidade do Rio de Janeiro, com a transferência da capital para Brasília, transformou-se em estado da Guanabara, que só posteriormente desapareceria, fundindo-se com o antigo estado do Rio de Janeiro.
57 Jânio Quadros e Afonso Arinos de Melo Franco, *História do povo brasileiro*, 1ª ed. (São Paulo: J. Quadros Ed. Cult. S.A., 1967), vol. VI — O Brasil Contemporâneo, Crises e Rumos (col. de Antônio Houaiss e Francisco de Assis Barbosa), p. 236-246.
58 *Memorandum* 25/23 03Z Aug., Received 25/23 16Z, do diretor da CIA para a Casa Branca, aos cuidados do coronel Mc Hugh, JFKL.
59 Ib.
60 Ib.
61 *Special National Intelligence Estimate nº 93-2-61, Short-Term Prospects for Brazil under Goulart*, 7/12/1961, secret, NLK-76-199 — 3, JFKL. O livro de Moniz Bandeira, *O 24 de agosto de Jânio Quadros*, cit., foi o primeiro a revelar o verdadeiro objetivo da renúncia, que era o de provocar uma crise institucional, a fim de que Quadros pudesse voltar como virtual ditador, forçando o Congresso a delegar-lhe os poderes legislativos. Esse livro foi publicado dois meses após o episódio, em novembro de 1961, com base em informações obtidas de fontes fidedignas, uma vez que o Autor, na época, era o editor político do *Diário de Notícias* do Rio de Janeiro. A versão então corrente — e até hoje divulgada por escritores estrangeiros, como Eduardo Galeano — era a de que Quadros fora deposto por um golpe militar.
62 Sobre o assunto ver Moniz Bandeira, *O governo João Goulart — As lutas sociais no Brasil — 1961-1964* (Rio de Janeiro: Civilização Brasileira, 1977), p. 20-24. Do mesmo autor, *Brizola e o trabalhismo*, cit., p. 75-85.
63 J. K. Black, *United States Penetration in Brazil*, cit., p. 40.
64 Ib.
65 Informação prestada ao Autor pelo ministro-conselheiro Carlos Alfredo Bernardes, que servia na Embaixada do Brasil em Washington e tomou conhecimento dessa declaração por meio de uma agência de notícias. Sobre o assunto ver Moniz Bandeira, *Presença dos Estados Unidos no Brasil* (Rio de Janeiro: Civilização Brasileira, 1973), p. 418 e 420. O próprio secretário de Estado, Dean Rusk, disse ao chanceler San Tiago Dantas, em 1962, que o governo dos Estados Unidos recebera solicitações para intervir no Brasil, quando Quadros

renunciou, e decidiu não atendê-las, o que, segundo ele, era também uma forma de intervenção. Entrevista de Renato Archer ao Autor. Outros delegados, que acompanhavam San Tiago Dantas, também reproduziram essa conversa para o Autor.

66 Moniz Bandeira, *O governo João Goulart*, cit., p. 23-24.

Capítulo IV

AS NECESSIDADES NACIONAIS E A POLÍTICA EXTERNA INDEPENDENTE • O GOVERNO GOULART, A QUESTÃO DE CUBA E O REATAMENTO COM A UNIÃO SOVIÉTICA • OS REFLEXOS DO AGUÇAMENTO DAS LUTAS SOCIAIS SOBRE AS RELAÇÕES COM OS ESTADOS UNIDOS • A POLÍTICA DE KENNEDY PARA O BRASIL • OS ESTADOS UNIDOS E O GOLPE MILITAR DE 1964

Os serviços de inteligência dos Estados Unidos avaliaram que a crise constitucional, desencadeada pela renúncia de Quadros, restringiria, pelo menos durante algum tempo, a expansão da influência internacional do Brasil, cuja "aspiração ao *status* de grande potência sofrera um revés".[1] Eles acreditavam que o Brasil persistiria em sua posição, contrária às sanções contra Cuba, e que, embora houvesse restabelecido (em menos de três meses) as relações diplomáticas com a União Soviética (o que Quadros prometera e em sete meses não chegara a cumprir), seus vínculos com os países do Bloco Socialista não iriam muito além daquela moldura. O governo de Goulart, segundo estimavam, continuaria a acentuar o caráter "independente" de sua política externa, porém a necessidade de obter financiamentos bem como considerações de ordem interna torná-la-iam "menos truculenta" *vis-à-vis* dos Estados Unidos do que fora na administração de Quadros.[2]

Não obstante a moderação, Goulart, em verdade, tinha menos condições do que Quadros para modificar os rumos da política externa, em virtude não apenas das necessidades objetivas do desenvolvimento nacional, a demandarem a abertura de novos mercados, mas também dos compromissos políticos e ideológicos com a classe trabalhadora, suporte eleitoral do PTB, os quais também o coibiam, por outro lado, de executar coerentemente qualquer programa de estabilização monetária, conforme o FMI e as entidades financeiras internacionais exigiam, como requisito para a concessão de linhas de crédito ao Brasil. Com ele, as pressões dos sindicatos passaram, pela primeira vez, a influir diretamente sobre o governo, condicionando suas decisões políticas e obstaculizando a aplicação de medidas econômicas, como a contenção dos salários, contrárias aos interesses dos trabalhadores. A tendência nacional-reformista de Goulart, pois, diferia essencialmente do populismo de Quadros e daí as crescentes dificuldades internas e externas com as quais ele se defrontou antes e depois de sua ascensão à presidência da República. A comunidade empresarial, sobretudo o setor estrangeiro, mobilizou-se, a fim de combatê-lo, e concorreu decisivamente para induzir Kennedy, por fim, a antagonizá-lo.[3] As relações do Brasil, onde as lutas de classes se intensificavam, com os Estados Unidos, traumatizados pela Revolução Cubana, não podiam senão degenerar-se em meio a sucessivos problemas, a emergirem, interna e externamente, e a conturbá-las, aguçando-lhes as contradições.

A política exterior constituiu, sem dúvida, importante fator de desconfiança e conflito entre os dois países, porque a linha de independência, que Quadros focalizara com as luzes da ribalta, não decorria de uma opção ideológica, e sim do amadurecimento da consciência, sob crescente pressão das necessidades do próprio Estado nacional, de que os interesses dos Estados Unidos, em sua condição de potência hegemônica, nem sempre coincidiam e no mais das vezes se contrapunham aos do Brasil, enquanto país também capitalista e em rápida expansão. San Tiago Dantas, um dos responsáveis, desde o segundo governo de Vargas, pelo delineamento da resistência às diretrizes dos Estados Unidos, consolidou os fundamentos doutrinários da chamada política externa independente quando assumiu o cargo de ministro das Relações Exteriores de Goulart, sob o regime parlamentarista, afirmando que ela se pautava apenas pela "consideração exclusiva do interesse do Brasil, visto como um país que aspira ao desenvolvimento e à emancipação econômica e à conciliação histórica entre o regime democrático representativo e uma reforma social capaz de suprimir a opressão da classe trabalhadora pela classe proprietária".[4]

O restabelecimento de relações diplomáticas com a União Soviética, que ele efetivou, obedeceu às conveniências econômicas e políticas nacionais, uma vez que o Bloco Socialista, cujo índice de crescimento do comércio, da ordem de 6,47%, era, àquela época, o mais elevado do mundo, oferecia boas oportunidades de negócios, e o Brasil somente as poderia melhor aproveitar se saísse do seu autoimposto isolamento político. Ante a perspectiva de que sua população, a crescer, como estava, a uma taxa de 3,5%, saltaria de 70,5 milhões de habitantes, em 1960, para 99 milhões, em 1970, e 125 milhões, em 1980, o Brasil, onde a renda *per capita* era então de US$ 240, necessitava duplicar as exportações, elevá-las de US$ 1,4 bilhão para US$ 3,1 bilhões, em 1965, de modo a ampliar a própria capacidade de importação de bens de capital e insumos básicos, necessários à manutenção de um ritmo acelerado de expansão econômica, no mínimo de 7,5% a.a., evitando assim que a pauperização e o aumento da miséria, dentro de 20 anos, reproduzissem, em seu território, o "espetáculo das comunidades asiáticas em franca regressão".[5] Conforme San Tiago Dantas salientou: "um país sobre o qual pesa esse desafio não tem o direito de colocar limites de qualquer natureza à sua necessidade de procurar novos mercados. Discriminar é fazer discriminação à custa do futuro do seu povo e das condições mínimas do seu desenvolvimento e da sua segurança econômica".[6]

Os termos de comércio que a União Soviética oferecia eram realmente bastante favoráveis e atrativos para o Brasil, a enfrentar gravíssima crise cambial. Ela se dispunha a projetar, construir e financiar, em longo prazo, a represa hidrelétrica de Itaipu, recebendo parte do pagamento em café, algodão, arroz e outras *commodities*,[7] em troca das quais também se dispunha a fornecer petróleo, trigo, bem como equipamentos e máquinas.[8] Por isso, em abril de 1963, o Brasil concluiu um acordo de comércio e pagamento com a União Soviética, visando ao incremento do intercâmbio, que passaria de US$ 70 milhões, em 1962, para US$ 160 milhões, em 1963, US$ 200 milhões, em 1964, e US$ 225 milhões, em 1965, segundo as estimativas.[9] Assim, se tais metas se cumprissem por volta de 1965 estaria a receber da União Soviética cerca de um terço de suas importações de óleo cru e subprodutos do petróleo.[10] Aos Estados Unidos, evidentemente, não convinha que aqueles dois países intensificassem suas transações bilaterais, sobretudo à base de acordos de pagamentos, contrariando-lhes os esforços para promover a multilateralização do comércio, por meio da livre conversibilidade das moedas. E Robert Kennedy, secretário de Justiça e irmão do presidente, expressou pessoalmente a Goulart a inconformidade norte-americana com os negócios entre o Brasil e a União Soviética, ao visitar Brasília no final de

1962. Suas razões não eram naturalmente ideológicas, e sim de política comercial e de competição por mercados, posição em que Goulart se colocou, respondendo-lhe que o Brasil daria a preferência aos Estados Unidos desde que estes lhe oferecessem as mesmas condições de comércio, sem o dispêndio de divisas. E era o que eles não podiam fazer, empenhados que estavam em forçar o cumprimento das normas do FMI, contrárias a qualquer restrição do câmbio e a acordos monetários discriminatórios, a fim de liberalizar e multilateralizar cada vez mais o comércio internacional. Os interesses dos Estados Unidos colidiam, portanto, com as necessidades do Brasil.[11]

A expulsão de Cuba da OEA constituiu, entrementes, outro importante fator de conflito entre os dois países. Kennedy, após o fiasco da invasão de Playa Girón, tratou de promovê-la, obstinadamente, como forma de contemplar a opinião pública dos Estados Unidos e compensar o abalo que seu prestígio sofrera. O Brasil recalcitrou, repulsando as pressões para que rompesse relações com Cuba e aprovasse sua expulsão da OEA, isolando-a do convívio com os demais países do continente, porque o governo de Fidel Castro se declarara marxista-leninista. Apesar da grave crise financeira por que passava, com as linhas de crédito suspensas praticamente desde a posse de Goulart, o Brasil manteve-se firme no campo dos princípios, enquanto, naquelas circunstâncias, os Estados Unidos se dispunham a fazer as mais amplas concessões a fim de obter seu apoio às sanções contra Cuba.[12]

Durante a VIII Reunião de Consulta dos Chanceleres Americanos, em Punta del Este (22 - 31/1/1962), San Tiago Dantas condenou as fórmulas intervencionistas ou punitivas, propostas pelos Estados Unidos, argumentando que elas "não encontram fundamento jurídico e produzem, como resultado prático, apenas o agravamento das paixões e a exacerbação das incompatibilidades".[13] A ação militar, por ser coletiva, não deixaria de caracterizar uma intervenção, contrária à Carta de Bogotá, assim como "iria provocar, na opinião pública latino-americana, uma justificada reação, que favoreceria a radicalização da política interna do hemisfério e debilitaria, ao mesmo tempo, os laços de confiança mútua essenciais à própria existência do sistema inter-americano".[14]

As sanções econômicas, segundo San Tiago Dantas, pareciam-lhe um "remédio juridicamente condenável", também nos termos da Carta de Bogotá, e "politicamente inidôneo", uma vez que o comércio de Cuba com a América Latina não passava, em média, de 4,5% do volume global das exportações e 9% das importações. E o rompimento de relações diplomáticas só se compreenderia, multilateralmente, como um passo preliminar para outras medidas, pois, do contrário, apenas eliminaria a influência dos demais países sobre o regime de Fidel Castro e deslocaria o caso de Cuba para a área do litígio entre o Leste e o Oeste, o que não interessava ao Brasil.[15]

O governo de Goulart não defendia os rumos políticos e ideológicos do regime revolucionário de Cuba. Entretanto, considerava indevida a ingerência de qualquer outro Estado, sob o pretexto que fosse, nos seus assuntos internos. Os Estados americanos, conforme San Tiago Dantas demonstrou, firmaram o Tratado do Rio de Janeiro[16] para se defenderem conjuntamente dos riscos de um ataque armado ou de uma agressão equivalente, por meio de fato concreto, por parte de potências extracontinentais, e não para se transformarem em juízes dos regimes políticos que algum dos seus signatários viesse a adotar, por via eleitoral ou de revolução.[17] Assim, ele acentuou:

> Nada seria mais perigoso para a independência dos povos deste hemisfério, nada estenderia uma sombra mais aterradora sobre o futuro de nossas soberanias do que uma decisão coletiva pela qual se constituísse um organismo regional em juiz, árbitro e perito da natureza democrática dos regimes que praticamos e que abrisse definitivamente a porta para a intervenção, sob o signo do consentimento coletivo.[18]

O governo brasileiro entendia que o caso de Cuba não se diferenciava do que ocorrera em outras áreas geográficas mais distantes, como Europa e Ásia, e não havia, portanto, razões para que as Américas não aceitassem também a coexistência com regimes socialistas, como forma de reduzir as tensões e preservar a paz mundial. O isolamento entre países com sistemas sociais antagônicos só se justificaria dentro de uma estratégia que colimasse, consciente ou inconscientemente, a eliminação de um dos blocos ideológicos, por meio de decisão militar, o que o equilíbrio das armas atômicas descartara. E, no caso de Cuba, significaria abandoná-la, definitivamente, *à via atrativa* da União Soviética, renunciando a qualquer possibilidade de influir, por via diplomática, sobre a evolução ulterior do regime revolucionário de Fidel Castro. O Brasil, por isso, propôs que se negociasse com aquele país um estatuto consensual de neutralidade, com o objetivo de evitar sua integração política e militar no Bloco Soviético, conseguindo seu desarmamento até níveis compatíveis com as necessidades defensivas regionais, ao mesmo tempo em que lhe daria segurança contra as ameaças de intervenção militar por outro Estado.[19]

A neutralização de Cuba, com o estabelecimento, por meio da mediação, de um estatuto de obrigações negativas, conciliaria os princípios de autodeterminação e não intervenção com as necessidades de segurança do sistema interamericano, bem como permitiria, segundo San Tiago Dantas, que aquele país se amoldasse aos princípios democráticos, devido às conveniências econômicas e diplomáticas que o seu próprio regime, em coexistência com as democracias representativas, viria a perceber. Os Estados Unidos, no entanto, rejeitaram a fórmula do Brasil, apoiada por México, Argentina, Chile, Equador e Bolívia, e conseguiram, por 14 votos, a exclusão de Cuba da OEA durante a VIII Reunião de Consulta. E, nove meses mais tarde, duas semanas após outra conferência de chanceleres americanos em Washington (2 - 3/10/1962), Kennedy determinou o bloqueio naval de Cuba, revelando que a União Soviética lá instalara, a pedido de Fidel Castro, bases de mísseis teleguiados. Escreveu então uma carta a Goulart, dizendo que: *"Issues on which we in the Hemisphere may have marginal disagreements as well as political divisions among our peoples become insignificant in the face of this threat to the peace."*[20]

E solicitou-lhe o apoio à posição dos Estados Unidos, que convocariam urgente reunião do Órgão de Consulta do Sistema Interamericano, sob o Pacto do Rio de Janeiro, a fim de propor a adoção de todas as medidas, individual ou coletivamente, inclusive o emprego da força, de modo a impedir que Cuba continuasse a receber da União Soviética e da China material bélico e suprimentos capazes de ameaçar a paz e a segurança do continente. Convidou Goulart, outrossim, para entendimentos, por intermédio das autoridades militares dos dois países, visando à possibilidade de participação do Brasil, juntamente com os Estados Unidos e outras forças do hemisfério, em qualquer ação militar que o desenvolvimento da situação em Cuba pudesse requerer.[21]

Goulart respondeu-lhe com firmeza e moderação, ponderando que o Brasil sempre se manifestara contra a intervenção militar em Cuba, porque sempre reconhecera a todos os países, quaisquer que fossem seus regimes ou sistemas de governo, o direito de soberanamente se autodeterminarem.[22] Considerava, por conseguinte, legítimo o seu direito de se defender contra possíveis agressões, "partissem de onde partissem"[23] e que visassem pela força ou pela violência a impedir sua autodeterminação. O Brasil, acentuou, "sempre foi claro na sua posição, coerente com a sua tradição e fiel ao espírito cristão do seu povo", motivo pelo qual "nunca reconheceu a guerra como instrumento capaz de resolver conflitos entre as nações".[24] E, "por todas essas razões, não aceitaríamos também como legítimo o armamento ofensivo de Cuba".[25]

O governo de Goulart, tendo o jurista Hermes Lima como primeiro-ministro, instruiu o seu embaixador junto à OEA, Ilmar Pena Marinho, no sentido de aprovar o bloqueio naval de Cuba e a inspeção dos navios que a ela se dirigiam, a fim de evitar que outros carregamentos de armas ofensivas lá chegassem, bem como recomendou a modificação da proposta dos Estados Unidos, no sentido de exigir, antes de qualquer ação militar, a comprovação por observadores da ONU de que o arsenal soviético realmente existia e continuava em seu território.[26] Ao mesmo tempo, a pedido do embaixador dos Estados Unidos, Lincoln Gordon, o governo de Goulart enviou a Cuba o general Albino Silva, chefe da Casa Militar da presidência, com a missão de transmitir pessoalmente a Fidel Castro a posição do Brasil, que compreendia a necessidade de Cuba possuir armamento defensivo mas se opunha à instalação, em seu solo, de mísseis ofensivos soviéticos, por significarem um risco para a segurança do hemisfério e para a própria paz mundial.[27] A crise internacional, finalmente, evoluiu para um *agreement* entre a União Soviética e os Estados Unidos, cujo compromisso de não mais tentarem a invasão de Cuba possibilitou, como contrapartida, o desmantelamento das bases de foguetes balísticos lá construídas.

Apesar do comedimento de Goulart, não negando o apoio a Kennedy no que lhe fora possível, sem abdicar da defesa da autodeterminação de Cuba, as relações entre o Brasil e os Estados Unidos não melhoraram, antes se engravesceram cada vez mais daí por diante. Esse fato evidenciava, portanto, que as crescentes dificuldades entre os dois países não decorriam, na verdade, das divergências em política externa e sim, essencialmente, de incoercíveis pressões de política interna, a expressarem interesses econômicos e sociais contraditórios, que afetavam suas relações bilaterais e compeliam seus respectivos governos ao conflito, conquanto se esforçassem, em certos momentos, para alcançar algum termo de inteligência.

Goulart, quando assumiu a presidência, tratou efetivamente de entender-se com Kennedy, não tomando qualquer atitude que pudesse parecer hostil aos Estados Unidos. Não sancionou a Lei n° 4.131, que regulamentava as remessas de lucros para o exterior, deixando ao Congresso, onde ela tramitara desde o final do governo de Kubitschek, a responsabilidade por sua promulgação. E também nada fez para regulamentá-la e, consequentemente, cumpri-la. Seu objetivo não era afrontar e sim negociar, mas, enquanto articulava uma visita aos Estados Unidos, que ocorreria em abril de 1962, Brizola, sem pedir, como a lei determinava, sua autorização, expropriou outra empresa norte-americana, subsidiária da IT & T Co., responsável pelos serviços telefônicos no Rio Grande do Sul.[28]

Kennedy, por sua vez, opôs-se à iniciativa de alguns deputados e senadores, que, como represália à atitude de Brizola, apresentaram emenda à legislação dos Estados Unidos, proibindo qualquer assistência financeira a países onde propriedades norte-americanas fossem nacionalizadas sem adequada indenização.[29] E advertiu os jornalistas para o erro de hostilizar o Brasil devido ao gesto de um governador de Estado. E, em entrevista à imprensa, disse-lhes: "*Look at the map and realize the vitality of Brazil. I think that we ought to keep the sense of proportion.*"[30]

A Kennedy interessava, claramente, manter o entendimento com o Brasil, cujo território, população e economia representavam pelo menos a metade da América do Sul e lhe davam enorme peso político nos destinos do hemisfério. Por isso entendia que o atacar, naquelas circunstâncias, era fazer o jogo dos inimigos, como considerava Brizola, fortalecendo-os e diminuindo a influência dos Estados Unidos. O que lhe importava era: "*the whole Brazilian nation, which is vital and which is a key and with which we must have the closest relations*".[31]

Embora Kennedy apresentasse a nacionalização da IT & T como simples manifestação de antiamericanismo e não como um caso de contenda comercial, devido à ineficiência da companhia, sua prudência correspondia então a uma política que visava atrair Goulart para a órbita da Nova Fronteira e o influenciar, de modo que ele se mantivesse politicamente no centro, apartando-se da esquerda, o que, na percepção dos Estados Unidos, não significava apenas o comunismo, porém qualquer tendência contrária aos seus interesses econômicos e financeiros. E o recrudescimento do nacionalismo preocupava, sem dúvida, as autoridades de Washington. Às vésperas da viagem de Goulart aos Estados Unidos, o Departamento de Estado, em documento para Kennedy, observou que, embora sem os "extravagantes acenos" de Quadros para os países neutralistas e o Bloco Sino-Soviético, a política externa do Brasil continuava com geral aceitação por todos os partidos e pelo povo.[32] O amplo apelo de sua linha de independência, conforme o Departamento de Estado ressaltou em sua análise, relacionava-se com o crescimento do nacionalismo, que emanava da crença de que o destino do Brasil era tornar-se potência mundial e adquirir o seu lugar ao sol.[33]

Arthur Schlesinger Jr., outrossim, escreveu a Kennedy um *memorandum* aconselhando-o, a fim de seduzir Goulart, a considerar que a "psicologia do Brasil contemporâneo" se caracterizava por forte nacionalismo, "de nenhuma forma violento ou fora de controle", mas constituindo ainda grande fator de condicionamento de sua política, tanto interna quanto externa.[34] Segundo ele, o Brasil via a si próprio como o maior país da América Latina, o mais dinâmico e o mais progressista, com o maior crescimento econômico, e queria ser reconhecido na condição de transformar-se em potência mundial.[35] E, depois de salientar que o governo do Brasil se considerava nacionalista e progressista, lembrou que, por muito tempo, a política dos Estados Unidos foi vista na América Latina como essencialmente interessada em defender-lhes os investimentos privados no estrangeiro e que, embora a Nova Fronteira e a Aliança para o Progresso "confundissem" essa imagem, o "estereótipo" continuava a subsistir sob a superfície, e a reação norte-americana à nacionalização da IT & T o reativara.[36] Schlesinger, por fim, recomendou que Kennedy dissesse que o Brasil, aspirando liderar, como Afonso Arinos proclamara na ONU, as nações subdesenvolvidas e amantes da paz, poderia conduzir com os Estados Unidos o movimento por um mundo pluralista, pois *"just as the future of democracy in Asia depends considerably on the example of India, so the future of democracy in Latin America depends considerably on the example of Brazil"*.[37]

A contenda na América Latina, como Kennedy deveria acentuar, não era entre o *statu quo* e a revolução, mas "entre a revolução democrática e a revolução comunista", que os Estados Unidos combatiam "não porque o comunismo ameaça os investimentos privados e sim porque ameaça as reformas democráticas e a independência nacional".[38] Assim, no entendimento de Schlesinger, a competição pelo futuro da América Latina seria "entre o caminho brasileiro e o caminho de Castro".[39]

As palavras, no entanto, não podiam modificar a dinâmica dos acontecimentos. O idealismo liberal da Nova Fronteira, após um ano de administração, esgotara-se e já não resistia ao conservadorismo real do poder. A política de Kennedy, àquela altura, começara a ceder às pressões da comunidade empresarial e financeira com interesses no Brasil. E seus objetivos, praticamente, pouco se diferenciavam daqueles que Eisenhower encalçara. Ela colimava a manter condições de segurança e rentabilidade para os investimentos privados norte-americanos, diante dos quais todo o intuito de favorecer reformas econômicas e sociais empalidecia. Assim, em tais circunstâncias, Kennedy nada tinha de politicamente novo a oferecer ao Brasil, exceto mais recursos de Estado para Estado, desde que Goulart reprimisse tanto os comunistas quanto os demais elementos de esquerda, sobretudo nos sindicatos, aplicasse rigoroso plano de estabilização monetária e indenizasse não apenas a IT & T como também a American & Foreign Power (Amforp), subsidiária da Bond & Share, que Brizola nacionalizara em 1959. A revisão da lei de limitação das remessas de lucros constituía mais um ponto do contencioso. E aí se condensavam os principais fatores do impasse e dos conflitos, que levaram os Estados Unidos, entre 1962 e 1964, a intervirem cada vez mais na política interna do Brasil como agente de desestabilização e subversão da democracia.

Goulart sempre considerou impertinência o fato de autoridades norte-americanas, sobretudo Robert Kennedy, falarem, durante as conversações, sobre suposta infiltração de comunistas no seu governo, mas se mostrou algumas vezes bastante complacente, não repelindo *in limine* a abordagem do assunto. E não podia expurgar os comunistas e outros elementos de esquerda dos sindicatos e das entidades estudantis, como os Estados Unidos desejavam, senão por meios repressivos, antidemocráticos e anticonstitucionais, o que criaria também para Goulart uma incompatibilidade com os setores que o apoiavam politicamente. Essas mesmas razões, *inter alia,* executar não lhe permitiram também, até as últimas consequências, o plano de estabilização monetária, porque, além da oposição de certos setores do empresariado nacional, não podia admitir a compressão dos salários, mantendo-os abaixo dos índices de elevação do custo de vida, em virtude de seus compromissos políticos e programáticos com a classe trabalhadora, o esteio de sua carreira como líder de massa.

Quanto à indenização da IT & T e da Amforp, Goulart também se empenhou para resolver o problema, que conturbava as relações do Brasil com os Estados Unidos. No curso de 1962, instituiu a Comissão de Nacionalização das Empresas Concessionárias de Serviços Públicos (Conesp) e não só instalou a Eletrobras, cujo objetivo, segundo o velho projeto de Vargas, seria encarregar-se de todo o setor de produção e distribuição de energia elétrica, como criou o Conselho Nacional de Telecomunicações (Contel) e a Comissão Nacional de Energia Nuclear, com o monopólio estatal para a pesquisa, a lavra de jazidas e o comércio de minérios nucleares e outros materiais físseis. A expansão dos serviços de energia elétrica e telecomunicações constituía então um imperativo do desenvolvimento industrial e urbano do país, e Goulart percebia claramente que, como aquelas e outras empresas estrangeiras havia muito não investiam no setor, outras nacionalizações tornavam-se inevitáveis, ampliando ainda mais o problema com os Estados Unidos. A compra do seu acervo, a começar pelo da IT & T e da Amforp, afigurava-se, por conseguinte, como solução. Ele, entretanto, não teve condições internas para a efetivar, porque tanto os nacionalistas, com Brizola à frente, quanto o próprio Lacerda, que encampara, no Rio de Janeiro, outra companhia telefônica, ligada à Light & Power, passaram a atacar duramente a transação com aquelas empresas. O valor por elas exigido estava muito acima do seu valor real, dado que se apurou a existência de fraudes contábeis, em prejuízo do Estado; seus equipamentos eram completamente obsoletos, e os contratos estavam vencidos.[40] Assim, aparte da reconhecida legalidade dos atos de desapropriação e da controvérsia sobre se ainda tinham direito e o *quantum* a receber como compensação, a imagem daquelas empresas, sobretudo pela ineficiência, era péssima perante a opinião pública, o que constrangia Goulart de as favorecer, arrostando tamanha oposição. Mas, enquanto ele tratava de equacionar os entendimentos com a IT & T e a Amforp, outros dois fatos concorreram para estorvar ainda mais as relações com os Estados Unidos e aumentar sua animosidade contra o Brasil. O Conselho de Ministros, em meados de 1962, aprovou o cancelamento das concessões de jazidas de ferro à Hanna Mining Co., o que já estava em pauta desde a administração de Quadros, e o governador Cid Sampaio, da UDN, nacionalizou, em Pernambuco, a subsidiária da Amforp, cujo contrato igualmente expirara.

Embora após seu primeiro ano de mandato Kennedy começasse a esposar os interesses do empresariado e se tornasse mais consciente de que o presidente não é realmente livre para determinar por si próprio a política externa, como a historiadora norte-americana Ruth Leacock observou,[41] não considerou que Goulart também enfrentava toda sorte de limitações, inclusive constitucionais, devido à restrição de seus poderes pelo parlamentarismo, não dispondo de força para executar, ao seu arbítrio, medidas de tal magnitude em uma sociedade democrática. Dessa forma, enquanto o Congresso, com a oposição do próprio Kennedy, votava a emenda do senador Bourk Hickenlooper, a proibir a assistência financeira a países onde propriedades norte-americanas fossem nacionalizadas sem pronto pagamento da indenização, o governo dos Estados Unidos resolveu intervir nas eleições do Brasil, marcadas para outubro de 1962, a fim de eleger o máximo de deputados e senadores anticomunistas, ou melhor, de direita, e assim intensificar as pressões sobre Goulart.[42] De acordo com a informação do ex-agente da CIA Philip Agee, sua organização gastou no Brasil uma soma equivalente a US$ 12 milhões, talvez atingindo US$ 20 milhões,[43] dos quais o próprio embaixador Lincoln Gordon, posteriormente, admitiu cerca de US$ 5 milhões,[44] de qualquer modo uma importância muitíssimo superior à aplicada no Chile, da ordem de US$ 2,6 milhões, com o objetivo de assegurar a vitória do candidato democrata-cristão Eduardo Frei sobre o socialista Salvador Allende durante a campanha presidencial de 1964.[45] A *covert action* constituiu um instrumento da política externa dos Estados Unidos, mas evidentemente ela não se restringiu ao esforço de propaganda anticomunista e ao apoio aos candidatos de direita e extrema direita, uma vez que em 1962 ingressaram no país 4.968 norte-americanos com vistos especiais, número quase quatro vezes superior à média dos anos anteriores e posteriores, o que causou estranheza ao governo de Goulart e levou o deputado Renato Archer, subsecretário de Relações Exteriores, a solicitar explicações ao embaixador Lincoln Gordon.[46] O número caiu para 2.463 em 1963, devido talvez às restrições do Itamaraty e à repercussão que aquela invasão informal começava a alcançar, com denúncias a aparecerem na imprensa e na Câmara dos Deputados.[47] Os norte-americanos, na condição de pastores evangélicos, comerciantes, estudantes, pesquisadores, membros do Peace Corps etc., rumavam, na maioria, para o Nordeste, a região que mais preocupava o governo dos Estados Unidos como potencialmente revolucionária, e as autoridades militares e diplomáticas brasileiras, inclusive Renato Archer, suspeitaram, senão concluíram que eles, em grande parte, pertenciam à CIA e/ou às unidades especiais de contrainsurreição.[48]

A penetração do Brasil pelos norte-americanos, com o empreendimento das mais variadas modalidades de *covert action* e *spoiling action*, engravesceu, sem dúvida alguma, a crise interna, induzindo artificialmente o processo político à radicalização, muito além dos próprios impulsos intrínsecos das lutas sociais. Não havia, naquelas circunstâncias, sequer a possibilidade de que Cuba viesse a estimular qualquer insurreição contra o governo de Goulart, que defendia seu direito à autodeterminação, nem à União Soviética, empenhada em combater o stalinismo chinês, interessava criar outro problema na América Latina. O jornalista Tad Szulc, do *New York Times*, reconheceu como "evidente" que "não foi a influência direta de agentes, dinheiro ou armas de Cuba que levou Goulart e seus companheiros à beira de um Estado quase revolucionário no Brasil", embora fosse "inconfundível a influência psicológica e intelectual" da revolução de Fidel Castro, "ainda que transmudada em termos puramente brasileiros".[49] Com efeito, o que levou Goulart à beira de um "Estado quase revolucionário", se é que assim se pode considerar o desbordamento da democracia sob o seu governo, foi principalmente o fato de que Kennedy, com as promessas de reformas da Nova Fronteira e da Aliança para o Progresso, reagiu, diante de algumas nacionalizações, que nada tinham de socialistas e sim visavam à expansão nacional do capitalismo bem como dos esforços do Brasil para manter maior independência em suas políticas interna e externa, do mesmo modo que Eisenhower em face das primeiras mudanças empreendidas por Castro. Assim, as lutas sociais, das quais, no Brasil, a comunidade empresarial norte-americana participava como significativo segmento de suas classes dominantes, condicionaram, em larga medida, o comportamento de Kennedy e a forte hostilidade dos Estados Unidos a Goulart, porquanto, àquela época, as corporações multinacionais, em busca de fatores mais baratos de produção, não podiam tolerar nos *new industrializing countries* nenhum governo de corte social-democrático que, sob influência dos sindicatos, favorecesse a valorização da força de trabalho.

O Council of the Americas, sob a liderança de David Rockfeller, empenhou-se, efetivamente, na desestabilização do governo de Goulart, com o conhecimento e a participação da CIA, conforme o depoimento do ex-embaixador no Chile, Edward Korry, perante o Senado dos Estados Unidos.[50] No segundo semestre de 1962, a somar-se à IT & T, a Hanna passou a pressionar o governo de Kennedy para não dar qualquer assistência financeira ao Brasil até que Goulart resolvesse o caso do cancelamento de suas concessões no quadrilátero ferrífero de Minas Gerais.[51] E o banqueiro William H. Drapper, que visitara o Brasil em missão oficial, manteve, durante as primeiras semanas de outubro daquele ano, diversos contatos com elementos da comunidade empresarial norte-americana e, a refletir suas opiniões, sugeriu a Dean Rusk que os Estados Unidos adotassem a *linha dura,* recusando qualquer ajuda ao balanço de pagamentos do Brasil até que Goulart ou aplicasse um plano de estabilização monetária satisfatório para o FMI ou caísse do governo, tragado pela voragem da crise de suas contas externas.[52] Sua perspectiva era a de que Goulart provavelmente não executaria o plano de estabilização monetária e, inflectindo mais para a esquerda, possibilitaria a "polarização das forças políticas domésticas" e, em uma segunda etapa, o golpe de Estado, com a instauração de forte regime militar de direita, "melhor orientado para os Estados Unidos".[53] John Richard, executivo da RCA e presidente da Câmara Americana de Comércio, sugeriu-lhe que os Estados Unidos forçassem o colapso econômico do Brasil, com o corte de toda ajuda ao governo de Goulart, de modo a produzir sua queda e abrir o caminho para os militares.[54] Lincoln Gordon, por outro lado, temeu que Goulart se fortalecesse, na onda do antiamericanismo, e realizasse expropriações maciças de empresas dos Estados Unidos, razão pela qual propôs o adiamento de tão drásticas decisões por poucos meses mais, até a realização do plebiscito, em 6 de janeiro de 1963, quando o povo decidiria pela restauração do presidencialismo.[55]

Entretanto, embora o governo de Goulart aprovasse a inspeção dos navios com destino a Cuba durante a crise dos mísseis, demonstrando que a defesa de sua autodeterminação não significava favorecimento da expansão militar da União Soviética nem abdicação dos compromissos fundamentais com o Ocidente, Kennedy, em dezembro de 1962, já se mostrava desmesuradamente inquieto e nervoso com a situação no Brasil. No dia 11 daquele mês, reuniu o comitê executivo do Conselho de Segurança Nacional para examinar a "ameaça comunista" no Brasil e a crise do seu balanço de pagamentos. Ao que tudo indica, naquela oportunidade, decidiu-se que os Estados Unidos suspenderiam totalmente qualquer financiamento ao governo de Goulart, nada fazendo, como prorrogação de vencimentos, para aliviar as dificuldades de suas contas externas, e só destinando recursos aos Estados, depois denominados "ilhas de sanidade administrativa",[56] cujos governadores eram militantes anticomunistas.[57] No dia seguinte, ao falar à imprensa, referiu-se duramente à situação do Brasil, declarando que uma inflação de 5% ao mês anulava a ajuda norte-americana e aumentava a instabilidade política. Segundo ele, uma inflação no ritmo de 50% ao ano não tinha precedentes, e os Estados Unidos nada podiam fazer para beneficiar o povo do Brasil, enquanto a situação monetária e fiscal no país fosse tão instável.[58] Sua atitude, a afirmar praticamente que outra nação estava em bancarrota, chocou o governo de Goulart, que a considerou irresponsável, pois seus efeitos econômicos e políticos seriam desastrosos para o Brasil, em particular para seus créditos externos. E, enquanto sua entrevista repercutia, no dia 13 Kennedy, recebeu em audiência o senador Juscelino Kubitschek, ex-presidente do Brasil, e Lleras Camargo, ex-presidente da Colômbia, abordando com eles o tema da América Latina e, em particular, do Brasil. Kubitschek, que notara uma crescente animosidade contra o Brasil nos Estados Unidos, defendeu Goulart, como um "homem de sólidos princípios, com bom entendimento político", que necessitava sentir-se apoiado para contrarrestar as influências adversas, tais como a do seu cunhado, Leonel Brizola, "violentamente antiamericano".[59] Kennedy ponderou que não importava quanto os Estados Unidos haviam aplicado no Brasil, a verdade era que o dinheiro não produzira nenhum resultado, uma vez que a inflação e a fuga de capitais continuavam. O outro fato a preocupar, segundo ele, era a forte influência marxista ou comunista no movimento operário e em outras áreas importantes da sociedade brasileira, o que contribuía para o total agravamento da situação. Kubitschek explicou que os elementos de esquerda, embora não tivessem um peso significativo, eram muito atuantes e barulhentos, de modo que contribuíam para impopularizar a Aliança para o Progresso. E instou Kennedy, várias vezes, a cooperar com o Brasil — e sem demora — na solução dos seus problemas de balanço de pagamentos. No curso da conversa, salientou que, na sua administração, o Brasil recebera mais de US$ 2,5 bilhões, o equivalente à média anual de US$ 500 milhões, o que contrastava com os parcos US$ 10 milhões investidos naquele ano. Kennedy ponderou que as políticas radicais de nacionalização do capital e expropriação de empresas estrangeiras afugentavam cada vez mais os investimentos. E Kubitschek aproveitou, mais adiante, uma oportunidade para salientar que, durante seu mandato, promovera a luta pelo desenvolvimento do Brasil, alcançando grande sucesso, mesmo sem quase receber qualquer ajuda do governo dos Estados Unidos. E havia certas áreas, como a situação do balanço de pagamentos, em que a cooperação dos Estados Unidos, ele enfatizou, seria muito útil. Os argumentos de Kubitschek em favor da colaboração com Goulart não sensibilizaram Kennedy. Por duas vezes, ele repetiu que considerava a situação do Brasil, devido à sua natureza e à sua posição-chave nos assuntos do hemisfério, mais grave que a de Cuba, que afinal era um país pequeno, e por isso tinha a máxima prioridade. Contudo, acentuou, o fato era que, não importando o que os Estados Unidos fizessem, a situação do Brasil devia deteriorar-se.[60]

Uma semana depois da reunião do Comitê Executivo do Conselho de Segurança Nacional e quatro dias após o encontro com Kubitschek, Kennedy enviou ao Brasil seu irmão Robert, procurador-geral dos Estados Unidos, com o objetivo *inter alia* de influir na reforma do ministério de Goulart, prevista como consequência do plebiscito a realizar-se em 6 de janeiro de 1963, ameaçando com a suspensão de toda a assistência financeira (decisão, aliás, já tomada) caso não entregasse os postos da administração a elementos que se dispusessem a colaborar com os Estados Unidos. Robert Kennedy referiu-se à propalada infiltração de comunistas, bem como à presença de esquerdistas e nacionalistas antiamericanos em altos escalões civis e militares do governo, nos sindicatos e nas entidades estudantis, e criticou a "omissão" de Goulart, por não se opor publicamente a atitudes antiamericanas de alguns dos seus funcionários, que atacavam inclusive o Peace Corps. Os Estados Unidos, ele declarou, queriam ajudar e cooperar, mas precisavam de gente no governo (do Brasil) que não lhes fosse hostil, bem como de um sólido programa para colocar a casa em ordem nos setores econômicos e financeiros.[61] A conversa abordou os vários pontos de atrito, inclusive a compra de helicópteros da Polônia pelo Brasil com pagamento em café, e tornou-se bastante tensa e dura quando Goulart passou a retrucar rispidamente, mas, ao fim, evoluiu para um tom mais cordial.[62]

Goulart naturalmente não cedeu, porquanto nem afastou do governo seus colaboradores apontados como comunistas ou esquerdistas nem reprimiu os sindicatos e as entidades estudantis. Entretanto, apesar da maioria esmagadora que obteve no plebiscito (9 votos em cada 10 foram favoráveis à restauração dos poderes presidenciais), tratou de contemporizar com os Estados Unidos e nomeou San Tiago Dantas para executar o Plano Trienal, que Celso Furtado, ministro do Planejamento, elaborara, buscando conciliar as medidas de combate à inflação, conforme as normas recomendadas pelo FMI, com as metas de desenvolvimento. E antes de viajar para os Estados Unidos, onde retomaria as negociações para a obtenção de recursos e o reescalonamento da dívida externa, San Tiago Dantas aplicou as medidas para a estabilização da moeda, tais como a criação do *cruzeiro forte,* o corte de subsídios às importações e taxas de câmbio, dando mais alguns passos no sentido da uniformização das taxas de câmbio. Concomitantemente, por meio do Banco do Brasil, concedeu um empréstimo de US$ 7,3 milhões à IT & T, como forma disfarçada de adiantamento da indenização, que a empresa desejava, e acelerou as negociações para a compra da Amforp.

A missão de San Tiago Dantas, contudo, não alcançou resultados efetivamente satisfatórios. Antes mesmo de sua viagem, a imprensa norte-americana, na mesma linha de pensamento de Kennedy, acusava o Brasil de dissipar os recursos que ao longo dos anos os Estados Unidos supostamente lhe destinaram. O Itamaraty, por meio de sua embaixada em Washington, teve de divulgar uma nota, mostrando que, de 1955 a 1961, em apenas cinco anos, o Brasil perdera, com a queda substancial dos preços pagos por seus produtos exportados, cerca de US$1,4 bilhão, montante superior aos desembolsos líquidos efetuados entre 1940 e 1962 pelos Estados Unidos, cuja propalada ajuda, da ordem, portanto, de apenas US$ 1 bilhão, fora condicionada à compra de bens de serviços norte-americanos.[63] E durante as conversações de San Tiago Dantas com as autoridades de Washington, os problemas concretos, que transcendiam o programa de estabilização, afloraram. O secretário de Estado assistente Herbert May e o próprio embaixador Lincoln Gordon, a levantarem o contencioso dos Estados Unidos com o Brasil, referiram-se, especificamente, às "ameaças" à indústria farmacêutica, à carne industrializada, às exportações de minério de ferro, café, algodão, produtos petroquímicos, à distribuição de petróleo, às refinarias privadas e, sobretudo, à lei de limitação das remessas de lucros para o exterior.[64]

San Tiago Dantas esclareceu cada ponto, diferenciando a posição de Goulart, enquanto governo, daquela que a Frente Parlamentar Nacionalista e o próprio PTB defendiam no Congresso. E antecipou que proporia nova legislação para as remessas de lucros, de modo a satisfazer as empresas estrangeiras. O ambiente, no entanto, era de receios e desconfiança. A perspectiva de comércio do Brasil com a União Soviética, os possíveis vínculos de Cuba com a esquerda brasileira e a apregoada infiltração de comunistas no governo de Goulart entraram igualmente na agenda das discussões, dando-lhes caráter mais político do que técnico. As dificuldades foram tantas que San Tiago Dantas, durante outras negociações em Washington, examinou com o embaixador do Brasil, Roberto Campos, a conveniência de interrompê-las, na mesma linha do que Kubitschek fizera com o FMI. Mas concluiu que, àquela altura, nenhuma atitude mais enérgica mudaria o ambiente, pelo contrário, o engravesceria. A percepção prevalecente nos Estados Unidos era então a de que o Brasil envesgava para a esquerda, não por meio da subversão e sim, conforme Gordon denominara, do processo de "superversão" com o qual o próprio governo de Goulart tratava de promover, de cima para baixo, a destruição da ordem econômica, social e política, a fim de implantar algum tipo de república sindicalista ou socialista.

Por essa e outras razões, entre as quais, certamente, as divergências da política externa em relação Cuba, os Estados Unidos decidiram que, do total dos financiamentos prometidos ao Brasil, ainda durante a administração de Quadros, da ordem de quase US$ 400 milhões, e não efetuados devido à sua renúncia, eles só liberariam US$ 84 milhões, dos quais US$ 30 milhões o Departamento do Tesouro reteria, como pagamento do crédito de emergência outorgado, em janeiro de 1963, ao governo de Goulart por um prazo de 90 dias para atender às dificuldades do balanço de pagamentos.[65] Mais recursos dependeriam, posteriormente, de parecer favorável do FMI, do sucesso das negociações com os credores da Europa e da apresentação de um plano mais explícito de desenvolvimento, promoção de exportações e estímulos aos investimentos estrangeiros.

Após seu regresso ao Brasil, San Tiago Dantas agravou as medidas de estabilização monetária, e Goulart encaminhou ao Congresso o anteprojeto de reforma bancária, criando o Conselho Monetário Nacional e o Banco Central. Brizola, no entanto, arremeteu violentamente contra o Plano Trienal, as negociações com o FMI e os entendimentos entre o

Brasil e os Estados Unidos, denunciando como lesivo ao interesse nacional o acordo para a compra da Amforp. Outrossim, embora Almino Afonso, ministro do Trabalho, concertasse com San Tiago Dantas e Celso Furtado não permitir que a expansão do salário monetário se convertesse em fator de inflação, o governo não pôde impedir o recrudescimento das greves, em consequência da alta do custo de vida, provocada pelas próprias medidas monetaristas, entre as quais a desvalorização do cruzeiro. Os militares e os funcionários públicos não aceitaram o aumento de apenas 40% em seus soldos e vencimentos. O próprio Goulart, que evitara, comprometer-se publicamente com o Plano Trienal, sempre dissera a San Tiago Dantas e a Celso Furtado que autorizaria o aumento dos salários, se os preços disparassem. E com efeito, em maio, o governo concordou com um aumento de 70% para o funcionalismo, buscando financiar essa despesa por meio de um empréstimo compulsório, que elevaria os impostos. As restrições ao crédito, por outro lado, diminuíram as atividades da indústria, particularmente a produção de automóveis, e antagonizaram com o governo vários setores do empresariado,[66] bem como alguns grupos nacionais, por temerem a abertura do mercado à competição estrangeira se o programa de San Tiago Dantas, em sua sequência, apelasse para a cooperação do capital privado norte-americano.[67] Kennedy, entrementes, escreveu a Goulart, elogiando as "importantes medidas construtivas" por ele adotadas e manifestando a esperança de que *these developments will lead to other positive measures affecting the private sector and will mark the beginning of a new phase of expanding and beneficial participation of private foreign capital in contributing to the economic strength of Brazil and the well-being of its people*.[68]

Kennedy reconheceu as "inevitáveis dificuldades e a resistência" que o programa de estabilização enfrentava, e incentivou Goulart a prosseguir com a sua execução, prevendo que o sucesso de tais medidas criaria um clima favorável ao Brasil nas discussões com as entidades financeiras internacionais e os países da Europa, bem como abriria o caminho para uma cooperação em longo prazo dos Estados Unidos, sob os procedimentos da Carta de Punta del Este, em respaldo ao Plano Trienal.[69]

Contudo, naquelas circunstâncias, somente palavras de simpatia não bastavam para Goulart. Sem receber, imediatamente, concreto apoio financeiro, de modo a libertar-se das constantes pressões do balanço de pagamentos, ele não podia continuar com a execução de um programa anti-inflacionário, que ameaçava danificar, se não destruir por completo sua popularidade e liderança. Combatido pela direita, cujas articulações para o golpe de Estado, já em andamento, contavam com a participação do seu próprio ministro da Guerra, general Amaury Kruel,[70] e chegavam ao conhecimento da CIA,[71] Goulart, com aquela política de estabilização monetária, alienava o apoio da esquerda, dos sindicatos e, em geral, da massa trabalhadora, bem como das classes médias e dos setores do empresariado nacional. A própria Confederação Nacional da Indústria, a reagir contra a restrição do crédito, já então acusava o Plano Trienal de converter-se em mero programa de estabilização e provocar queda catastrófica nas vendas, aumento anormal de estoques, drástica redução das encomendas, início de desemprego e paralisia das atividades de investimento.[72]

A queda de San Tiago Dantas do Ministério da Fazenda, em face do agravamento da crise econômica, social e política, significou, virtualmente, o fim dos entendimentos com os Estados Unidos, embora Goulart, após a coroação do papa Paulo VI, ainda viesse, em 1º de julho de 1963, a conversar com Kennedy, que cobrou dele o compromisso sobre a compra da Amforp e atendeu seu pedido de prorrogação, por mais 90 dias, do prazo para o pagamento de US$ 25,5 milhões.[73] Mas, àquela altura, Goulart também já decidira pelo endurecimento da política *vis-à-vis* dos Estados Unidos. Kennedy bloqueara os fundos compensatórios negociados por San Tiago Dantas, e ele, Goulart, não mais suportava ter de negociar, a cada três meses, a fim de obter a prorrogação de vencimentos de pequenas somas, enquanto o governo dos Estados Unidos estava a distribuir recursos da Aliança para o Progresso entre governadores e prefeitos, exatamente os seus adversários políticos, que conspiravam para derrubá-lo. Assim, antes de viajar para Roma, determinou publicamente que o Itamaraty comunicasse ao Departamento de Estado sua decisão de não mais tolerar aquele procedimento, que atentava contra a soberania nacional e a unidade da Federação.[74] Goulart estava disposto a denunciar a Aliança para o Progresso, caso a Embaixada Americana continuasse a não respeitar a realidade do Estado nacional e o monopólio das relações exteriores pela União.[75]

A dívida externa do Brasil montava, àquela época, US$ 3 bilhões. Não crescera, praticamente, desde a renúncia de Quadros, uma vez que Goulart não recebera nenhum empréstimo de dinheiro novo desde sua ascensão à presidência. Segundo Carvalho Pinto, ex-governador de São Paulo e sucessor de San Tiago Dantas no Ministério da Fazenda, aquela soma era "bastante razoável", mas, como os prazos de vencimento se congestionavam, as pressões dos Estados Unidos, devido ao impasse político, dificultavam o equacionamento do problema.[76] O Brasil devia então pagar a outros países o equivalente a US$ 150 milhões por ano, ou seja, quase 15% da receita cambial em moeda conversível, a título de juros. E metade da dívida estava por vencer entre 1963 e 1965, o que totalizava, somando-se a ela os encargos dos juros, a importância de US$ 1,8 bilhão, o equivalente a 43% da receita das exportações brasileiras, estimadas em US$ 4,2 bilhões naquele período.[77] E cerca de 19,6% dos juros e amortizações já venciam naquele ano. O déficit nas transações correntes (mercadorias e serviços) alcançaria, assim, a cifra de US$ 2 bilhões, o que compelia o governo a agir com energia e rapidez para conter a evasão de divisas. Embora ainda pretendesse executar o Plano Trienal e não quisesse radicalizar, como a nomeação de Carvalho Pinto, conservador e ligado ao empresariado de São Paulo, demonstrara, Goulart resolveu decretar a moratória unilateral, conquanto não chegasse a concretizá-la, e determinou a regulamentação de lei que limitava as remessas de lucros para o exterior.

Conforme a previsão da CIA, ao avaliar, entre o fim de junho e o começo de julho de 1963, a evolução da crise, o Brasil tomaria drásticas medidas a fim de enfrentar os problemas do balanço de pagamentos caso os Estados Unidos e o FMI lhe sustassem toda a assistência financeira.[78] Suspenderia o pagamento da dívida externa, se não a repudiasse, e cortaria ou até proibiria as remessas de lucros. E os investimentos estrangeiros cessariam. Porém, se houvesse alívio das remessas e das obrigações de pagamento da dívida, ele poderia manter ao menos o nível mínimo de importações com a continuidade das exportações, embora as taxas de crescimento diminuíssem, o desemprego aumentasse e a inflação recrudescesse.[79] A CIA observou que a colaboração do Bloco Socialista não supriria a lacuna causada pela interrupção do intercâmbio econômico do Brasil com os Estados Unidos e a Europa Ocidental. No entanto, a União Soviética poderia assegurar os objetivos do acordo comercial com aquele país, fazendo consideráveis esforços para atender suas necessidades caso o governo brasileiro promovesse ampla agitação contra os Estados Unidos. E, conquanto estivesse relutante em assumir encargos em largo prazo, sobretudo em vista de seus compromissos com Cuba e em outras regiões, poderia, sem se obrigar a garantir a viabilidade econômica do Brasil, prestar-lhe importante cooperação, como o atendimento de grande parte, se não de todas as suas necessidades de petróleo (equivalentes a 20% do total de importações). A CIA não acreditava, entretanto, que Goulart se alinhasse com o Bloco Soviético, com o qual apenas aumentaria suas relações de comércio, dentro dos limites economicamente possíveis, porque seria vantajoso alargar os mercados de exportação e reduzir as importações da área do dólar.[80] De qualquer forma, com ou sem a ajuda da União Soviética, as políticas do Brasil quase certamente tornar-se-iam mais e mais radicais, e suas relações com os Estados Unidos, na melhor das hipóteses, encrespar-se-iam, enquanto as tensões internas entre esquerdistas e conservadores, aguçando-se, levariam a situação a um ponto crítico. Àquele tempo, meados de 1963, a CIA inclinava-se a acreditar que o Brasil decairia para "o ultranacionalismo e uma solução autoritária" se os Estados Unidos lhe bloqueassem toda a assistência financeira.[81] Conforme constatava, a maioria dos brasileiros era nacionalista e por isso se lhe afigurava "muito difícil" conseguir grande apoio para abater o governo de Goulart, pois pareceria um esforço com o objetivo de satisfazer os Estados Unidos. Mais fácil seria, em sua opinião, o governo de Goulart obter respaldo para medidas, como o repúdio da dívida externa, a nacionalização de propriedades norte-americanas e a maior cooperação com o Bloco Soviético.[82] Daí o "grande perigo", que a CIA percebia, de uma inflexão para o autoritarismo, pelo próprio Goulart, dado o "extremo clamor" dos ultranacionalistas e da esquerda contra os Estados Unidos, cujas relações com o Brasil sofreriam, assim, sério revés.[83] Por outro lado, a CIA ainda ponderou que, qualquer que fosse o desdobramento das relações com os Estados Unidos a respeito das questões financeiras, o Brasil provavelmente não abandonaria a "linha nacional e independente" de sua política exterior. Mesmo um "governo moderado ou direitista", que cooperasse mais estreitamente com Washington, continuaria com aquele propósito de independência nos assuntos internacionais e de liderança na América Latina.[84] A CIA considerava, entretanto, que, embora as dificuldades internas compelissem os políticos brasileiros para "soluções de esquerda", não era inevitável que a crise evoluísse naquela direção. A prever que o governo brasileiro, por meio de uma série de atos e negociações, não atenderia totalmente às exigências norte-americanas, mas também não se afastaria demasiado dos Estados Unidos, de modo a não perder qualquer possibilidade de assistência, julgava que "ainda chances" havia em favor de que Goulart terminasse seu mandato constitucional, em janeiro de 1966, e que seu sucessor fosse "alguém mais responsável" e "talvez mais constante" em aderir "ao gradualismo e à cooperação hemisférica".[85]

Essas estimativas da CIA, datadas de 2 de junho de 1963, eram, em certos aspectos, realistas e prudentes, a indicarem o receio de que o Brasil, como consequência da pressão econômica dos Estados Unidos e das entidades financeiras internacionais, derivasse para a esquerda, não propriamente comunista, e sim sob a forma do *autoritarismo ultranacionalista*, algo no modelo de Vargas ou Perón.[86] Os matizes e as profundas diferenças, no caso, pouco importavam aos Estados Unidos, uma vez que o nacionalismo ou o comunismo se lhes equivaliam, na medida em que ambos contrariavam os interesses dos seus capitais privados no estrangeiro. E por isso mesmo a CIA intensificou suas operações, organizando, com o apoio de latifundiários e homens de negócios, grupos paramilitares e instalando, em fazendas e até mesmo em igrejas, depósitos de material bélico com o objetivo de deflagrar a luta civil, na hipótese de que aquela perspectiva realmente se concretizasse.[87] Nas Forças Armadas, como a proposta de derrubada de Goulart não encontrara maior receptividade, os oficiais comprometidos com a conspiração passaram a aliciar seus camaradas para a "defesa" da Constituição, caso o governo descambasse para a ilegalidade.[88] O apelo contra a *ameaça comunista* e o *perigo de bolchevização do Brasil* valeu para obscurecer o caráter antinacionalista do movimento e confundir a oficialidade.

Goulart já não tinha dúvidas a respeito das atividades da CIA, pois a Comissão Parlamentar de Inquérito comprovara que o Instituto Brasileiro de Ação Democrática (Ibad) e a Ação Democrática Popular (Adep), responsáveis pelo financiamento da campanha dos candidatos de direita nas eleições de 1962, recebiam recursos do exterior, por meio do Royal Bank of Canada, do Bank of Boston e do First National City Bank. E decidiu, em fim de agosto, suspender por três meses o funcionamento daquelas associações, como primeiro passo para fechá-las, com o argumento de que elas atentavam contra a segurança das instituições e, inclusive, contra a segurança nacional.[89] No mesmo dia, aliás, concedeu uma audiência ao embaixador Lincoln Gordon e lhe disse que, por meio do

Serviço Federal de Informações e Contrainformações (SFICI), sabia dos seus encontros com Lacerda e empresários, que conspiravam contra a sua administração. Gordon, cujo alinhamento com as posições do empresariado multinacional e fervorosa militância pró-Lacerda o próprio subsecretário de Estado assistente, Edwin Martin, criticara,[90] desmentiu, naturalmente, as informações.[91] E Goulart, embora conhecesse também certas atividades do coronel Vernon Walters, adido militar norte-americano e agente do Defense Intelligence Agency (DIA), fingiu aceitar sua negativa para não ter de o declarar *persona non grata*, o que exacerbaria ao extremo as tensões do Brasil com os Estados Unidos.[92] Mas o serviço secreto do Exército, conduzido por oficiais nacionalistas, começou a desvendar os depósitos de armas, inclusive em frente ao sítio de Goulart, em Jacarepaguá (Rio de Janeiro), a indicar igualmente a existência de um complô para assassiná-lo.[93]

A turbulência social, com o enrijecimento do impasse econômico e financeiro, recresceu, desde então, e a inquietação política, com a revolta dos sargentos em Brasília (setembro de 1963), atingiu o seio das Forças Armadas, onde a radicalização fora largamente induzida, a fim de configurar mais ainda o clima de guerra revolucionária e persuadir a oficialidade legalista a aceitar o golpe de Estado como solução. Os Estados Unidos, àquela época, já examinavam os vários tipos de planos de contingência, denominados Operação Brother Sam, a fim de intervir militarmente no Brasil, sustentando os insurgentes contra o governo de Goulart. Àquela época, entretanto, Goulart já começara a perder o controle sobre os acontecimentos. Não conseguiu sequer que a esquerda apoiasse a instauração do estado de sítio, solicitada ao Congresso, em meio a uma tentativa frustrada para prender Lacerda e intervir no estado da Guanabara. O assassínio de Kennedy, pouco tempo depois (em novembro de 1963, com a ascensão de Lyndon Johnson à presidência da República e a substituição de Edwin Martin por Thomas Mann como subsecretário de Estado assistente), possibilitou, finalmente, o abandono da política de não encorajamento de golpes de Estado, que, mesmo inconsequentemente, constituía ainda um compromisso de Aliança para o Progresso. No dia 1º de janeiro de 1964, Goulart recebeu a mensagem do embaixador Roberto Campos, transmitida pelo ministro-conselheiro da Embaixada em Washington, de que os Estados Unidos se dispunham a declarar, unilateralmente, a insolvência do Brasil e que a única maneira de evitá-lo seria o seu pronunciamento em favor da Aliança para o Progresso. Ele então se voltou para San Tiago Dantas, que, juntamente com Renato Archer, acompanhara o diplomata, e comentou: "Não adianta mais, professor. Não acredito que nenhuma frase minha detenha a conspirata que os Estados Unidos patrocinam."[94] Apanhou então uma pasta com alguns informes do serviço secreto e contou-lhes que o coronel Vernon Walters mantinha encontros com os generais Cordeiro de Farias, Nelson de Melo, Juracy Magalhães, o brigadeiro Eduardo Gomes, e também viajara para Belo Horizonte, onde, na residência do cônsul, conversara com o governador Magalhães Pinto. Goulart, por fim, contou que um certo general Bell chegara ao Brasil, em uma *Fortaleza Voadora*, e não só o brigadeiro Eduardo Gomes, que tramava contra o governo, fora recebê-lo como ele estivera com o general Castelo Branco, chefe do Estado-Maior do Exército, e o próprio ministro da Guerra, general Jair Dantas Ribeiro.[95]

Nenhuma frase, realmente, evitaria a desestabilização do regime. A crise econômica, social e política afoitou-se. Goulart ainda tentou mobilizar o apoio da massa trabalhadora para a sustentação do seu governo, mediante a convocação de vários comícios e a adoção de algumas medidas nacionalistas e populares, uma vez que as forças conservadoras obstaculizavam a aprovação das reformas de base, como a agrária, no Congresso. Mas um levante dos marinheiros, em fins de março de 1964, serviu como pretexto para a deflagração do golpe de Estado, por legitimar, sobretudo diante da vacilação de Goulart em reprimir o movimento, que tinha caráter de provocação, e castigar os amotinados, a propaganda de que a guerra revolucionária estava em pleno curso, com a indisciplina e a quebra da hierarquia militar. As unidades do Exército, sediadas em Minas Gerais, adiantaram-se ao grupo liderado pelo general Castelo Branco e iniciaram, assim, a sedição, com o apoio do governador Magalhães Pinto e dispostos a promover uma guerra civil de pelo menos três meses contra o governo Goulart. San Tiago Dantas, a tentar uma solução política para a crise, de modo a evitar o conflito armado, telefonou para Afonso Arinos, nomeado uma espécie de secretário das Relações Exteriores pelo governador Magalhães Pinto, e dele então ouviu que os Estados Unidos apoiavam a sublevação e não somente reconheceriam a beligerância de Minas Gerais como interviriam militarmente no Brasil em caso de guerra intestina.[96] Essa informação, transmitida por San Tiago Dantas a Goulart, pesou, evidentemente, na sua decisão de não resistir. Ele considerava inútil o derramamento de sangue e quis evitá-lo, bem como a internacionalização do conflito e a secessão do Brasil.[97] Com efeito, naquele momento, os Estados Unidos enviavam para o Brasil uma força-tarefa, composta pelo porta-aviões *Forrestal*, destróieres de apoio, inclusive um com mísseis teleguiados, navios carregados de armas e mantimentos, bem como quatro petroleiros, ao mesmo tempo em que sete aviões de transporte C 135, levando 110 t de armas, oito aviões de caça, oito aviões-tanques, um avião de comunicações e um posto aéreo de comando estabeleceriam uma ponte aérea, interconectando as bases norte-americanas e as regiões rebeladas.[98] A Operação Brother Sam, chefiada pelo general George S. Brown, contrataria também uma força-tarefa ultrassecreta do Exército, da Marinha, Aeronáutica e CIA, posta em ação na base do Panamá, sob o comando do general Breitweiser.[99] E Lincoln Gordon, posteriormente, manifestou a Lacerda estar "muito feliz" com a vitória da sublevação de Minas Gerais, "porque evitou uma coisa muito desagradável, que seria a necessidade de intervenção militar americana no Brasil".[100]

NOTAS

1 *Special National Intelligence Estimate n° 93-2-61 — Short-Term Prospects for Brazil under Goulart*, cit.
2 Ib.
3 Ruth Leacock, "JFK, Business and Brazil", *Hispanic American Historical Review*, 59(4), Nov. 1979, p. 636-673.
4 San Tiago Dantas, *Política externa independente* (Rio de Janeiro: Civilização Brasileira, 1962), p. 5.
5 Id., p. 77.
6 Id., p. 77.
7 Central Intelligence Agency, Subject: *National Intelligence Estimate n. 93-2-63: Situation and Prospects in Brazil*, 2/7/1963, secret, JFKL.
8 Ib.
9 Ib.
10 Ib.
11 Entrevista de João Goulart ao Autor, Punta del Este, 26/6/1976.

12   *Hanson's Latin American Letter*, n° 881, Washington, 3/2/1962.
13   Exposição do ministro San Tiago Dantas aos chefes de missão dos Estados Americanos no Itamaraty, em 12/1/1962, in Ministério das Relações Exteriores, *O Brasil em Punta del Este* (VIII Reunião de Consulta de Ministros das Relações Exteriores das Repúblicas Americanas) (Seção de Publicações, 1962), p. 32.
14   Ib., p. 32.
15   Ib., p. 33.
16   Tratado Interamericano de Assistência Recíproca (Tiar).
17   Discurso de San Tiago Dantas na Câmara dos Deputados, Brasília, 7/2/1962, in Ministério das Relações Exteriores, op. cit., p. 73.
18   Ib., p. 73.
19   Exposição de San Tiago Dantas aos chefes de missão, ib.
20   Carta de John F. Kennedy a Goulart, Washington, Oct. 22, 1962, secret, DJG.
21   Ib.
22   Minuta manuscrita por Goulart, DJG.
23   Ib.
24   Ib.
25   Ib.
26   Hermes Lima, *Travessia (Memórias)* (Rio de Janeiro: José Olympio, 1974), p. 268-270.
27   Id., p. 268.
28   Sobre o assunto ver Moniz Bandeira, *Brizola e o trabalhismo*, cit., p. 63-67.
29   R. Leacock, doc. cit., p. 647-650.
30   *Public Papers of the Presidents of the United States — John F. Kennedy*, 1962 (Jan. 1 to Dec. 31, 1962) (U. S. Government Printing Office), p. 203.
31   Ib., p. 203.
32   *Visit of President Goulart to Washington D.C.*, April, 1962, *Background Paper — Foreign Policy of Brazil*, confidential, PGV B-3/2, Mar. 27, 1962, JFKL.
33   Ib.
34   *Memorandum for the President — Subject: Brasil. Briefing Book*, A. Schlesinger Jr., Washington, Mar. 31, 1962, confidential, JFKL.
35   Ib.
36   Ib.
37   Ib.
38   Ib.
39   Ib.
40   O estado do Rio Grande do Sul decidira descontar as plantas doadas, a indenização do pessoal e os lucros ilegalmente remetidos para o exterior, reduzindo o valor de cerca de Cr$ 70 milhões (na moeda da época) para efeito de depósito prévio na Justiça.

41 R. Leacock, doc. cit., p. 649.
42 Ib., p. 640. Sobre o assunto, ver R. A. Dreyfuss, op. cit., p. 205-209. Moniz Bandeira, *O governo João Goulart*, cit., p. 64-76. J. K. Black, *United States Penetration of Brazil*, p. 82-86 e 98-100.
43 Philip Agee, *Dentro da "Companhia" — Diário da CIA* (Rio de Janeiro: Civilização Brasileira, 1975), p. 285.
44 Entrevista do embaixador Gordon a Roberto Garcia, *Veja*, São Paulo, 9/3/1977, p. 6.
45 U.S. Congress, Senate, *Hearings Before the Select Committee to Study Governmental Operations with Respect to Intelligence Activities (Covert Action)*, cit., p. 9 e 156.
46 Entrevista de Renato Archer ao Autor, 1971.
47 Os números exatos foram extraídos dos *Anuários Estatísticos do Brasil 1961, 1963 e 1964*, IBGE, p. 52, 38 e 48. A imprensa, na época, falou de um número entre 5.000 e 6.000 pedidos de vistos oficiais, sendo a informação originária do Itamaraty e do Exército.
48 Esse fato depois foi também confirmado, em entrevista ao Autor, por João Goulart, Amaury Silva, na época ministro do Trabalho, pelo jornalista Samuel Wainer e por Afonso Arinos, que, em 1962, chefiou a Missão do Brasil na ONU. Mais detalhes em Moniz Bandeira, *O governo João Goulart*, cit., p. 136-139 e 181, e *Presença dos Estados Unidos no Brasil*, cit., p. 446-449.
49 Tad Szulc, "Exportação da revolução cubana", in *Cuba e os Estados Unidos*, John Plank (ed.) (Rio de Janeiro: Ed. O Cruzeiro, 1968), p. 91.
50 Depoimento de Edward Korry, ex-embaixador dos Estados Unidos no Chile durante o governo de Salvador Allende, perante o Senado norte-americano, *Jornal do Brasil*, Rio de Janeiro, 14/2/1977.
51 R. Leacock, doc. cit., p. 654. O estudo de Ruth Leacock é um dos mais elucidativos sobre as relações entre o governo de Kennedy e o de Goulart.
52 Id., ib., p. 655.
53 Ib., p. 656.
54 Ib., p. 656.
55 Ib., p. 657.
56 Entrevista de Lincoln Gordon a Roberto Garcia, *Veja*, São Paulo, 9/3/1977.
57 Um dos mais beneficiados foi Carlos Lacerda, governador do Estado da Guanabara.
58 *Public Papers... John F. Kennedy*, cit., p. 871. *O Estado de S. Paulo*, São Paulo, 13/2/1962. *Diário de Notícias*, Rio de Janeiro, 14/2/1962.
59 *Memorandum of Conversation*, Dec. 13, 1962, NLK-76-96 § 2, JFKL.
60 Ib.
61 Gordon ao Departamento de Estado, Rio de Janeiro, 19/12/1962, secreto, JFKL. Entrevista de Goulart ao Autor, Punta del Este, 24/6/1976.

62 Ib.
63 A nota foi distribuída pelo embaixador Roberto Campos, em Washington, e, simultaneamente, pelo Itamaraty. *Jornal do Brasil*, 24/1/1963.
64 *Memorandum of Conversation*, Feb. 7, p. l, encl. 5, Airgram A 918, 8/2/1963, Ralph V. Korp, Financial Attache, AID (US) Braz. JFKL. Essas conversações, das quais há cinco *memoranda*, realizaram-se entre 3 e 8 de fevereiro de 1963.
65 Central Intelligence Agency, NIE 93-3-63: *Situation and Prospects in Brazil*, secret, JFKL.
66 Ib.
67 Department of State, *"Dificulties Confronting Brazil's Finance Minister San Tiago Dantas"*, confidential, NKL-75-48, JFKL.
68 Carta de Kennedy a Goulart, Washington, 20/5/1963, secret, DJG.
69 Ib.
70 Telegram, Information Report, Central Intelligence Agency, 15/3/1963, JFKL.
71 Telegram, Information Report, Central Intelligence Agency, 30/4/1963, JFKL. Nesse telegrama, o agente da CIA anunciava que o general Olympio Mourão Filho, então comandante da Segunda Região Militar, preparava-se para deflagrar uma revolta contra Goulart em 15 de maio daquele ano, ao mesmo tempo em que comentava a existência de vários grupos que também conspiravam. Há vários telegramas na JFKL sobre o mesmo assunto, datados da mesma época.
72 P. Malan, op. cit., p. 103.
73 Carta de Kennedy a Goulart, Washington, 10/7/1963 (tradução não oficial), e carta de Goulart a Kennedy, Brasília, 27/7/1963, DJG.
74 *Diário de Notícias*, Rio de Janeiro, 30/6-1º/7/1963. Entrevista de Waldir Pires, que fora consultor-geral da República, ao Autor, em 1972.
75 Ib.
76 Entrevista de Carvalho Pinto ao Autor, São Paulo, 26/10/1976.
77 *Exposição feita pelo ministro Carvalho Pinto ao presidente João Goulart em reunião ministerial de 4 de julho de 1963* (Ministério da Fazenda, 1963), p. 14-15, ACP.
78 Entrevista de Carvalho Pinto ao Autor, cit.
79 Central Intelligence Agency, NIE 93-2-63: *Situation and Prospects in Brazil*, 2/7/1963, JFKL.
80 Ib.
81 Ib.
82 Ib.
83 Ib.
84 Ib.
85 Ib.

86 Ib.
87 *O Estado de S. Paulo*, São Paulo, 24/9/1963, p. 6, e 29/9/1963, p. 5.
88 José Stacchini, *Março 64: mobilização da audácia* (São Paulo: Cia. Ed. Nacional, 1965), p. 66.
89 Entrevista de Goulart ao Autor, cit. integral do Decreto em *O Estado de S. Paulo*, São Paulo, 1º/9/1963.
90 R. Leacock, doc. cit., p. 666-667.
91 Telegrama nº 345, de Gordon ao Departamento de Estado, 17/8/1963, 2 p.m. (Section One of Two), Ken NSF Co Brazil 8/21/63 — 8/311, JFKL.
92 Entrevista de Goulart ao Autor, Punta del Este, 3/6/1976.
93 Parecer do general Dantas Ribeiro, ministro da Guerra, encaminhando o relatório do general Paulo F. Torres, presidente do Inquérito Policial-Militar, à Justiça Militar, DJG.
94 Entrevistas de Renato Archer ao Autor, Rio de Janeiro, 7/3/1977 e 19/7/1977.
95 Ib.
96 Entrevista de Amaury Silva ao Autor, Curitiba, 2/6/1977 e 3/6/1977. Entrevista de Samuel Wainer ao Autor, São Paulo, 17/6/1977.
97 Entrevista de Goulart ao Autor, cit.
98 Ordens dos chefes de Estado-Maior Conjunto (JCS) ao comandante em chefe da Esquadra do Atlântico (CINCLANFLT) 26.24-312046Z; ao chefe do Estado-Maior da Aeronáutica (CSAF) e ao chefe do Estado-Maior do Exército (CSA), Contingency Plan 2-61, 31/3/1964, a) contra-almirante L. A. Bryan, LBJL.
99 Ordem dos chefes do Estado-Maior Conjunto ao Comando da Zona do Panamá (CINCSO) e ao Comando das Forças Armadas de Ataque (CINCSTRIKE), 311907Z-Março, contra-almirante J. L. Chew, vice-diretor de Operações, LBJL. Os documentos sobre a Operação Brother Sam foram reproduzidos por Marcos Sá Correia, *1964 visto e comentado pela Casa Branca* (Porto Alegre: L&PM), p. 30-41. Outros detalhes in Phyllis R. Parker, *1964 — O papel dos Estados Unidos no golpe de Estado de 31 de março* (Rio de Janeiro: Civilização Brasileira, 1977), p. 103-106.
100 "As confissões de Lacerda", *Jornal da Tarde*, São Paulo, 6/6/1977, p. 20.

Capítulo V

A DERROTA DAS TENDÊNCIAS NACIONALISTAS NO BRASIL • O GOVERNO CASTELO BRANCO E O RETROCESSO NA POLÍTICA EXTERNA • FRONTEIRAS IDEOLÓGICAS, FIP E INTERVENÇÃO NA REPÚBLICA DOMINICANA • O FRACASSO DA ALIANÇA PARA O PROGRESSO • O RESSURGIMENTO DO NACIONALISMO MILITAR COM OS OFICIAIS DA LINHA DURA

Kennedy não manteve nem uniforme nem consequentemente a política de desencorajar golpes de Estado. O mesmo pavor de que outro regime contrário aos interesses dos Estados Unidos se instalasse no hemisfério, assim como o levou a lançar, a partir da Operação Pan-Americana, a Aliança para o Progresso, também esterilizou completamente quaisquer propósitos renovadores e democráticos que ele porventura alimentasse. Kennedy reconheceu os governos oriundos de levantes militares na Argentina e no Peru (1962), bem como no Equador, na República Dominicana, em Honduras e na Guatemala (1963). E a instrumentalizar, de um lado, as pressões financeiras e, do outro, as ações clandestinas, a fim de vergar o Brasil, desejou e concorreu decisivamente para a desestabilização do governo de Goulart. Johnson, na verdade, não modificou, essencialmente, a orientação de Kennedy.[1] Apenas assumiu, talvez com mais desenvoltura, a responsabilidade pelo desfecho da crise no Brasil, a qual refletia, em larga medida, a crise nas relações daquele país com os Estados Unidos. Mesmo consciente de que o *putsch* poderia deflagrar a guerra civil, a maior preocupação do Departamento de Estado era a de preservar, na derrubada de Goulart, o formalismo constitucional e o estabelecimento de alguma aparência de legitimidade, de modo a justificar, perante o Congresso e a opinião pública dos Estados Unidos, a Operação Brother Sam e até mesmo a intervenção armada, se necessário fosse.[2] Goulart, por não resistir, evitou o "drama de proporções continentais", conforme o *Washington Post* previra,[3] e suas funestas consequências para a unidade nacional e o desenvolvimento do país.

O golpe de Estado, porém, não se deteve nos limites formais da Constituição, já violentada pela forma ilegal como o presidente da Câmara dos Deputados, Ranieri Mazilli, assumira o governo, recebendo saudações de Johnson, quando Goulart, que não renunciara, ainda estava no Rio Grande do Sul. O general Artur da Costa e Silva, o almirante Augusto Rademaker Grünewald e o brigadeiro Francisco Correia de Melo, que se impuseram, *de facto*, como ministros do Exército, da Marinha e da Aeronáutica, autodenominaram-se *Comando Revolucionário* e, no dia 9 de abril, editaram um Ato Institucional com o qual se investiram de poderes discricionários para erradicar todos os focos de contestação ao novo regime. E a repressão, a abater-se sobre sindicatos, ligas camponesas e entidades estudantis, alcançou o Congresso Nacional, as Assembleias Legislativas e as Câmaras Municipais, com a cassação dos mandatos e a suspensão dos direitos políticos de dezenas de senadores, deputados e vereadores dos mais diversos partidos, bem como de centenas de outros cidadãos, por defenderem posições nacionalistas. Por esse mesmo motivo, uma vez que os supostos comunistas eram igualmente muito poucos, 122 oficiais — número que se elevaria, com o correr dos meses, a cerca de 450 — foram expurgados das Forças Armadas.

Àquela altura, os diferentes chefes militares e líderes civis que conspiraram contra Goulart competiam pelo controle do poder. O que mais inspirava confiança à Embaixada Americana era, entretanto, o general Humberto Castelo Branco, chefe do Estado-Maior do Exército, devido, sobretudo, aos seus vínculos pessoais e ideológicos com o coronel Vernon Walters. E ao que tudo indica esta foi, talvez, a principal razão por que Lacerda, em direto entendimento com Gordon, propôs e articulou seu nome para a presidência da República,[4] finalmente aceito, depois de muita resistência, pelo general Costa e Silva.[5] A queda de Goulart e, posteriormente, a ascensão de Castelo ao poder significaram assim ampla vitória dos Estados Unidos, não contra os comunistas, que o Departamento de Estado sabia não terem condições, "em futuro previsível", de tomar o poder, e sim contra as tendências nacionalistas, excitadas pelas necessidades do processo de industrialização do Brasil e pelo recrudescimento das lutas sociais, em uma conjuntura nacional de extrema escassez de recursos e marcada internacionalmente pelo impacto da Revolução Cubana.

Em virtude de ter fronteiras comuns com quase todos os países da América do Sul (exceto Chile e Equador), o que lhe dava fundamental importância estratégica, o Brasil sempre preocupou, e por isso recebeu certos cuidados dos Estados Unidos, que percebiam não só sua aspiração ao *status* de potência mundial como suas possibilidades reais de atingi-lo. Dessa forma, os Estados Unidos mantiveram com o Brasil intenso relacionamento de "atração-medo", conforme expressão de Alfred Stepan.[6] O medo, sobremodo pronunciado entre 1961 e 1964, era o de que o Brasil pudesse servir como santuário e campo de treinamento para as operações de guerrilhas "pró-comunistas" ao longo da América do Sul.[7] Porém, aparte essa hipótese pouco provável, o fato é que apenas o exemplo do Brasil, com um governo fortemente nacionalista, influenciaria, naquelas circunstâncias, as políticas de seus vizinhos, que se tornariam mais rebeldes *vis-à-vis* da hegemonia dos Estados Unidos. Essa mesma percepção de sua importância, segundo Stepan, foi o que, aliás, levou Johnson, depois do golpe de Estado de 1964, a conceder maciça ajuda militar ao Brasil, esperando que ele desempenhasse, em favor dos Estados Unidos, um papel anticomunista hegemônico na América do Sul.[8]

O general Castelo Branco tinha, sem dúvida, todas as condições pessoais e ideológicas para corresponder a tal perspectiva. Participara da Força Expedicionária Brasileira, durante a Segunda Guerra Mundial, e se unira a oficiais, como Jurandyr Bizarria Mamede e Oswaldo Cordeiro de Farias, que se alinharam politicamente com a UDN, passando a combater Vargas e o nacionalismo quando regressaram da Itália, em 1945. Essa elite militar formou, em 1949, a Escola Superior de Guerra, na qual os generais Juarez Távora e Golbery do Couto e Silva destacar-se-iam, e constituiu o principal suporte, no princípio dos anos 1950, da Cruzada Democrática e do movimento contra o segundo governo de Vargas. Sua doutrina, cristalizada nos cursos da Escola Superior de Guerra, absorvera a teoria do general Góes Monteiro sobre a *agressão interna* como a principal ameaça à segurança nacional, mas a adaptara às concepções norte-americanas da *guerra fria*, em uma variante geopolítica, ao aceitar a bipolaridade do poder mundial, como axioma, a partir do qual o silogismo apontava para a necessidade de vincular estreitamente o Brasil à liderança dos Estados Unidos, como forma de defender os valores do Ocidente, ou seja, o regime de livre empresa e, quando possível, o sistema democrático representativo. As doutrinas sobre contrainsurreição, desenvolvidas sobretudo durante a administração de Kennedy, e a concepção dos exércitos latino-americanos como simples forças de polícia, com preparo apenas para combater as ameaças internas ou regionais de revolução, harmonizavam-se, por conseguinte, com o pensamento precursor da Escola Superior de Guerra.

O movimento que derrubou Goulart e, em seguida, editou o Ato Institucional, na primeira de uma série de outras erupções do arbítrio, refletiu e realizou aquelas doutrinas de segurança nacional e contrainsurreição ao instalar no Brasil um regime em contrarrevolução permanente, em nome de uma razão de Estado, que terminou por gerar um Estado sem razão. Suas políticas fundamentaram-se na *Weltanschaung* maniqueísta do militarismo, segundo a qual a confrontação entre os dois polos do poder internacional — Estados Unidos e União Soviética — se deslocara para o interior de cada país, uma vez que o desenvolvimento das armas nucleares e de sua capacidade de destruição não só superara a guerra convencional como praticamente inviabilizara o conflito direto entre as duas superpotências. O general Juracy Magalhães, quando ocupava o Ministério da Justiça na administração de Castelo Branco, justificou a edição do Ato Institucional nº 2, acentuando que:

> todos os povos devem estar preparados para a guerra instantânea, mas o desenvolvimento tecnológico, que criou este extraordinário poder de destruição, força também o convívio pacífico [...]. Assim, a guerra atômica se tornou impossível, mas o que se registra hoje, em toda parte, no Vietnã, na República Dominicana, na Coreia, na África, é um tipo de guerra diferente, que o presidente Kennedy classificou de guerra subversiva.[9]

A sociedade, no Brasil, passou então a viver em um clima de *guerra fria civil*, na medida em que o regime autoritário não aceitava coexistir com a oposição, e até mesmo qualquer manifestação contrária aos Estados Unidos, por serem considerados o "guardião do mundo livre", passara a equivaler a um atentado à própria segurança nacional do Brasil. As Forças Armadas, diante de tais circunstâncias, deviam desempenhar simples papel de polícia, incumbida de reprimir conflitos sociais como se fossem ações de guerra revolucionária. E, orientado por essa percepção, o governo de Castelo Branco defendeu a reformulação do conceito de soberania, que, não mais se restringindo aos limites e às fronteiras territoriais, abrangeria o caráter político e ideológico dos regimes, de modo a permitir a intervenção dos países americanos nos assuntos internos uns dos outros quando um governo aceito como democrático estivesse ameaçado por movimento supostamente comunista ou de natureza semelhante. Sua proposta, inspirada pelos Estados Unidos, era a da integração de contingentes militares de todos os países americanos em uma *stand by force,* pronta para intervir imediatamente onde quer que se caracterizasse um processo de subversão. Essa Força Interamericana de Paz, nome proposto para a *stand by force,* ficaria à disposição da OEA, que assumiria os encargos da segurança coletiva e à qual os Estados Unidos transfeririam o poder de polícia regional, eximindo-se da aplicação unilateral do corolário, em sua dimensão ideológica, da Doutrina Monroe. Sua criação implicaria, naturalmente, a limitação das funções das Forças Armadas nacionais às tarefas de defesa interna, promovendo-se apenas a modernização dos setores subordinados ao esquema continental da OEA. Castelo Branco, menos de três meses depois de sua elevação à presidência do Brasil, justificou, em discurso ao Itamaraty, ao afirmar que:

> No presente contexto de uma confrontação de poder bipolar, com radical divórcio político-ideológico entre os dois respectivos centros, a preservação da independência pressupõe a aceitação de certo grau de interdependência, quer no campo militar, quer no econômico, quer no político.[10]

Castelo Branco entendia que "o nacionalismo se agravou internamente, criando contradições em nossa política externa", e que se deturpou a ponto de se tornar "opção disfarçada em favor dos sistemas socialistas".[11] Acusou então as "pressões internas em favor do estatismo e da nacionalização" de repercutirem na política externa e gerarem "áreas de atrito", como nos casos das encampações de concessionárias de serviços públicos, da política semimonopolista de minérios, assim como dos desestímulos aos capitais estrangeiros.[12] O Brasil, dali por diante, trataria de "enveredar pela política de livre empresa e de acolhimento ordenado do capital estrangeiro".[13]

O projeto de Castelo Branco, teórica e praticamente, induzia o Brasil a abdicar de sua aspiração ao *status* de potência, resignando aos seus próprios interesses nacionais, como país capitalista em expansão, em nome da unidade do hemisfério ocidental, uma vez que, de acordo com aquela percepção também totalitária, qualquer dissidência significava o favorecimento do comunismo e da União Soviética. O princípio da segurança coletiva, "tão da responsabilidade dos Estados Unidos",[14] segundo

Castelo Branco, assim se sobrepôs ao da segurança nacional. E por isso mesmo, a política externa do Brasil, logo nos meses posteriores ao *putsch* de 1964, "removeu, antes de tudo, a irreconhecível doutrina de nossas posições ambíguas e, ao mesmo tempo, de postulante".[15] Castelo Branco nunca falou, certamente, em *alinhamento automático* com os Estados Unidos e, no Itamaraty, declarou:

> Não devemos dar adesão prévia às atitudes de qualquer das grandes potências — nem mesmo às potências guardiãs do mundo ocidental, pois que, na política externa destas, é necessário fazer a distinção entre os interesses básicos da preservação do sistema ocidental e os interesses específicos de uma grande potência.[16]

Com essa diretriz, o governo de Castelo Branco recusou-se a mandar soldados para o Vietnã, por considerar que essa guerra não afetava diretamente o interesse nacional do Brasil, mas apenas o dos Estados Unidos, enquanto potência mundial.[17] Por outro lado, no caso da República Dominicana, o Brasil enviou um contingente de 1.100 soldados, sob o comando do general Hugo Penasco Alvim, como forma de criar condições para o estabelecimento da Força Interamericana da Paz. Os Estados Unidos, segundo Roberto Campos, prometeram que aquela seria a última intervenção unilateral, e Castelo Branco resolveu assumir os riscos e partilhar das responsabilidades pela ação conjunta na República Dominicana.[18] Ele acreditava que, para adquirir autoridade de opor vetos a iniciativas isoladas dos Estados Unidos, o Brasil devia demonstrar que estava disposto a colaborar nas tarefas de segurança coletiva, se necessário fosse, desde que previamente consultado.[19] Não lhe passava também despercebido que "a afinidade dos sistemas não garante a coincidência dos interesses" e que o Brasil, como país que lutava pelo seu desenvolvimento, tinha "prioridades e interesses que muitas vezes diferem daqueles dos países desenvolvidos".[20] Por esse motivo, atento à opinião das Forças Armadas, Castelo Branco evitou comprometer o Brasil com qualquer decisão que o impedisse de desenvolver a energia nuclear. E só aceitou o Tratado de Tlatelolco (1967) com a clara ressalva de que a proscrição das armas nucleares na América Latina apenas atingia a fabricação de artefatos para fins bélicos.[21]

Tais sutilezas, mais de forma do que de conteúdo, não transpareceram nas políticas — nem interna nem externa — de Castelo Branco. Com a "opção básica" pelo Ocidente, ao qual se devotava "uma fidelidade cultural e política", o que obviamente prevaleceu foi a linha de *eliminação das áreas de atrito,* a ponto de Juracy Magalhães, embaixador em Washington e depois ministro das Relações Exteriores de Castelo Branco, declarar que "o que é bom para os Estados Unidos é bom para o Brasil".[22] Como o ex-chanceler Afonso Arinos observou, após lamentar o "atrelamento melancólico" do Brasil à política externa norte-americana:

> o presidente Castelo Branco, por si e por influências dos círculos militares e civis que o assessoravam, levou as premissas até às suas conclusões mais radicais, privando o Brasil de qualquer ação própria internacional, destruindo o prestígio que conquistáramos, e tudo para quê? Para nada, a não ser desfigurar nossa fisionomia nacional.[23]

Não sem razão a politóloga norte-americana Jan K. Black afirmou que, com Castelo Branco, transformado em "porta-voz" das políticas dos Estados Unidos para a América Latina, "o Brasil declarou sua dependência".[24] Efetivamente, Castelo Branco praticou, em suas políticas, tanto interna quanto externa, todos os atos que os Estados Unidos reclamaram. Menos de um mês após sua ascensão à presidência da República, rompeu relações diplomáticas com Cuba. Impôs ao Congresso, humilhado e acovardado pelas cassações de mandatos, a reformulação da lei de remessas de lucros. Pagou pelos acervos da Amforp e da ITT o preço que os norte-americanos pretendiam, apesar da violenta oposição de Lacerda. Estabeleceu nova política de minérios, devolvendo à Hanna concessões de jazidas de ferro, canceladas pelo governo de Goulart, e aceitando entregar-lhe o porto, que ela havia muito tempo pleiteava, no Espírito Santo. E, além de vários ajustes militares e um Acordo Aerofotogramétrico, firmou com os Estados Unidos o Acordo sobre Seguros de Investimentos Privados, pelo qual as companhias estrangeiras no Brasil adquiriam direitos especiais. A contenção dos salários em níveis inferiores aos índices de elevação do custo de vida, a restrição do crédito bancário, enquanto as empresas estrangeiras, por meio da Instrução 289, da Sumoc, ganhavam um regime de privilégios para tomar empréstimos no exterior, e o corte dos subsídios ao trigo, ao petróleo e ao papel de imprensa constituíram, por fim, algumas das medidas do programa de estabilização monetária recomendado pelo FMI e executado dentro da moldura do Plano de Ação Econômico Governamental (Paeg), que os ministros do Planejamento, Roberto Campos, e Fazenda, Otávio Gouvêa de Bulhões, elaboraram.

A presença dos Estados Unidos no Brasil durante a administração consular de Castelo Branco alcançou assim a sua magnitude. A Missão Militar norte-americana transformou-se na maior do mundo, apenas superada pela existente no Vietnã.[25] Funcionários da Usaid instalaram-se em vários ministérios brasileiros, civis e militares, inclusive nos órgãos de segurança. Pessoal do Departamento de Rendas Internas dos Estados Unidos transferiu-se para o Ministério da Fazenda, a fim de "ensinar" os brasileiros a recolher impostos.[26] Com cerca de 1.500 funcionários,[27] quase o mesmo número que a Grã-Bretanha mantinha na Índia antes da independência, a Embaixada Americana passou então a ter uma importância e uma influência nas decisões de política interna, muito maior que em todos os períodos precedentes. Gordon, que nunca se caracterizou pela discrição e compostura de um diplomata, considerou-se não mais um embaixador, mas um cidadão do país, dentro das *fronteiras ideológicas*, a fazer frequentes declarações sobre a política nacional, inclusive na Escola Superior de Guerra. Era tal a sua força sobre o governo de Castelo Branco que o povo ironicamente começou a dizer: "Chega de intermediário! Lincoln Gordon para presidente!" E o jornalista Carlos Heitor Cony publicou no *Correio da Manhã* uma crônica prevendo a decretação de um Ato Constitucional nº 2, cujo art. 1º determinaria: "A partir da publicação deste Ato, os Estados Unidos do Brasil passam a denominar-se Brasil dos Estados Unidos."[28]

Entretanto, apesar da forte ascendência sobre o governo de Castelo Branco, o Departamento de Estado não tinha controle dos acontecimentos políticos no Brasil. Gordon disse que a edição do primeiro Ato Institucional, em 9 de abril de 1964, chocou-o e ele até pensou em renunciar, pelo menos como um gesto simbólico de protesto.[29] E de fato, dois meses depois, o Departamento de Estado mostrou-se bastante apreensivo com a forma de repressão e, conquanto compreendesse o desejo dos militares de eliminar *bona fide* os pretensos comunistas e subversivos das posições de influência e poder na administração e nas Forças Armadas, instruiu Gordon no sentido de que expressasse a Castelo Branco sua "crescente" preocupação com o alcance dos procedimentos adotados de acordo com o art. 10 do Ato Institucional, especialmente por não permitir aos acusados o direito de defesa.[30] Posteriormente, quando Castelo Branco cedeu aos militares da *linha dura* e editou o Ato Institucional nº 2, Gordon, em Washington, sugeriu ao Departamento de Estado que fizesse uma declaração pública lamentando aquele acontecimento.[31] Seu objetivo era, decerto, fortalecer Castelo Branco contra as pressões dos radicais da direita, mas o Departamento de Estado, a fim de evitar, pudorosamente, "acusações de intervenção no Brasil" e não aborrecer a direita militar, que poderia chamar de volta o contingente brasileiro na República Dominicana, preferiu que ele, em conversações particulares, expressasse a inquietação do governo dos Estados Unidos.[32] Com efeito, ao regressar ao Brasil, Gordon manteve demorada entrevista (duas horas) com Castelo Branco, de quem ouviu, ante o seu pessimismo, que o Ato Institucional nº 2 evitara "tanto uma ditadura tradicional tipo latino-americana quanto do tipo nasserista".[33]

Àquela altura, outubro de 1965, alguns segmentos das Forças Armadas, sobretudo dos oficiais mais jovens, já manifestavam forte inconformismo com os rumos do governo de Castelo Branco e queriam radicalizar o que chamavam de revolução. O que deflagrou a crise, como fator imediato, foi a eleição para os governos da Guanabara e de Minas Gerais dos antigos políticos Francisco Negrão de Lima e Israel Pinheiro, candidatos da coligação PSD-PTB e intimamente ligados, os dois, ao ex-presidente Juscelino Kubitschek, que também tivera seu mandato de senador cassado e os direitos políticos suspensos. Castelo Branco assegurou a posse a ambos e, a fim de contornar a crise militar, editou o Ato Institucional nº 2, extinguindo os partidos políticos tradicionais da República. Porém, ao que tudo indica, certa tendência de corte nacionalista e antioligárquico subjacente manifestava-se no radicalismo dos oficiais da *linha dura*, tais como os coronéis Francisco Boaventura, Albuquerque Lima e Andrada Serpa, e, caso empolgassem o poder, eles poderiam rapidamente evoluir do anticomunismo para o anticapitalismo e o antiamericanismo, levados por uma postura moralista típica das classes médias, ao tentarem concretizar, no nível econômico e social, o que entendiam como autêntica revolução. O então coronel Antônio Carlos de Andrada Serpa, na época adido militar em Paris, veio ao Brasil e disse a Castelo Branco que o caminho para a realização do "bem comum" era "o da organização do poder das bases para cima, e nunca através dessas cúpulas oligárquicas dos velhos serviçais e áulicos da ditadura getuliana".[34] E Afonso Arinos, antes da decretação do Ato Institucional nº 2, deu um parecer sobre a necessidade de reformas das instituições políticas, a pedido do próprio Castelo Branco, ponderando que:

as condições do nosso desenvolvimento econômico e social levariam uma ditadura militar, para se manter, a tomar uma rápida coloração socialista. Paradoxalmente isto é o contrário mesmo do que pretendem os grupos de oficiais jovens, como os políticos ou juristas que a preconizam. Tal governo conduziria à guerra civil, ou seria levado à radicalização de esquerda, para se manter. Coisa, aliás, muito difícil, dada a provável oposição.[35]

Afonso Arinos, obviamente, não considerava o governo de Castelo Branco uma ditadura militar, e, de fato, ele procurou preservar os aspectos formais da mecânica democrática, como também os seus sucessores, não obstante o vezo autoritário do regime, aprofundado por sucessivos atos institucionais, que outorgavam poderes discricionários ao presidente da República e facultavam as mais ferozes práticas de repressão política e de violação dos direitos humanos. De qualquer forma, naquelas circunstâncias, o movimento que derrubou Goulart não podia sustentar o poder senão pela violência. O governo de Castelo Branco, na verdade, não tinha a menor condição de enfrentar eleições realmente livres e democráticas, dado o altíssimo grau de sua impopularidade, em consequência tanto da repressão política, a atingir os líderes de maior prestígio no Brasil, quanto das medidas de estabilização monetária. Os trabalhadores nunca apoiaram o *putsch* contra Goulart, e o próprio Gordon observara que "a única nota triste era a participação obviamente limitada das classes baixas" na Marcha da Família com Deus pela Liberdade, promovida no dia 2 de abril de 1964.[36] As classes médias, amplos setores das quais aplaudiram o golpe de Estado, derivaram, logo depois, para a oposição. E o próprio empresariado, sobretudo dos setores que produziam para o mercado interno, não escondia o seu descontentamento com as medidas econômicas da administração de Castelo Branco. Em 1965, a Confederação Nacional da Indústria responsabilizou o Paeg pela crise industrial de São Paulo, onde a taxa de desemprego aumentara de 1%, em janeiro daquele ano, para 9%, em março, e 13,5%, em junho.[37] A recessão da economia brasileira, cujo processo cristalizara depois da queda de Goulart, alcançara então seu ponto mais baixo, acentuando extraordinariamente a desnacionalização das indústrias. Pequenas e médias empresas, até mesmo grandes grupos brasileiros ou de capital europeu, faliram, asfixiadas pela contração do consumo interno e pelas restrições do crédito. O passivo médio insolvente elevou-se, naquele ano, em mais de oito vezes. A tendência continuou em 1966 e, em outubro, São Paulo conheceu seu mais alto índice de falências e concordatas, enquanto as emissões de papel-moeda somavam, naquele mês, Cr$ 382 bilhões.[38] Os empresários, àquela altura, já se tornavam cada vez mais críticos à administração de Castelo Branco.[39]

Por outro lado, como a política deflacionária de Roberto Campos e Gouvêa de Bulhões acarretara o subemprego dos fatores de produção disponíveis, as empresas postergaram novos investimentos que não lhes pareciam inadiáveis nem imediatamente lucrativos. E, em face da recessão, o fluxo de capitais privados estrangeiros para o Brasil, que Castelo Branco esperava, não ocorreu em grande escala, apesar da revogação da lei de remessa de lucros e da assinatura do Acordo sobre Seguros de Investimentos. A fim de não aumentarem investimentos fixos, as empresas estrangeiras preferiram financiar as atividades de suas subsidiárias no Brasil por meio de *swaps*, operações de empréstimos em curto prazo, garantidas pelo Banco do Brasil e que permitiam o repatriamento de todo o capital ao término do contrato, normalmente de um a três anos. Uma economia em recessão, evidentemente, não podia atrair capitais estrangeiros, e por isso, ao que tudo indica, os investimentos diretos líquidos que entraram foram de apenas US$ 70 milhões, em 1965, US$ 74 milhões, em 1966, e US$ 76 milhões, em 1967, somas bastante inferiores às registradas entre 1956 e 1961, da ordem de mais de US$ 100 milhões, em média, por ano.[40] Assim o governo de Castelo Branco não só não teve condições econômicas e políticas de promover a privatização das empresas estatais, conforme pretendia, como, pelo contrário, teve de fazer maciços investimentos públicos, de modo a reativar a produção, cuja queda ameaçava arrastar o próprio regime militar. A participação do Estado na formação bruta de capital fixo, que alcançara, no governo de Kubitschek, em 1958, o patamar de 40,8%, no qual se manteve, com pequenas variações, até 1962, saltou então para 58%, em 1964, 80%, em 1965, e 90%, em 1966.[41] O investimento público baixou para 62%, em 1967, mas as percentagens previstas eram de pelo menos 69% para os anos seguintes.[42]

O fracasso da Aliança para o Progresso já se afigurava claramente àquela época. Em 1966, o economista Rômulo Almeida, membro do Comitê dos Nove à 4ª Reunião do Conselho Internacional Econômico e Social (Cies) da OEA, renunciou ao seu mandato, afirmando que "os objetivos básicos da Aliança para o Progresso não foram cumpridos nestes cinco anos da Carta de Punta del Este".[43] Seu discurso constituiu um libelo contra a *Kennedy Round*. Ele declarou que o esforço de planificação dos países latino-americanos fora desestimulado pelo "bilateralismo a varejo" da Agência Interamericana de Desenvolvimento (AID), que chegava ao ponto de "venda humilhante de favores, um perfeito clientelismo internacional de tipo neocolonialista".[44] Segundo Rômulo Almeida, a América Latina, depois da Aliança para o Progresso, perdera posição relativa no mercado dos Estados Unidos, cujos obstáculos às importações de vários produtos ainda persistiam, e o *déficit* da capacidade de compra dos países da região, sobretudo em face das necessidades de desenvolvimento, agravara-se naquele período, aumentando a dependência da chamada "ajuda externa", que também não cumprira seu papel. Ele também observou que: "a integração da América Latina — a mais importante reforma de base e o mais importante esforço próprio da América Latina — está sendo mais dificultada pelas práticas da Aliança para o Progresso do que ajudada por alguns auxílios à América Central".[45]

Rômulo Almeida demonstrou ainda que as comparações de desembolso e de compromissos financeiros, depois da Carta de Punta del Este, eram destituídas de significado em comparação com o decênio anterior. Os desembolsos brutos dos Estados Unidos, com a colaboração financeira, representavam apenas 0,1% (um décimo por cento) do seu PIB, enquanto com o Plano Marshall chegaram a 2%, 20 vezes mais, e não compensavam as perdas da América Latina nos termos de intercâmbios, além de não serem suficientes para cobrir os serviços financeiros, que oneravam os balanços de pagamentos de todos os países da região.[46] E, após ressaltar que o desembolso da "ajuda" norte-americana à América Latina não ultrapassava um vigésimo dos seus gastos anuais na Guerra do Vietnã, lembrou que, enquanto os Estados Unidos, com todo o *panache* da Aliança para o Progresso e o poder econômico incomparavelmente maior, aplicavam na região cerca de 0,5% dos seus *savings* anuais, a Grã-Bretanha, antes da Primeira Guerra Mundial, investia talvez 20 vezes mais, em termos relativos, e, apesar de todos os inconvenientes dos financiamentos da época, abria mercados para as exportações.[47] De acordo com a exposição de Rômulo Almeida, os Estados Unidos não cumpriram os compromissos da Carta de Punta del Este e, no que se referia à AID, os melhores termos dos empréstimos foram anulados pelos sobrecustos, resultantes das cláusulas de vinculação à compra de bens, serviços técnicos e fretes, com "notórios sobrepreços".[48]

O fluxo de financiamentos dos Estados Unidos para o Brasil fora, efetivamente, menor do que o programado desde o lançamento da Aliança para o Progresso. E durante os três anos da administração de Castelo

Branco, entre 1964 e 1966, enquanto recebeu apenas US$ 1,3 bilhão como empréstimos e investimentos diretos, o Brasil remeteu para o exterior, a título de amortizações, juros, lucros, dividendos e outros serviços, cerca de US$ 1,5 bilhão.[49] A expansão das empresas estrangeiras ocorreu, portanto, não devido à entrada maciça de novos investimentos, e sim com a aplicação de capitais acumulados internamente no Brasil. E muitos empresários começaram a protestar contra a desnacionalização da economia brasileira, com o apoio dos coronéis da *linha dura*.[50] A Câmara dos Deputados constituiu uma Comissão Parlamentar de Inquérito para investigar o problema e a Federação das Indústrias do Estado de São Paulo encaminhou-lhe um estudo, como subsídio, mostrando que "o investimento privado nacional tornou-se marginal no período de 1965/1966".[51] A CPI concluiu, por fim, que "a entrada de capital estrangeiro, no período recente, apesar de ter ficado muito aquém do que seria necessário para apoiar nosso desenvolvimento, já foi suficiente para onerar muitíssimo nosso balanço de pagamentos".[52] O serviço da dívida externa então absorvia mais de 30% de receita das exportações.

A Aliança para o Progresso, sem dúvida alguma, não alcançara os objetivos, nem econômicos nem sociais e políticos, a que Kennedy oficialmente se propusera quando a lançou em 1961. Nem favorecera maior desenvolvimento econômico nem contribuíra para a realização de reformas sociais e a consolidação de regimes democráticos. Muito menos concorrera para tornar os povos da América Latina mais simpáticos aos Estados Unidos. Pelo contrário, desde a assinatura da Carta de Punta del Este (1961), as políticas dos Estados Unidos não apenas engravesceram a situação econômica como fomentaram, direta ou indiretamente, as condições internas de instabilidade política na América Latina, ao apoiarem golpes de Estado e a implantação de regimes autoritários, que suprimiram os direitos democráticos e congelaram as reformas sociais. O Brasil somente não se viu mergulhado numa crise ainda mais profunda e, superando a recessão, não estagnou, porque as resistências nacionalistas, sobretudo de fortes setores do empresariado e das Forças Armadas, cujas frustrações os coronéis da *linha dura* à direita passaram a interpretar, impediram a administração de Castelo Branco de implementar até as últimas consequências o programa monetarista, com a privatização das empresas estatais, o que significava, naquelas circunstâncias, a transferência do seu controle para os cartéis internacionais e a completa abertura do mercado nacional à competição dos artigos estrangeiros. Àquele tempo, segundo semestre de 1966, o regime autoritário já alienara praticamente quase todo o suporte político interno, e o prestígio dos Estados Unidos, por se associarem à sua implantação e ao seu desempenho, alcançara o mais baixo nível de degradação perante a opinião popular no Brasil. O próprio Lacerda, que alimentara a esperança de tornar-se candidato à presidência da República, rompera publicamente com Castelo Branco e buscara entendimentos com os ex-presidentes Kubitschek e Goulart para formarem o que se tornou conhecido como Frente Ampla, de oposição ao regime autoritário. Sua retórica assumira então um tom francamente antiamericano, a ponto de confundir-se em vários aspectos com a da própria esquerda. Era, porém, a única maneira de salvar sua popularidade e sobreviver ao desgaste do governo que ele ajudara a instalar. Por outro lado, o Ato Institucional nº 2, embora momentaneamente contivesse a revolta da *direita radical,* não superara o descontentamento nas Forças Armadas, bastante agastadas com as diretrizes econômicas de Roberto Campos e Gouvêa de Bulhões. Em face de tais circunstâncias, como o Ato Institucional nº 2 bloqueara a possibilidade de alternância no poder e a sucessão de Castelo Branco por um civil, menos ainda, da oposição, o nome do general Artur da Costa e Silva, ministro da Guerra, consolidou-se como a única candidatura viável e capaz de conciliar a continuidade do regime autoritário e de suas políticas em favor do capital estrangeiro com as aspirações nacionais de desenvolvimento. A fim de manter a coesão do empresariado e conservar o apoio da direita nacionalista, que se expressava, confusamente, por intermédio dos coronéis da *linha dura,* Costa e Silva necessitava, portanto, apelar para o combate à recessão e a retomada da expansão industrial do Brasil, o que implicava certo distanciamento, sobretudo em política externa, das pautas dos Estados Unidos. Castelo Branco, embora se opusesse a sua candidatura, não teve força para evitá-la. Perdeu. E Costa e Silva se impôs como presidente do Brasil.

NOTAS

1 Gordon Connell-Smith, *Los Estados Unidos y la América Latina* (México: Fondo de Cultura Económica, 1977), p. 270.
2 Entrevista de Lincoln Gordon ao Autor, Washington, set. 1977. Ver também P. R. Parker, op. cit., p. 105, 111-115.
3 Telegrama in *Diário de Notícias*, Rio de Janeiro, 2/4/1964, p. 8.

4   Ronald M. Schneider, *The Political System of Brazil — Emergence of a "Modernizing" Regime — 1964-1970* (Nova York/Londres: Columbia University Press, 1971), p. 124.
5   Luís Viana Filho, *O governo Castelo Branco*, 2ª ed. (Rio de Janeiro: José Olympio, 1975), p. 46-59.
6   Alfred Stepan, *The Military in Politics — Changing Patterns in Brazil* (Princeton, Nova Jersey: Princeton University Press, 1971), p. 129.
7   Id., p. 129.
8   Id., p. 129.
9   Entrevista de Juracy Magalhães, quando ministro da Justiça de Castelo Branco, justificando o Ato Institucional n° 2, *Correio da Manhã*, Rio de Janeiro, 5/11/1965, última página.
10 Discurso de Castelo Branco no Palácio Itamaraty, por ocasião da entrega de diplomas aos candidatos aprovados para a carreira de diplomata, em 31/7/1964, in Ministério das Relações Exteriores, *A política exterior da revolução brasileira* (Discursos) (Seção de Publicações, 1968), p. 12-13.
11 Id., p. 16.
12 Id., p. 17.
13 Id., p. 17.
14 Id., p. 20.
15 Id., p. 19-20.
16 Id., p. 13-14.
17 Entrevista de Roberto Campos ao Autor, Brasília, 12/1/1988. L. Viana Filho, op. cit., p. 441-444.
18 Entrevista de Roberto Campos ao Autor, cit. Id., ib., p. 434-436.
19 Entrevista de Roberto Campos ao Autor, cit.
20 Apud L. Viana Filho, op. cit., p. 447.
21 Id., p. 447-450. General Carlos Meira Matos, *Brasil — Geopolítica e destino* (Rio de Janeiro: José Olympio, 1975), p. 94.
22 Juracy Magalhães, *Minha experiência diplomática* (Rio de Janeiro: José Olympio, 1971), p. 275. Id., *Minhas memórias provisórias* (depoimento prestado ao CPDOC), Alzira Alves de Abreu (coord.) (Rio de Janeiro: Civilização Brasileira, 1982), p. 176-177.
23 A. A. de Melo Franco, op. cit., p. 188. Sobre a política externa interdependente, ver Hans-Jürgen Brummel, *Brasilien zwischen Abhängigkeit, Autonomie und Imperialismus (Die Grundlinien der brasilianischen Aussenpolitik (1964-1978) unter besonderer Berück-sichtigung der Beziehungen zu Lateinamerika* (Frankfurt/Main: Haag und Herchen, 1980), p. 92-102.
24 J. K. Black, *United States Penetration of Brazil*, cit., p. 49-53.
25 U.S. Senate — *United States Policies and Programs in Brazil — Hearings before the Subcommittee on Western Hemisphere Affairs of the Committee on Foreign Relations* (Washington: U.S. Government Printing Office, 1971), p. 146-156.

26 Id., p. 277-278.
27 Id., p. 275-276.
28 Apud Nelson Werneck Sodré, *A história da imprensa no Brasil* (Rio de Janeiro: Civilização Brasileira, 1966), p. 501. O nome oficial do Brasil, adotado desde a Proclamação da República, era Estados Unidos do Brasil. Posteriormente, Castelo Branco mudou-o para República Federativa do Brasil.
29 Entrevista de Lincoln Gordon a Elio Gaspari, *Veja*, São Paulo, 17/11/1971, p. 6.
30 Telegrama n° 1.716, Departamento de Estado à Embaixada Americana, 9/6/1964, 5,22 p.m., NSF Co. Brazil, 1 v. 4, LBJL.
31 *Memorandum*, E. G. Bowdler a Bundy, confidential, The White House, 27/10/1965, LBJL.
32 Id.
33 Apud L. Viana Filho, op. cit., p. 357.
34 Id., p. 360.
35 Id., p. 343-344.
36 Cf. P. R. Parker, op. cit., p. 109.
37 Georges-André Fiechter, *O regime modernizador do Brasil, 1964-1972* (Rio de Janeiro: Fundação Getulio Vargas), p. 102.
38 *Jornal do Brasil*, Rio de Janeiro, 8/11/1966.
39 G. A. Fiechter, op. cit., p. 134.
40 *Estatísticas históricas do Brasil — Séries Estatísticas Retrospectivas*, v. 3, Séries Econômicas, Demográficas e Sociais — 1550-1985 (Rio de Janeiro: IBGE, 1987), p. 537-538.
41 Ramón Tamames, *O Brasil e a integração econômica da América Latina* (Buenos Aires: Instituto para la Integración de América Latina/ Banco Interamericano de Desarrollo, 1969), p. 367-368.
42 Id., p. 368.
43 Exposição de Rômulo Almeida, membro do Comitê dos Nove, à 4ª Reunião do Conselho Interamericano Econômico e Social, no nível ministerial, a propósito da Resolução contida no Doc. CIES/971 — CIES/1067, Buenos Aires, 1º-4-1966, DRA.
44 Id.
45 Id.
46 Id.
47 Id.
48 Id.
49 *Estatísticas históricas do Brasil*, cit., vol. 3, p. 537-538.
50 G. A. Fiechter, op. cit., p. 137.
51 Cf. Rubem Medina, *Desnacionalização — Crime contra o Brasil?* (Rio de Janeiro: Saga, 1970), p. 58.
52 Id., p. 45.

Capítulo VI

RETOMADA DAS TENDÊNCIAS NACIONALISTAS PELO GOVERNO COSTA E SILVA • O DISCRETO RETORNO À POLÍTICA EXTERNA INDEPENDENTE • AS DIVERGÊNCIAS COM OS ESTADOS UNIDOS • TRATADO DE NÃO PROLIFERAÇÃO NUCLEAR, CAFÉ SOLÚVEL E TÊXTEIS • O PAPEL DO NACIONALISMO MILITAR NO AI-5 • A CRISE POLÍTICA DE 1968 E 1969

Já indicado pelo Congresso para assumir a presidência do Brasil, como sucessor de Castelo Branco, o general Costa e Silva percorreu vários países da Europa e, em fevereiro de 1967, esteve nos Estados Unidos, a fim de encontrar-se com Lyndon Johnson. Quando se encontrava em Washington, recebeu então a visita de Lincoln Gordon, que, àquele tempo, ocupava o posto de subsecretário de Estado para a América Latina. E, durante a conversa, manifestou seu propósito de continuar o programa de combate à inflação, mas salientou que, paralelamente, daria "ênfase" à política de desenvolvimento. Gordon interrompeu-o várias vezes, a ironizar o tema e, em dado momento, aconselhou-o a manter o combate à inflação e a não cuidar muito do desenvolvimento, acrescentando que "de tanto falar nele um ex-presidente do Brasil acabou em Paris".[1] Era uma referência a Kubitschek, que se exilara ao ter seu mandato de senador cassado e os direitos políticos suspensos. Costa e Silva não mais se conteve. Irritado e com o dedo em riste, retrucou:

> *Mister*, vamos com muita calma. Com sua opinião ou sem ela, o desenvolvimento será a chave de meu governo. Precisamos da ajuda e cooperação do seu país, para colaborar com o nosso desenvolvimento e, muito justamente, auferir os lucros proporcionais aos seus investimentos. Mas em nenhum momento eu tolerarei ingerências. Até porque vai ser muito difícil concretizá-las. E passe bem.[2]

Assim encerrou o diálogo, pedindo-lhe que se retirasse da sala.[3] Esse episódio, que o jornalista Carlos Chagas[4] assistiu e relatou, antecipava a essência dos problemas, que o Brasil voltaria a ter em suas relações com os Estados Unidos. Na verdade, era a mesma essência dos problemas, sob outras formas e em diferentes graus, enfrentados por Vargas, Kubitschek e Goulart. Castelo Branco tratara de eliminar, nas relações do Brasil com os Estados Unidos, as *áreas de atrito*, as quais se reproduziriam, entretanto, uma vez que ele, embora contivesse momentaneamente a necessidade de expansão do Estado nacional, não a pôde suprimir, ao endossar as políticas de congelamento de posições hegemônicas tanto na economia capitalista quanto na sua estrutura internacional de poder. E o regime autoritário por ele modelado para garantir um clima favorável aos capitais estrangeiros só poderia subsistir, naquela conjuntura, se atendesse às necessidades nacionais de desenvolvimento.

A indicação de Costa e Silva para a presidência do Brasil constituíra uma derrota de Castelo Branco, que a aceitou apenas a fim de evitar a fratura das Forças Armadas, pois de sua unidade a própria sorte do regime autoritário dependia. Sua candidatura, conquanto posteriormente homologada pela Aliança Renovadora Nacional (Arena), partido organizado para sustentar o governo depois do Ato Institucional nº 2,[5] e aprovada pelo Congresso, consolidara-se, de fato, nos quartéis, onde forte insatisfação e mesmo oposição a Castelo Branco já se manifestavam,[6] sobretudo por meio da chamada *linha dura*. Os oficiais, que a integravam, dividiam-se em várias correntes, fluidas e confusas, a alinharem-se conforme a questão e/ou situações particulares e o momento dado da crise. Alguns, velhos conspiradores, como o almirante Sílvio Heck, apresentavam-se como *duríssimos*. Outros, a exemplo dos generais Olympio Mourão Filho, Augusto Cezar Moniz de Aragão e Justino Alves Bastos, atuavam como fiscais da administração de Castelo Branco, julgando que ele não enfrentava com a necessária energia os problemas econômicos e políticos. E quase todos combatiam o rigoroso programa econômico e financeiro, em consonância com as posições da Federação das Indústrias do Estado de São Paulo (Fiesp) e das associações rurais, descontentes com as restrições do crédito e a reforma tributária. Porém, de modo geral, os oficiais da *linha dura*, embora minoritários, não só exprimiam como influenciavam o pensamento do restante das tropas, tornando-se, por seus intuitos e sua capacidade de mobilização, a mais séria ameaça ao regime autoritário, nos moldes que Castelo Branco se empenhava em institucionalizar. Os oficiais mais jovens, a maioria dos quais, no nível de tenente-coronel, se inclinava fortemente para o nacionalismo, davam-lhe respaldo. Eles consideravam frouxo o combate à corrupção, com a qual identificavam a política de favorecimento dos negócios e da livre empresa. E muitos chegaram a advogar o controle dos preços e a edição de decretos para conter o custo de vida. O coronel Hélio Ibiapina recomendou a Castelo Branco não só que ampliasse o expurgo político como também que descesse a "chibata na gente açambarcadora",[7] cuja "ganância" ele apontava como responsável pelo aumento do custo de vida.[8] Também os ministros Roberto Campos e Gouvêa de Bulhões, que o marechal Floriano de Lima Brayner chamaria de "representantes de interesses americanos",[9] sofreram forte oposição da direita nacionalista, tanto quanto da esquerda nos tempos de Kubitschek e Goulart. O fato de que eles esposaram a proposta do Hudson Institute de inundar a Amazônia para criar um sistema hidroviário com sete grandes lagos, percebida como outro projeto de internacionalização da região, custou-lhes ainda maior repulsa das Forças Armadas.

Diante de tal quadro, Costa e Silva precisava desvincular-se de certos aspectos, sobretudo em política exterior, das diretrizes de Castelo Branco, bem como daqueles elementos de sua equipe, a exemplo de Campos, Bulhões e o próprio general Golbery do Couto e Silva, chefe do Serviço Nacional de Informações (SNI), acusados de servirem mais aos interesses dos Estados Unidos que aos do Brasil. Começou, por esse e outros motivos, a falar em retomada do desenvolvimento e em "humanizar a revolução", de modo a tornar-se mais simpático perante o povo, cuja hostilidade ao regime autoritário já se refletia no prestígio das Forças Armadas. E a CIA observou que sua tendência era mais para o nacionalismo e que não surpreenderia se o Brasil tomasse uma posição "algo mais independente" em política exterior, embora mantivesse uma atitude "basicamente amistosa" em relação aos Estados Unidos.[10] Previu, outrossim, que Costa e Silva continuaria a encorajar os investimentos estrangeiros, mas talvez lhes impusesse um controle mais estrito. Posteriormente, Alfred Stepan anotaria que, "em lugar do ativo internacionalismo da ex-Força Expedicionária Brasileira e dos oficiais da Escola Superior de Guerra", que formaram a coluna vertebral da administração de Castelo Branco, "Costa e Silva apelou para o nacionalismo, e as relações com os Estados Unidos passaram a experimentar numerosos pontos de tensão".[11]

Com efeito, embora não existisse propriamente um apelo ao nacionalismo, pelo menos não como nos tempos anteriores ao golpe de Estado de 1964, a presença de oficiais da *linha dura,* como Albuquerque Lima, e de representantes dos setores do empresariado que aspiravam à retomada do esforço de industrialização, deu ao governo de Costa e Silva uma conotação própria, mais autônoma, e as fricções com os Estados Unidos reapareceram, em decorrência das necessidades intrínsecas do desenvolvimento do Brasil, abafadas, mas não extintas, durante a administração de Castelo Branco. Ao assumir o Ministério das Relações Exteriores, Magalhães Pinto, banqueiro e ex-governador de Minas Gerais, anunciou o propósito de pôr "a diplomacia a serviço da prosperidade", pois estava "convencido de que as desigualdades extremas, tanto no plano internacional quanto no plano interno, são a principal fonte de insegurança, de insatisfação, constituindo, por conseguinte, a mais grave ameaça à paz".[12] Segundo ele: "uma nação sufocada pela estagnação é uma nação insegura, como é inseguro um mundo em que se estratifique o presente equilíbrio entre Estados ricos e Estados pobres".[13]

Magalhães Pinto adiantou que o Brasil, por sua "importância política, demográfica, cultural e estratégica", podia exercer toda a influência, a fim de promover "decidida arrancada" no caminho da prosperidade, e que, nos entendimentos de chancelarias e na mesa das negociações, a "primeira preocupação" da diplomacia, dali por diante, seria contribuir para a "plena emancipação econômica" nacional. E ressaltou que: "a defesa intransigente dos interesses nacionais norteará sempre a política externa do governo que ora se inicia. Política realista, sem preconceitos e prevenções".[14]

O próprio Costa e Silva, no dia seguinte ao de sua ascensão à presidência, afirmou que a política exterior do Brasil não poderia continuar como "simples reflexo" de sua condição de país em desenvolvimento, mas deveria tornar-se a "expressão dos anseios e aspirações de um país decidido a acelerar intensamente esse desenvolvimento".[15] Seu objetivo era a conquista de recursos externos e maior soma de cooperação estrangeira, sob a forma quer de meios materiais, quer de auxílio técnico, a fim de que o Brasil tivesse "intensa participação" na revolução científica e tecnológica do século XX. Costa e Silva acentuou então que, naquele contexto, a energia nuclear desempenharia um papel relevante e poderia vir a ser uma das mais poderosas alavancas a serviço do progresso do Brasil, pois, de outro modo, "ainda não libertos de uma forma de subdesenvolvimento, iremos rapidamente afundando em uma nova e mais perigosa modalidade que seria o subdesenvolvimento científico e tecnológico".[16]

Seu pronunciamento, colocando a política exterior no "rumo dos interesses do país, ou seja, da sua soberania", significou a ruptura com a doutrina da *interdependência* e das *fronteiras ideológicas,* formulada pelo governo de Castelo Branco, e essa oposição se manifestou mais clara e explicitamente quando, em outro discurso, Costa e Silva, após reiterar o propósito de mobilizar a diplomacia em torno de "motivações econômicas" e a decisão de "desenvolver intensamente" o Brasil, ressaltou que: "não há lugar tampouco para a segurança coletiva em um mundo em que cada vez mais se acentua o contraste entre a riqueza de poucos e a pobreza de muitos".[17]

A fim de justificar a mudança, ele ponderou que a situação internacional evoluíra da rigidez de posições, "características da *guerra fria*", para uma conjuntura de relaxamento de tensões, e que, ante o "esmaecimento da controvérsia Leste-Oeste", não fazia sentido falar "em neutralismo nem em coincidências e oposições automáticas".[18] Orientar-se-ia apenas pelo "interesse nacional, fundamento permanente de uma política externa soberana".[19] Toda a estrutura doutrinária na qual Castelo Branco tratou de enclausurar a política externa do Brasil não sobreviveu, portanto, um dia sequer após o término de sua administração. Sem dúvida, como Carlos Estevam Martins analisou, Costa e Silva, "desde o primeiro momento, jogou por terra as linhas mestras da política anterior e substituiu-as por um elenco de concepções extremamente aparentado com o que teve vigência durante o governo de João Goulart".[20] A *diplomacia da prosperidade,* delineada por Magalhães Pinto, com a "convicção de que desenvolvimento e segurança são conceitos intimamente ligados, estando a segunda na dependência direta do primeiro",[21] restabeleceu a ordem dos princípios, conforme a prioridade com que Vargas, Kubitschek, Quadros e Goulart conduziram as negociações com os Estados Unidos. Perante a Escola Superior de Guerra, Magalhães Pinto sepultou, definitivamente, a ideia da Força Interamericana de Paz, ao declarar que a defesa das instituições nacionais incumbia, primordialmente, às Forças Armadas de cada país, mas a experiência demonstrava "o alto custo e a precariedade de uma solução militar para o problema das guerrilhas", mesmo quando se conjugavam esforços multinacionais para combatê-las.[22] Por isso ele advogava a urgência do desenvolvimento como "solução mais profunda e definitiva", a fim de eliminar "as causas político-sociais geradoras da subversão" e, ao mesmo tempo, tornar "menos viáveis", por meio da industrialização e da urbanização, operações militares do tipo das guerrilhas.[23] Assim, com tal percepção, a *diplomacia da prosperidade* retomou os mesmos objetivos da *política externa independente,* tais como ampliação e diversificação dos mercados externos, obtenção de preços justos e estáveis para os produtos nacionais de exportação, bem como a atração de capitais e técnicas do estrangeiro, de modo a sustentar o esforço de desenvolvimento. E o Brasil, como país que, aspirando ao *status* de grande potência, precisava manter a expansão econômica, empenhar-se-ia para conseguir a "cooperação necessária" à sua "rápida nuclearização", segundo Costa e Silva anunciou, pois considerava a energia atômica: "o mais poderoso recurso a ser colocado ao alcance dos países em desenvolvimento, para reduzir a distância que os separa das nações industrializadas".[24]

Como consequência dessa diretriz, emanada do Conselho de Segurança Nacional e do Estado-Maior das Forças Armadas, o Brasil, embora aderisse ao Tratado de Proscrição das Armas Atômicas na América Latina, o fez com tais ressalvas, que praticamente o invalidaram[25] ao reservar-se o direito à livre utilização, *sob todas as suas formas,* da energia nuclear para fins pacíficos.[26] O chanceler Magalhães Pinto, perante a Câmara dos Deputados, reafirmou que o Brasil não aceitaria, por outro lado, o Tratado de Não Proliferação das Armas Nucleares, que os Estados Unidos e a União Soviética tratavam de concertar, por entender que qualquer compromisso nesse sentido implicaria a condenação do Brasil a uma "nova forma de dependência".[27] Por essa razão, em Genebra, o secretário-geral do Itamaraty, embaixador Sérgio Correa da Costa, aliou-se, durante a reunião do Comitê de Desarmamento, aos países neutralistas, como a Índia e a República Árabe Unida, para combater o projeto de limitação das experiências nucleares.[28] E em fevereiro de 1968, no mesmo Comitê de Desarmamento, o embaixador João Augusto de Araújo Castro criticou acerbamente o Tratado de Não Proliferação das Armas Nucleares, mostrando, entre outros aspectos, que seu texto buscava impedir a disseminação horizontal da tecnologia atômica, isto é, o seu domínio por outros países, mas não contemplava qualquer medida para impedir o crescimento vertical dos arsenais de bombas e dos meios de lançamento, em que exatamente o maior perigo para a sobrevivência da humanidade residia.[29] As Forças Armadas e o Itamaraty entendiam que os Estados Unidos e a União Soviética, por meio de um acordo tácito, empenhavam-se conjuntamente para estratificar o *statu quo* do poder mundial de modo que pudessem conservar suas posições hegemônicas sobre os demais países. E o Brasil, que aspirava à condição de potência mundial e desde o segundo governo de Vargas lutava para estabelecer uma política atômica independente, tinha interesses próprios e adversos tanto aos da União Soviética quanto aos dos Estados Unidos, e por isso, ao mesmo tempo em que se recusava a aderir ao Tratado de Não Proliferação, iniciou negociações secretas com a República Federal da Alemanha para a obtenção da tecnologia nuclear. As Forças Armadas não se satisfizeram com as propostas de conciliação, formuladas pelo professor Glenn Seaborg, presidente da Comissão de Energia Atômica dos Estados Unidos, considerando que a instalação de um pequeno reator nuclear em Angra dos Reis constituía um programa medíocre e não transferia conhecimentos tecnológicos para o Brasil. Os entendimentos para a compra de uma usina de Westinghouse foram então iniciados. Mas os Estados Unidos, desde então, nunca se conformaram com a atitude do Brasil de recusar-se a firmar o tratado[30] e intensificaram, sob todas as formas, as pressões para o forçar a ceder.

As divergências entre o Brasil e os Estados Unidos não se restringiram ao Tratado de Não Proliferação das Armas Nucleares. A imediata ruptura de Costa e Silva com as linhas doutrinárias de Castelo Branco não ocorreu porque a situação internacional evoluía, conforme alegado, da rigidez de posições características da *guerra fria* para uma conjuntura de relaxamento de tensões. O esmaecimento da controvérsia Leste-Oeste principiara muito antes do golpe de Estado de 1964, quando os Estados Unidos e a União Soviética, com a crise dos foguetes, chegaram a um entendimento sobre Cuba e, em 1963, assinaram o Tratado de Moscou, abolindo as experiências nucleares na atmosfera, no mar e na superfície terrestre.[31] A retomada dos termos da *política externa independente*, com a ascensão de Costa e Silva à presidência, pela *diplomacia da prosperidade* já indicava que os mesmos problemas enfrentados de um ou de outro modo por Vargas, Kubitschek, Quadros e Goulart continuavam a afetar as relações bilaterais do Brasil com os Estados Unidos. Costa e Silva, evidentemente, não podia nem desejava, naquelas circunstâncias, reabrir o caso de Cuba, estabelecer relações comerciais e/ou diplomáticas com a China popular ou aproximar-se demasiadamente da União Soviética e dos países do Bloco Socialista. Os mesmos oficiais da *linha dura* que repulsaram a excessiva influência norte-americana sobre o governo de Castelo Branco, exigiam, por outro lado, forte militância anticomunista. Mas os investimentos diretos estrangeiros, bem como toda a colaboração financeira dos Estados Unidos, nos anos subsequentes ao golpe militar de 1964, ficaram muito aquém das necessidades de crescimento econômico do Brasil, cujos recursos em divisas se destinavam em larga proporção ao atendimento dos serviços da dívida externa e das remessas de lucros e dividendos. E, em face da contínua deterioração dos preços do café e demais produtos primários, o Brasil necessitava cada vez mais ampliar e diversificar tanto a pauta de exportações quanto os mercados no exterior, de modo não somente a preservar como também a robustecer sua capacidade de importação, de acordo com as necessidades do desenvolvimento nacional. Por isso o governo de Costa e Silva passou a considerar o desenvolvimento uma "responsabilidade essencialmente nacional", independentemente do grau de cooperação que pudesse obter no exterior.[32]

A *diplomacia da prosperidade*, como ferramenta para ampliar as exportações e diversificar os mercados no exterior, não podia, portanto, orientar-se por "oposições ou concordâncias automáticas",[33] aparecendo o Brasil como simples vassalo dos Estados Unidos, uma espécie de *subimperialismo*, sobretudo diante da América Latina e do restante do Terceiro Mundo, onde as maiores brechas comerciais para a colocação de manufaturados existiam. A necessidade de melhorar a imagem do regime autoritário, que se projetara internacionalmente pelo seu caráter repressivo e reacionário, levou o governo de Costa e Silva a apoiar a luta contra o racismo e o colonialismo, bem como a não se comprometer com a política de Portugal para a África, como Castelo Branco fizera, nas questões de Angola, Moçambique e Guiné-Bissau.[34] As tensões entre o Brasil e os Estados Unidos, porém, afetaram suas relações bilaterais desde o início do governo de Costa e Silva (1967), quando seu ministro da Fazenda, professor Delfim Neto, retificou alguns aspectos da política econômica e financeira traçada por Campos e Gouvêa de Bulhões, concedendo facilidades de crédito às indústrias e de certa forma abrandando alguns controles sobre os salários a fim de superar a recessão em que o Brasil se empegara desde 1964. A Agência Interamericana de Desenvolvimento

(AID) suspendeu então os desembolsos dos empréstimos já autorizados e só os liberou depois que Delfim Neto retornou às linhas da ortodoxia monetarista.[35]

As desavenças entre o Brasil e os Estados Unidos não se ampliaram, àquela época porque o governo de Costa e Silva, apesar das medidas para superar a recessão, manteve a política econômica de acordo, em suas linhas gerais, com as recomendações do FMI, a favorecer os capitais privados estrangeiros e a concentração de empresas, sem alterar substancialmente as diretrizes fundamentais da compressão salarial. O amplo confisco do excedente econômico, executado implacavelmente desde o golpe de Estado de 1964, restaurou assim o potencial de investimentos das empresas privadas e do Estado e permitiu que o Brasil, embora a elevadíssimo custo social, financiasse seu ulterior crescimento econômico a partir da ocupação da capacidade ociosa do parque industrial preexistente. Dessa forma, o aumento do PIB, em 1968, alcançou o índice de 8,4%, sendo que a indústria se expandiu a uma taxa de 13,2%, estimulada principalmente pela demanda do mercado exterior.[36] Efetivamente, as exportações do Brasil começavam então a crescer a um ritmo de 22% a.a., em virtude não apenas do baixo custo de sua força de trabalho, mas também de um vasto elenco de incentivos creditícios e fiscais, sobretudo para os produtos industrializados e semimanufaturados.[37] E essa política gerou outros atritos com os Estados Unidos. O governo de Washington não só contingenciou as exportações de têxteis do Brasil, como, sob pressão da National Coffee Association, passou a exigir-lhe a criação de uma taxa especial sobre o preço de venda do café solúvel, que, com menor preço e melhor qualidade, suplantava no mercado norte-americano o produto de fabricação local. A acusação contra o Brasil era de *dumping* e concorrência desleal. E o litígio desencadeou reações contra os Estados, por parte dos próprios elementos ligados ao regime autoritário. No Congresso, o deputado Everardo Magalhães de Castro (Arena) denunciou as pressões norte-americanas para que o Brasil recuasse das posições de defesa da indústria de café solúvel e da utilização da energia nuclear. Segundo ele, os Estados Unidos, "por ameaça, já deixaram claro que, se o Brasil não mudar sua posição em relação àqueles problemas e à política de fretes, dificilmente poderá contar com a colaboração americana, principalmente em relação aos empréstimos que estão sendo negociados".[38] O governo de Costa e Silva, embora resistisse e, alegando as vantagens comparativas, reivindicasse para o Brasil o direito de industrializar seu principal produto de exportação, terminou por ceder e, em 1969, estabeleceu a taxa de 13,98% para cada libra-peso de café solúvel exportado para o mercado norte-americano. Mas a medida, além de irritar a indústria brasileira, não satisfez nem aos comerciantes nem ao governo norte-americanos. E a questão ainda perdurou por mais alguns anos, entrançando-se com outras, tais como o problema dos têxteis e as desavenças em torno do acordo internacional do cacau, da maior participação do Brasil nos fretes do comércio bilateral e da redistribuição das quotas de açúcar, que cada vez mais avolumavam o contencioso entre os dois países.[39]

O maior subsídio às indústrias, barateando-lhe extraordinariamente os custos de produção, foi dado, na verdade, por meio da compressão dos salários, fator esse que, juntamente com outros incentivos cambiais e fiscais, começou a atrair para o Brasil maciços investimentos estrangeiros, mas apenas a partir do momento em que sua economia se recuperou, estimulada, sobretudo, pela aplicação de capitais públicos. Entretanto, o clima de crescente descontentamento e cada vez mais vigorosa contestação ao regime autoritário por parte da sociedade civil ameaçava a estabilidade do governo e, gerando desconfiança nos investidores estrangeiros, poderia comprometer toda a política de favorecimento à entrada de capitais, quer dos Estados Unidos quer da Europa Ocidental e do Japão. Lacerda, Kubitschek e Goulart, apesar de suas antigas inimizades e desconfianças, uniram-se e formaram a Frente Ampla, uma aliança dos líderes mais populares e de maior prestígio político no Brasil, com o objetivo de lutar pela convocação de eleições diretas para a presidência da República e obter a anistia geral e o fim do congelamento dos salários, em suma, com o objetivo de forçar a restauração do Estado de Direito. A campanha civilista avolumou-se, a repercutir dentro do próprio governo, no qual uma corrente, liderada por Magalhães Pinto, desejava a redemocratização, em termos empresariais e nacionalistas. E a revelar o grau de insatisfação das classes médias, os estudantes começaram a sair às ruas e, com a simpatia e o auxílio do povo, arrostaram, no Rio de Janeiro, a violência e os desmandos da polícia. Naquela cidade, os conflitos agravaram-se ainda mais, com mortes e prisões, depois que um oficial assassinou, a tiros de revólver, o estudante Edson Luís. Balas, bombas de gás lacrimogêneo e bordões não bastaram para conter as manifestações, que se reproduziram e tendiam a alastrar-se por outras cidades. A solidariedade do povo com o movimento dos estudantes, arremessando jarros, pedras, vários objetos e até máquinas de escrever do alto dos edifícios do Rio de Janeiro sobre os soldados da Polícia Militar, tornou o governo impotente para reprimir a avalancha de protestos. E cerca de 100.000 pessoas puderam então desfilar, pela principal avenida do Rio e Janeiro, a gritarem: *Abaixo a Ditadura! Mais pão, menos canhão!* Outras passeatas de repúdio ao regime autoritário repetiram-se, embora sem as mesmas dimensões, no Rio de Janeiro e em São Paulo, onde os operários também se inquietavam e uma séria greve geral, contra o regime autoritário e suas políticas econômicas, paralisou a região industrial de Osasco, muito próxima do centro da capital.

Por outro lado, as tensões e contradições dentro do governo de Costa e Silva (que, diferentemente de Castelo Branco, incorporara oficiais da *linha dura* nacionalista) e nas próprias Forças Armadas recrudesceram. O ministro do Interior, Afonso de Albuquerque Lima, já promovido ao posto de general de brigada, opôs-se à orientação dos ministros Delfim Neto e Hélio Beltrão, titulares das pastas da Fazenda e do Planejamento, por considerá-la muito internacional e monetarista, divergindo fundamentalmente da ordem de prioridade que eles defendiam para os investimentos. Ele executava então uma política de apoio ao desenvolvimento regional, particularmente da Amazônia, sob o lema *Integrar para não entregar*, a cargo de organismos exclusivamente nacionais e sob a direção das Forças Armadas. Por essa razão não só repulsara o projeto do Hudson Institute para a formação de um sistema hidroviário de sete grandes lagos no interior do Brasil, como combatia a compra de terras por estrangeiros, sobretudo empresários de Nova York, iniciada durante a administração de Castelo Branco. Segundo suas próprias palavras, Albuquerque Lima pretendia:

> dar sentido nacionalista, sadio e puro, à solução dos problemas governamentais; conduzir o desenvolvimento regional de modo equilibrado e determinado, evitando que as disparidades regionais continuem a agravar-se ano a ano; impedir a concentração regional ou grupal da riqueza nacional, com sua melhor distribuição de modo a beneficiar um número crescente de brasileiros; executar no mais curto prazo a reforma agrária nas áreas que vivem sob tensão social permanente [...][40]

Muitos oficiais, sobretudo os jovens, pensavam como ele, cuja liderança cada vez mais se consolidava, e por isso queriam "radicalizar a revolução", implantando uma ditadura de tipo jacobino, que removesse todos os obstáculos políticos e assim empreendesse profundas reformas no país. Àquela altura, final de 1968, Lacerda já acometia violentamente os militares da *linha dura*, chamando-os de "minoria radical neofascista", mas o fato era que a insatisfação no seio das Forças Armadas era também bastante ampla e mais se evidenciou, quando 385 capitães da Escola de Aperfeiçoamento de Oficiais (Esao) elaboraram um manifesto no qual atacavam a corrupção nas altas esferas do governo, criticavam a situação do país e reclamavam imediatas reformas.

Diante daquele quadro, em que a oposição civil e a oposição militar, embora reciprocamente se excluíssem, convergiam contra o governo de Costa e Silva e ameaçavam sua estabilidade, o breve discurso, quase sem audiência, do jovem deputado Márcio Moreira Alves,[41] concitando o povo a não prestigiar o desfile militar de 7 de setembro (Parada da Independência), serviu como simples pretexto para o revigoramento do autoritarismo. Os ministros militares, por considerarem as Forças Armadas injuriadas, solicitaram licença para processar criminalmente aquele parlamentar e, quando o Congresso a negou, decretaram, em 13 de dezembro de 1968, o Ato Institucional nº 5, por meio do qual o colocaram em recesso, restauraram o poder do presidente da República para cassar mandatos e suspender direitos políticos, extinguiram o *habeas corpus* para as violações da Lei de Segurança Nacional e permitiram o confisco de bens nos casos de enriquecimento ilícito, sem fixar qualquer prazo de vigência, ao contrário dos editos anteriores. E outra forte onda de repressão açoitou o Brasil. Costa e Silva reiniciou as cassações de mandatos (46 deputados e dois senadores) e suspensões de direitos políticos (de Lacerda inclusive), atingindo pela primeira vez o Supremo Tribunal Federal, com o afastamento de três ministros. Os militares ocuparam as redações dos jornais, censuraram os meios de comunicação e encarceraram centenas de pessoas, advogados, intelectuais, jornalistas, como Niomar Moniz Sodré, diretora do *Correio da Manhã*, e Hélio Fernandes, da *Tribuna da Imprensa,* e políticos, entre os quais Lacerda e Kubitschek. Alguns capitalistas, entre os quais até mesmo partidários do regime autoritário, tiveram de pernoitar em quartéis, a fim de explicar a origem de suas fortunas. Até o banqueiro Walter Moreira Sales, ligado a grupos financeiros internacionais, esteve ameaçado de prisão, o que só não aconteceu devido ao apelo do ministro da Fazenda, Delfim Neto, ao ministro da Guerra, general Aurélio Lira Tavares, no sentido de que a impedisse, pois receava uma corrida aos bancos, difícil de controlar, e a retração dos financiamentos externos ao Brasil, devido às repercussões que aquele fato teria, se consumado, sobre a comunidade dos homens de negócios.

As relações entre Washington e Brasília já não eram, àquela época, tão calorosas, como durante a administração de Castelo Branco. O embaixador John C. Tuthill começara a reduzir gradativamente o engajamento dos Estados Unidos com o regime autoritário, retirando do Brasil, com a Operação Topsy, cerca de 40% do pessoal da Embaixada Americana, encarregado dos programas da AID, ao mesmo tempo em que delongava a implantação do acordo entre o Ministério da Educação e a Usaid.[42] Quando as Forças Armadas levaram Costa e Silva a editar o Ato Institucional nº 5, ele recomendou ao Departamento de Estado forte protesto junto ao Brasil, o que Dean Rusk não aceitou, sob a alegação de que ninguém fora morto e os investimentos norte-americanos não estavam ameaçados.[43] Apenas, talvez como advertência, a AID sustou temporariamente financiamentos já autorizados no valor de US$ 188 milhões, bem como os entendimentos para a concessão de qualquer outro empréstimo.[44] Somente alguns meses depois o governo dos Estados Unidos restabeleceu o fluxo dos financiamentos oficiais, por motivos internos de administração e mediante garantias de Costa e Silva de que não mudaria a política econômica e financeira, bem como trataria de restaurar, logo que possível, a normalidade constitucional, com a reabertura do Congresso. Mas alguns setores dos Estados Unidos, sobretudo por meio da imprensa e do Congresso, demonstraram publicamente o desapontamento com a radicalização do autoritarismo no Brasil. O jornalista Drew Pearson classificou o governo de Costa e Silva, em artigo publicado pelo *Washington Post*, como "outra ditadura militar" e afirmou que o Brasil propusera uma reunião extraordinária da Comissão Especial para a Coordenação da América Latina (Cecla), com a finalidade de formar "uma frente comum contra a agressão norte-americana".[45] O senador Charles Goodell, do Partido Republicano, condenou, por sua vez, o Ato Institucional nº 5, declarando que Costa e Silva não apresentara "nenhum argumento convincente" que o justificasse, pois, conquanto o governo e o *establishment* militar, devido a várias razões, estivessem a sofrer "crescentes críticas" da imprensa, dos estudantes e de alguns religiosos, a insatisfação generalizada manifestou-se "principalmente por palavras".[46]

O fato de oficiais da direita nacionalista, como Albuquerque Lima, terem sido os que mais pressionaram Costa e Silva para editar o Ato Institucional nº 5 inquietou, possivelmente, os Estados Unidos quanto aos rumos do regime autoritário no Brasil, sobretudo depois do exemplo do Peru, onde os militares, sob o comando do general Juan Velasco Alvarado, apossaram-se do poder (1968) e expropriaram a Internacional Petroleum Company. O Ato Institucional nº 5 reverteu-se, entretanto, contra os próprios oficiais da *linha dura*, os quais, a refletirem o pensamento das classes médias, mesclavam moralismo e nacionalismo, condenando, simultaneamente, a corrupção e o lucro capitalista, indignados com o fausto e o poder econômico das elites políticas e empresariais. Delfim Neto fortaleceu-se e aproveitou os instrumentos do arbítrio para tomar medidas de redução do déficit público e centralizar ainda mais seus poderes sobre a economia e as finanças do país, de modo a executar o Programa Estratégico de Desenvolvimento, com o apelo ao capital estrangeiro. O confisco de bens não atingiu mais que três ou quatro indivíduos, dos quais apenas Moisés Lupión, ex-governador do Paraná, tinha maior expressão, apesar de Costa e Silva ter criado uma Comissão Geral de Inquérito, com a atribuição, inclusive, de investigar empreiteiros de obras públicas supostamente desonestos, exploradores do *jogo do bicho* e do lenocínio, bem como pessoas jurídicas suspeitas de fraude e outros ilícitos contra o Estado. Menos de dois meses depois, Albuquerque Lima caiu do Ministério do Interior, em consequência de manobras efetuadas por Delfim Neto e Hélio Beltrão, com o apoio de empresários estrangeiros. A censura à imprensa não permitiu que o conflito sobre os rumos do regime autoritário transpirasse. Apenas um jornal de São Paulo ousou publicar o discurso de Albuquerque Lima, quando ele, na transmissão do cargo, revelou que:

> [...] submetidos nosso nome e nossa atitude à mais dura censura jornalística [...], quando a outros é facultada toda a liberdade para atingir-nos com indiretas, resta-nos acreditar na força da própria Revolução que [...] se opõe a homens ligados a grupos econômicos, sem nenhuma sensibilidade para a realidade nacional.[47]

Dois anos depois, ao passar para a reserva, Albuquerque Lima explicou que entendia "a Revolução (isto é, o golpe de Estado de 1964) como instrumento de transformação social", a fim de eliminar os privilégios e mudar estruturas socioeconômicas, justificando que defendera a emissão do Ato Institucional nº 5 "com o elevado objetivo de vê-lo aplicado na solução dos graves e angustiantes problemas nacionais, que só poderiam ser resolvidos dentro de um processo autenticamente revolucionário".[48]

E acrescentou que não desejou que "naquele momento fosse ele instrumento de violências, uma vez que a genuína tendência da Revolução Nacional é por fixar-se em uma democracia de inspiração social, vale dizer, o bem-estar geral sob liberdade".[49]

A saída de Albuquerque Lima do Ministério do Interior não arrefeceu, antes agravou, a crise dentro das Forças Armadas, que se transformaram no único partido *de facto* existente e assim passaram a refletir as contradições políticas da sociedade, tanto mais detinham a responsabilidade direta do poder. Uma luta interna, obscura, confusa e ideologicamente indecifrável prosseguiu entre as diversas tendências da oficialidade, nem sempre definidas, devido às constantes mutações dos personagens, por vários fatores. Assim, diante de tais circunstâncias, os comandantes das Forças Armadas começaram a preocupar-se com a perigosa deterioração da disciplina e a possibilidade de levantes militares, uma vez que o prestígio de Albuquerque Lima crescera sensivelmente nos quartéis do Exército, enquanto o descontentamento contra o governo se alastrara. O desmantelamento da ordem jurídica e constitucional, desde 1964, por eles próprios só podia na verdade estimular a rebeldia da oficialidade, ansiosa por fazer realmente uma revolução, não vendo maiores razões, diante dos precedentes, para observar os regimentos disciplinares e respeitar a hierarquia. Esse ânimo transpareceu nitidamente quando o general Lira Tavares, ministro do Exército, aplicou as sanções do Ato Institucional nº 5 contra o coronel Francisco Boaventura Cavalcanti Jr., um dos expoentes da *linha dura*, acusado, em inquérito sigiloso, de conspirar com Lacerda para depor Costa e Silva. O general Augusto Cezar Moniz de Aragão, chefe do Departamento de Provisão Geral e outro líder de grande influência nas Forças Armadas, protestou em carta a Lira Tavares, em virtude da publicidade dada ao caso. Mas o episódio excitou demasiadamente o ânimo dos militares e, após várias reuniões, Moniz de Aragão escreveu outra carta a Lira Tavares, na qual fez várias acusações a

Costa e Silva, seus familiares e membros do governo, e advertiu-o que "os oficiais das Forças Armadas, porque se julgam responsáveis pelo regime revolucionário, entendem que têm direito e o dever não só de fiscalizar e apreciar os atos do governo, que imaginam sua criatura, como até de afastá-lo se dele discordarem".[50]

Depois de acentuar que eles, os oficiais, se encontravam em "conflito latente" com seus chefes, aos quais inculpavam de "abulia, tolerância ou cumplicidade" com os supostos ou reais equívocos do governo, admitiu como "perfeitamente compreensível" tal estado de espírito, que — como reconheceu, aludindo ao golpe de Estado de 1964 — procedia "do esgarçamento dos laços disciplinares e da distorção dos conceitos de comando e chefia por efeito da própria rebelião, da qual decorreram as deposições do comandante em chefe das Forças Armadas e dos comandantes da Marinha, do Exército e da Aeronáutica", sem que ninguém lhes dissesse que "tudo aquilo constitui eventualidade, ocorrências excepcionais que não podem repetir-se".[51] Ele, por fim, previu a hipótese — "possível e provável" — de um ou mais chefes militares, ao perceberem a contingência de serem ultrapassados pelos subordinados, "procurem colocar-se na 'crista da onda', provocando, com isso, a fratura da unanimidade militar e assim favorecendo o desencadeamento de uma tempestade que nos arrastará, a todos, para o caos imprevisível".[52]

Lira Tavares respondeu a Moniz de Aragão e o destituiu da chefia do Departamento de Provisão Geral do Exército, o que agitou ainda mais o *establishment* militar, pois cópias de suas cartas começaram a circular abertamente pelos quartéis, onde ele contava com o apoio de considerável parcela da oficialidade. Conforme Ronald Schneider observou, Lira Tavares saiu do episódio bastante desmoralizado,[53] mas, àquele tempo, Costa e Silva já compreendera, ao que tudo indica, que o Ato Institucional nº 5 debilitara sua autoridade, ao invés de robustecê-la, na medida em que a diluía entre os diversos comandos militares, de cuja vontade, exclusivamente, e não da ordem jurídica, derrogada, todo o seu poder emanava e dependia. Por isso, ele incumbira ao vice-presidente Pedro Aleixo, um jurista da velha UDN, de elaborar outro anteprojeto de Constituição, porquanto alimentava o propósito de reabrir o Congresso e promover a abertura democrática. Em consequência, possivelmente, das tensões por que passava, seu estado de saúde não resistiu e ele sofreu uma trombose cerebral em agosto de 1969.

A enfermidade de Costa e Silva e seu impedimento de continuar à frente da presidência aprofundaram a crise nas Forças Armadas. O fato de que os três ministros militares, general Lira Tavares (Exército), almirante Augusto Rademaker (Marinha) e marechal do ar Márcio de Souza e Melo (Aeronáutica) resolveram bloquear a ascensão de Pedro Aleixo à presidência da República e constituíram-se como junta de governo irritou vários generais, sobretudo Moniz de Aragão e Albuquerque Lima, cujo nome já emergia como forte candidato à sucessão de Costa e Silva. Mas a manutenção dos poderes discricionários interessava tanto aos militares da *linha dura*, empenhados em realizar reformas, quanto aos oficiais superiores, que a eles se opunham e tratavam de as impedir. O que os unia apenas era o combate à chamada subversão. Assim, o recrudescimento da guerrilha urbana concorreu, decisivamente, para derivar contra o inimigo comum as tensões e as atenções das lutas intestinas nas Forças Armadas, bem como evitar a ruptura de sua unidade, quando a possibilidade do *golpe dos coronéis* constituía ainda a mais grave ameaça àquele regime autoritário. Não sem fundamento, uma análise, elaborada por William Wright e assinada pelo próprio cônsul-geral dos Estados Unidos em São Paulo, Robert F. Corrigan, concluiu que 29 dos 31 atentados a bomba ocorridos naquela cidade até janeiro de 1969 e creditados à organização do líder comunista Carlos Marighela foram praticados, na verdade, pela extrema direita, com o objetivo de provocar e justificar o endurecimento da repressão. De qualquer forma, porém, grande parte da esquerda, com o apoio material e ideológico de Cuba, optara pelas armas e empreendera atos de terror, com o que contribuiu, inconscientemente, para consolidar o regime autoritário, em nome da segurança nacional, por comprovar a emergência da guerra revolucionária quando suas contradições políticas internas tendiam cada vez mais a arruiná-lo. O sequestro do embaixador dos Estados Unidos, Charles Burke Elbrick, em setembro de 1969, ocorreu no momento em que a Junta Militar, recém-formada, ainda não se firmara e sofria as mais fortes contestações não só de adeptos de Albuquerque Lima, empenhados na disputa do poder, e de Moniz de Aragão, como de outros fortes segmentos das Forças Armadas. O principal objetivo do sequestro consistiu, sem dúvida, em afrontar os Estados Unidos, em virtude de seu desenvolvimento no golpe de Estado de 1964 e de sua identificação com o regime autoritário. Mas, àquela altura, a evolução dos acontecimentos no Brasil já não inspirava tanta confiança ao Departamento de Estado, apesar do clima favorável aos investimentos estrangeiros. Por isso mesmo, com receio de perder os créditos externos, a Junta Militar cedeu às pressões dos Estados Unidos e às exigências dos sequestradores, entre as quais a libertação de 15 presos políticos. Os oficiais da *linha dura* das três Armas foram os que mais se opuseram à negociação, quaisquer que fossem as consequências para as relações do Brasil com os Estados Unidos, e a Junta Militar, ao impor sua decisão, venceu-os e solidificou-se, ganhando condições e autoridade para conduzir a escolha do novo presidente da República. Com a aliança entre os adeptos de Castelo Branco e de Costa e Silva, ela estabeleceu os critérios pelos quais as Forças Armadas selecionariam o nome a ser designado para o cargo, de modo, porém, a bloquear a ascensão ao poder de Albuquerque Lima, cujo nome assustava a comunidade empresarial estrangeira, devido ao seu forte nacionalismo. O futuro presidente deveria ser, portanto, um general de Exército, apontado, em última instância, pelo alto-comando. Albuquerque Lima era apenas general de divisão e ao saber que, não obstante contar com a maioria do sufrágio dos oficiais de tropa, no I, II e III Exércitos, bem como na Marinha, o general de Exército Emílio Garrastazu Médici, com menos votos, seria o presidente, ele escreveu uma carta a Lira Tavares, no qual não só condenou os "métodos adotados" e as "irregularidades que se caracterizavam", como reafirmou sua posição "dentro da Revolução", que, a seu ver, "ainda não se realizou pelo simples fato de que não fez o que poderia ter sido feito em benefício do povo brasileiro, dentro dos princípios de um nacionalismo puro e sensato e em busca do desenvolvimento com a participação de todos os brasileiros".[54]

O almirante Ernesto de Melo Batista, ex-ministro da Marinha de Castelo Branco, lançou, por sua vez, um manifesto, contestando aquele "processo eleitoral de todo *sui generis*", em que, pela primeira vez na história do Brasil, as Forças Armadas chamaram a si a responsabilidade exclusiva da escolha do presidente, por um colégio de generais de 107 votantes, cujo resultado seria submetido ao arbítrio de dez homens, somente generais de Exército, o qual seria depurado para um só nome por apenas sete militares do Alto-Comando. Melo Batista declarou então que ninguém com "consciência da gravidade da situação nacional" podia aceitar aquele "fato consumado", a fim de "garantir ao mesmo grupo político-militar a continuidade do poder por mais cinco anos e meio".[55] Segundo ele, a situação econômico-financeira se tornava dia a dia mais grave, em consequência de uma política que fazia a "União, pelos seus vários órgãos, crescentemente rica, e o povo cada vez mais pobre". O processo de pré-guerra revolucionária, "comandado por grupos subversivos", era aceito pelo "desespero ou pelo desânimo" de largos segmentos da população. Os números crescentes de falências, concordatas, títulos protestados e/ou "transferência de controle acionário de indústrias básicas para grupos estrangeiros" representavam "sintomas alarmantes" de que a iniciativa privada nacional se descapitalizava. Os estudantes insatisfeitos, apesar de momentaneamente contidos pela prisão ou pelo exílio de seus "líderes agitadores", estavam à espera de que outros elementos surgissem para os comandar. A "amargura" dos trabalhadores, "submetidos a uma política de sofrimentos, nos conflitos dos custos de vida muito acima dos aumentos dos salários", constituía, mesmo sem a estrutura sindical que existia na Argentina e em outros países, "excelente matéria-prima" para quando novos ingredientes de "agitação e revolta" aparecessem. E como o fator mais inquietante, *inter alia*, Melo Batista apontou o "fosso aberto, e a cada dia dilatado, entre o povo insatisfeito ou inatendido e as Forças Armadas, estas já agora ostensivamente responsáveis pelo conjunto e pelas partes da situação nacional".[56]

Não obstante todo o descontentamento dentro e fora das Forças Armadas, a minoria, por meio de um "golpe militar a frio dado", conforme expressão de Melo Batista, de um "processo planejado de domínio hierárquico e eventual, sem qualquer base legal ou moral",[57] impôs o nome do general de Exército Emílio Garrastazu Médici, com o "propósito de perpetuar uma situação impopular", apenas porque não era conhecido e não tinha incompatibilidade.[58] E a Junta Militar emitiu o Ato Institucional nº 17, atribuindo-se o poder de transferir para o quadro da reserva, por um período determinado ou não, os militares que "tenham atentado contra as Forças Armadas ou venham a fazê-lo". O primeiro atingido foi naturalmente o almirante Melo Batista. Mas a Junta Militar sentiu a necessidade de construir uma aparência de legalidade para aquela escolha. Outorgou uma nova Constituição e reabriu o Congresso, a fim de que ele homologasse o nome de Médici.

NOTAS

1. Carlos Chagas, *113 dias de angústia — Impedimento e morte de um presidente* (Rio de Janeiro: Agência Jornalística Image), p. 210.
2. Id., p. 210.
3. Id., p. 210. Entrevista de Carlos Chagas ao Autor, Brasília, nov. 1987.
4. Carlos Chagas acompanhou Costa e Silva como correspondente de *O Globo*, Rio de Janeiro, e posteriormente se tornou seu secretário de Imprensa.
5. Com o Ato Institucional n° 2, Castelo Branco dissolveu todos os antigos partidos e permitiu apenas a formação de dois — a Aliança Renovadora Nacional (Arena), de apoio ao governo, e o Movimento Democrático Brasileiro (MDB), como oposição consentida.
6. Central Intelligence Agency, *Special Report — The Role of the Military in the Brazilian Government*, SC n° 00663/65B, 26/3/1965, secret, LBJL.
7. Carta de Castelo Branco ao cel. Ibiapina, apud L. Viana Filho, op. cit., p. 99.
8. Id., p. 99.
9. Carta do marechal Floriano de Lima Brayner, *Jornal do Brasil*, Rio de Janeiro, 16/9/1970, Seção Carta do Leitor.
10. Central Intelligence Agency, *Special Report — Costa e Silva, Brazil's Next President*, 20/1/1967, secret, LBJL.
11. A. Stepan, op. cit., p. 236.
12. Discurso de posse do ministro Magalhães Pinto, no Itamaraty, em 15/3/1967, in Ministério das Relações Exteriores — Secretaria-Geral Adjunta para o Planejamento Político, *Documentos de política externa* (de 15 de março a 15 de outubro de 1967), p. 2.
13. Id., p. 2.
14. Id., p. 2.
15. Declaração do presidente Costa e Silva por ocasião da primeira reunião ministerial, em 16/3/1967, in *Documentos de política externa*, cit., p. 5.
16. Id., p. 6.
17. Discurso de Costa e Silva, no Itamaraty, em 5/4/1967, in *Documentos de política externa*, cit., p. 11-12.
18. Id., p. 12.
19. Id., p. 12.
20. Carlos Estevam Martins, *Capitalismo de estado e modelo político no Brasil* (Rio de Janeiro: Graal, 1977), p. 385.
21. Arthur Costa e Silva, *Mensagem ao Congresso Nacional* (Brasília: 1968), p. 131-132. Ver também discurso no Itamaraty, em 5/4/1967, in *Documentos de política externa*, cit., p. 11-12.
22. Conferência de Magalhães Pinto, sob o título "Fundamentos da Política Exterior do Brasil", pronunciada na Escola Superior de Guerra, Rio de Janeiro, 28/7/1967, in *Documentos da política externa*, cit., p. 81.

23 Id., p. 81.
24 Discurso de Costa e Silva no Itamaraty, em 5/4/1967, in *Documentos da política externa*, cit., p. 14.
25 William Perry, *Contemporary Brazilian Foreign Policy: The International Strategy of an Emerging Power* (Beverly Hills/Londres: Sage Publ., 1976), p. 32.
26 Exposição do ministro Magalhães Pinto na Câmara dos Deputados, Brasília, 10/5/1967, in *Documentos de política externa*, cit., p. 26.
27 Id., cit., p. 26.
28 *Folha de S. Paulo*, São Paulo, 31/8/1967.
29 *O Estado de S. Paulo*, São Paulo, 25/5/1969 e 31/10/1969.
30 Entrevista de Roberto Campos ao Autor, cit.
31 Conferência do embaixador Sérgio Correa da Costa, secretário-geral do Itamaraty, na Escola Superior de Guerra, sob o título "Panorama Político do Mundo: a ONU", em 6/6/1967, in *Documentos de política externa*, cit., p. 43-53.
32 Id., p. 51.
33 Discurso de Costa e Silva no Itamaraty, em 5/4/1967, in *Documentos de política externa*, cit., p. 12.
34 Antonio Augusto de Oliveira Mafra, "A política externa", in *Aspectos do desenvolvimento nacional* (Rio de Janeiro: Ed. Cadernos Brasileiros, 1969), p. 66-67.
35 Oliveiros S. Ferreira, "O tortuoso caminho das relações Brasil-EUA", *O Estado de S. Paulo*, São Paulo, 20/3/1977, p. 208.
36 G. A. Fiechter, op. cit., p. 190.
37 José Eduardo de Carvalho Pereira, *Financiamento externo e crescimento econômico no Brasil — 1963/73*, Relatório de Pesquisas n° 27 (Rio de Janeiro: Ipea/Inpes, 1974), p. 45.
38 *Diário da Noite*, São Paulo, 15/12/1967.
39 Relatório do Ministério das Relações Exteriores, 1967.
40 Discurso de Albuquerque Lima por ocasião da homenagem que lhe foi prestada quando passou para a reserva, in *O Estado de S. Paulo*, São Paulo, 18/3/1971, p. 16.
41 O discurso foi pronunciado no fim da sessão, com o plenário praticamente esvaziado.
42 Graham H. Stuart e James L. Tigner, *Latin America & the United States* (Nova Jersey: Prentice-Hall Inc., 1975), p. 714.
43 Robert Wesson, *The United States and Brazil — Limits of Influence* (Nova York: Praeger Publishers, 1981), p. 57.
44 Id., p. 157. O. S. Ferreira, "O tortuoso caminho das Relações Brasil-EUA", cit.
45 *Jornal da Tarde*, São Paulo, 24/2/1969, p. 8.
46 Id., p. 8.

47 Discurso de Albuquerque Lima quando passou para a reserva, *O Estado de S. Paulo*, São Paulo, 18/3/1971, p. 16.
48 Id., p. 16.
49 Id., p. 16.
50 Carta do general Augusto Cezar de Castro Moniz de Aragão, chefe do Departamento de Provisão Geral, ao ministro do Exército, Rio de Janeiro, 17/6/1969. Cópia xerox em poder do Autor.
51 Id.
52 Id.
53 R. M. Schneider, op. cit., p. 294.
54 Carta do general Afonso Albuquerque Lima ao ministro do Exército, Rio de Janeiro, 2/10/1969, íntegra, como apêndice, in C. Chagas, op. cit., p. 267-270.
55 "Apelo ao Governo e à Opinião Pública — O Problema Sucessório e o Bem da Pátria", Rio de Janeiro, 2/10/1969, assinado pelo almirante de esquadra Ernesto de Melo Batista, com o seguinte *post-scriptum*: "Os conceitos acima expostos refletem a apreciação geral de numerosos colegas da Marinha, do Exército e da Aeronáutica assim como de personalidades expressivas do meio civil — todos altamente preocupados com a evolução dos acontecimentos." Íntegra in C. Chagas, op. cit., p. 275-280.
56 Id.
57 Id.
58 Id.

Capítulo VII

O NACIONALISMO NAS FORÇAS ARMADAS • AS TENTATIVAS DE GUERRILHA URBANA E RURAL • O NACIONALISMO DE FINS DO GOVERNO MÉDICI • O PROJETO BRASIL • GRANDE POTÊNCIA E A POLÍTICA DE ENDIVIDAMENTO EXTERNO • O MAR DE 200 MILHAS • AS INTERVENÇÕES ENCOBERTAS NOS GOLPES DO URUGUAI, DA BOLÍVIA E DO CHILE • A CRISE NOS ESTADOS UNIDOS

Tanto em 1965 quanto em 1968, quando os oficiais da *linha dura* ameaçaram sublevar-se, induzindo Castelo Branco e, depois, Costa e Silva a renovarem os atos de arbítrio, com o revigoramento dos instrumentos de exceção, o que eles pretendiam não era apenas impedir qualquer forma de contestação ao regime autoritário, mas também compeli-lo a tomar medidas de maior controle sobre a economia, de modo a robustecer o papel do Estado como agente do desenvolvimento nacional. Embora tais objetivos, eclipsados pelo caráter repressivo de seu movimento, nem sempre se expressassem claramente e se confundissem, no mais das vezes, com os propósitos moralistas de combate à corrupção etc., o fato é que os militares, diante da imensa e crescente impopularidade dos governos de Castelo Branco e Costa e Silva, começaram a perceber que o regime autoritário, pelo qual se julgavam responsáveis, continuava a acoitar as velhas elites políticas e os interesses empresariais, sobretudo estrangeiros, em vez de empreender uma verdadeira revolução, com as Forças Armadas a assumirem as funções de partido político dirigente do processo, tal como eles desejavam.

A direita radical, que os mais ativos e conscientes oficiais da *linha dura* representavam, era, ao que tudo indica, minoritária, da mesma forma que a facção vinculada à Escola Superior de Guerra, chamada Sorbonne e à qual Castelo Branco se filiava. Essas tendências, evidentemente, nunca se mantiveram estáticas e, bastante confusas e indefinidas, muitas vezes se entrecruzavam e/ou se reagrupavam, conforme os problemas específicos, fossem institucionais fossem econômicos. Assim como nem todos os oficiais da *linha dura* compartilhavam das mesmas aspirações nacionalistas de Albuquerque Lima e preocupavam-se somente com a repressão, nem todos os que integravam a corrente de Castelo Branco apoiavam suas posições em matéria econômica e política internacional. Entretanto, como traço comum, o nacionalismo, embora às vezes vago, permeava praticamente quase todo o *establishment* militar e, uma vez expurgada a esquerda anti-imperialista, após o golpe de Estado de 1964, ele passou a manifestar-se por meio da direita radical. Nesse sentido, pode-se dizer, sem dúvida, que os militares da *linha dura,* envesgando para o nacionalismo-autoritário, exprimiram, naquele momento, os sentimentos e os anseios da maioria da oficialidade das Forças Armadas, em suas contradições com os governos de Castelo Branco e, posteriormente, de Costa e Silva, quando este optou pelas diretrizes de política econômica, defendidas por Delfim Neto e Hélio Beltrão.

A própria Escola Superior de Guerra, sob a direção do general Augusto Fragoso, começou, a partir de 1968, a modificar sua doutrina, ajustando-a ao nacionalismo-autoritário, ao vincular o conceito de segurança mais estreitamente à ideia de desenvolvimento, a fim de o tratar com "mais objetividade, coerência e lógica, no quadro mais amplo da Política Nacional".[1] O desenvolvimento seria, portanto, o "aumento da capacidade do Poder Nacional, através do permanente crescimento dos elementos políticos, econômicos, psicossociais e militares que compõem".[2] E o próprio objetivo de "aprimorar o regime representativo", adotado, entre 1962 e 1968, sob inspiração dos Estados Unidos, a doutrina da Escola Superior de Guerra abandonou, optando por um regime político apenas "baseado nos princípios democráticos e em coerência com a realidade brasileira".[3] O princípio da representatividade caiu, uma vez que, àquela época, não se compatibilizava *de facto* com a realidade brasileira, em franca evolução para o autoritarismo nacionalista.

No entanto, embora os militares da direita nacionalista fossem os que tanto se empenharam pelo *endurecimento* do regime, a institucionalização do arbítrio, possibilitando o recrudescimento do seu caráter repressivo, convinha muito mais àqueles oficiais superiores, que detinham os postos do governo, e aos interesses econômicos a eles aliados, de modo a assegurar condições favoráveis aos investimentos privados nacionais e, sobretudo, estrangeiros. Dessa forma, assim como o Ato Institucional nº 2, o Ato Institucional nº 5 serviu também para conter e isolar os líderes da direita nacionalista, por constituírem igual e, sem dúvida, a mais séria "ameaça de subversão", dado que dispunham de tropas e a perspectiva de que desfechassem um *putsch* realmente assustava a comunidade estrangeira dos homens de negócios. Por outro lado, as operações de guerrilhas, que tanto nas cidades como em algumas regiões do interior organizações de esquerda deflagraram, concorreram igualmente para arrefecer as lutas intestinas e unificar as Forças Armadas no combate ao que consideravam o inimigo comum.

O fracasso do movimento de Albuquerque Lima, que não ousou ou não pôde, apesar de sua força, desfechar o golpe de Estado, não significou a derrota do nacionalismo nas Forças Armadas, e sim de sua expressão mais radical, quando muitos oficiais superiores já então debatiam a experiência do Peru, sob o regime do general Juan Velasco Alvarado, e começavam a questionar o direito de propriedade, em face dos interesses nacionais, como no caso da reforma agrária. Diante de tais circunstâncias, da mesma forma que o governo de Costa e Silva, o do general Emílio Garrastazu Médici (1970-1974), ao conservar Delfim Neto no Ministério da Fazenda, tratou também de compatibilizar as mesmas diretrizes de política econômica, favoráveis ao capital estrangeiro, com o esforço de desenvolvimento, ao mesmo tempo em que sensibilizava as Forças Armadas com o Projeto Brasil-Grande Potência. Não houve mudanças substanciais, exceto a extensão dos subsídios, que antes apenas contemplavam os bens de capital de origem estrangeira, àqueles de produção nacional, embora a política liberal/seletiva de importações continuasse a concorrer para o atraso relativo do setor.

De qualquer forma, desde a ascensão de Médici à presidência, os militares assumiram maior controle sobre o processo de desenvolvimento, com o avanço do Estado sobre os setores estratégicos da economia. A exacerbação do autoritarismo serviu para manter elevada a taxa de apropriação do excedente econômico, intensificando o esforço de acumulação de capital tanto pelo Estado quanto pelas empresas privadas nacionais e estrangeiras, ao vergar a classe trabalhadora e conter as reivindicações sociais. O objetivo era atrair os investimentos diretos dos Estados Unidos, da Europa Ocidental e do Japão, bem como impedir que o aumento dos custos de produção diminuísse a competitividade das exportações brasileiras. A produção nacional, sobretudo de manufaturas, orientou-se assim para o mercado externo, cujo alargamento e diversificação permitiram que o parque industrial do Brasil se tornasse cada vez mais eficiente e se expandisse, de sorte que, com o esgotamento de suas margens de ociosidade, ele passou, a partir de 1971, a demandar novos investimentos para a ampliação de sua capacidade instalada. A taxa média de oferta de bens de capital, que crescera cerca de 13% a.a. no triênio 1967-1969, saltou então para 25% a.a., a partir de 1970.[4]

O que importava, fundamentalmente, ao nacionalismo-autoritário não eram os meios e sim os fins, ou seja, o desenvolvimento a qualquer preço, de modo que o Brasil se transformasse em grande potência, no mais curto espaço de tempo. O excesso de disponibilidade de capitais no mercado de euro-dólares, como ocorreu a partir de 1971, favoreceu o governo de Médici. Além do fluxo de investimentos diretos para o Brasil, que pulou de US$ 61 milhões, em 1968, para US$ 900 milhões, em 1973,[5] ele aproveitou aquela conjuntura para contrair uma série de empréstimos e financiamentos, que excederam largamente as necessidades nacionais e a cobertura do déficit da conta corrente do balanço de pagamentos, permitindo demasiado acúmulo de reservas internacionais.[6] A alegação, bastante duvidosa, consistiu em que o Brasil precisava recorrer a poupança externa a fim de sustentar taxas de crescimento mais altas do que poderia com seus próprios recursos. Entretanto, já em 1973, o Brasil pagou ao exterior a importância de US$ 871 milhões, cujo impacto sobre sua economia, em termos de saída de capitais, não foi maior devido à obtenção de aproximadamente US$ 400 milhões com a aplicação de parte das reservas internacionais e o financiamento de importações da América Latina.[7] A política de endividamento, fomentada pelo governo de Médici, exigia, por conseguinte, a continuidade do *export-drive,* ao mesmo tempo em que já revelava seu caráter vicioso e prejudicial ao próprio esforço de desenvolvimento, uma vez que as taxas de juros começavam a subir, passando de 5,81% a.a., em dezembro de 1972, para, respectivamente, 8,56%, 9,06%, 10,44% e 10,50% a.a., nos fins dos trimestres de 1973, para certificados de depósito a 90 dias.[8]

De qualquer forma, o Brasil manteve taxas ascendentes de crescimento, as quais se situaram, em média, acima de 10% a.a., o que possibilitou, ao fim do período, uma expansão do PIB da ordem de 63%, enquanto a renda *per capita* aumentava 40% e a inflação caía, oficialmente, de 24,2%, em 1969, para cerca de 13,7%, em 1973.[9] E o *boom* da economia, que a propaganda oficial e oficiosa, chamando de "milagre", comparava à recuperação da Alemanha no pós-guerra acelerou a evolução do Brasil do estágio agrícola, em que apenas recebia capitais, para o industrial, quando passou igualmente a exportá-los. Sua inserção internacional assim se assemelhou, em alguns aspectos, à dos Estados Unidos, ao atravessarem, a partir da metade do século XIX, a mesma etapa de transição. O Brasil exportava cada vez mais para a América Latina — e se empenhava em abrir os mercados da África e do Oriente Médio — manufaturados, capitais e serviços, competindo com os Estados Unidos, a Europa Ocidental e o Japão, aos quais continuava a vender, principalmente, produtos primários, tais como café, soja, milho, minérios etc. Esse papel intermediário entre as velhas potências capitalistas do Norte, com as quais aprofundava os vínculos econômicos e financeiros, e as nações em via de desenvolvimento do Sul, cujos mercados disputava, determinou, em larga medida, a ambiguidade da política exterior do Brasil, durante o governo de Médici, e o caráter contraditório de suas relações com os Estados Unidos.

Médici manteve e desdobrou, basicamente, as diretrizes da *diplomacia da prosperidade*, a partir da rejeição do conceito de interdependência, que implicaria a redução da soberania nacional como um dos elementos ideológicos da política de estratificação das posições de poder no sistema internacional. O Brasil, como potência emergente, reivindicou então "parcela de decisão cada vez maior" no sistema internacional, uma vez que as dimensões de seus interesses e de suas responsabilidades nas relações exteriores aumentavam. Não aceitava que a história se desenrolasse, necessariamente, "em benefício de uns e em prejuízo de outros países" e considerava que a "verdadeira paz" não podia ser identificada como a "simples manutenção do *statu quo*", resultado do equilíbrio do poder, "nem ser instrumento da ampliação da distância que separa as nações ricas das nações pobres".[10] Segundo o governo de Médici, o que se tornava necessário eram "a mudança das regras do comércio internacional e a alteração da dinâmica de distribuição mundial do progresso científico e tecnológico, pois não há verdadeira paz sem desenvolvimento".[11]

O que então o Brasil pretendia não era propriamente a mudança da ordem capitalista e sim de sua posição relativa na hierarquia dos poderes. Era alterar a correlação de forças, dentro dos marcos estruturais do sistema capitalista, de sorte que pudesse alcançar, em virtude do rápido desenvolvimento econômico e por meio do progresso científico e tecnológico, a condição de grande potência, que a vastidão do seu território e sua massa demográfica viabilizavam. Por essa razão, o governo de Médici continuou a resistir às pressões dos Estados Unidos (a União Soviética não dispunha de meios para fazê-las), sem assinar o Tratado de Não Proliferação das Armas Nucleares, que institucionalizaria as desigualdades entre as nações, ao cristalizar as posições de poder na política mundial. A mesma percepção levou o regime autoritário a rechaçar as políticas de controle de natalidade e de combate à poluição de meio ambiente, propostas por instituições dos Estados Unidos e da Europa Ocidental, com o argumento de que as grandes potências industriais nunca as adotaram, anteriormente, e as tentavam impor ao Brasil como forma também de conter o seu desenvolvimento. Segundo João Augusto de Araújo Castro, àquela época embaixador em Washington, o Brasil devia continuar:

> a opor-se tenazmente a quaisquer tentativas de *contenção,* tanto mais quanto é certo que, no limiar e em pleno desenvolvimento econômico, o Brasil seria, dentre todos os países do mundo, mais acentuadamente do que, por exemplo, a Índia, o México, a Argentina e a República Árabe Unida, aquele que mais seria prejudicado pela afirmação de uma política de contenção, ou, em outras palavras, de uma *política de congelamento do poder mundial.*[12]

A diplomacia do nacionalismo autoritário tinha, pois, como "objetivo primordial", de acordo com as próprias palavras de Araújo Castro, a "neutralização de todos os fatores externos" que pudessem contribuir para "limitar o seu Poder Nacional".[13]

Na medida em que o Brasil buscava o reconhecimento internacional como potência emergente, o governo de Médici tratou, portanto, de o diferenciar do chamado Terceiro Mundo, diante do qual sua política exterior assumiu uma posição mais conservadora e mesmo reacionária. Apoiou Portugal na ONU e concorreu, por meio da *diplomacia militar paralela,* para o êxito e a consolidação dos golpes de Estado na Bolívia (1971), no Uruguai (1971-1973) e no Chile (1973). Essas intervenções, mais ou menos encobertas, não ocorreram por influência dos Estados Unidos, embora, naquelas circunstâncias, os interesses dos dois países coincidissem, e sim como desdobramento, no nível internacional, da política de segurança e também de expansão do nacionalismo autoritário, que não só concentrava internamente esforços no combate às operações de guerrilha urbana e rural como se empenhava em dilatar as fronteiras econômicas do Brasil.[14] O governo de Médici, portanto, não podia tolerar, em sua vizinhança, qualquer experiência de esquerda, ainda que oficialmente defendesse os princípios de autodeterminação e não intervenção em assuntos internos de outros países. E, ao contribuir para que os militares de direita se apossassem do poder na Bolívia, no Uruguai e no Chile, o Brasil aproveitou a oportunidade e firmou, em seguida, importantes acordos econômicos e comerciais com aqueles países, a fim de assegurar-se do suprimento de matérias-primas e fornecer-lhes manufaturados e capitais.[15] Mas sua sombra não se projetou apenas sobre a América do Sul. Com o mesmo objetivo de alargar-lhe mais as bases econômicas e geopolíticas, o ministro das Relações Exteriores, embaixador Mário Gibson Barbosa, visitou os países da América Central, bem como os da África Ocidental, considerados a "fronteira leste" do Brasil, além de abrir embaixadas no Iraque e na Arábia Saudita.[16] E a ofensiva sobre a África e o Oriente Médio, visando a conquistar mercados para manufaturas e garantir fontes de suprimento de petróleo, terminou então por condicionar, já ao fim do governo de Médici, certa inflexão da política externa do regime autoritário em um sentido mais favorável a Angola, Moçambique e Guiné-Bissau.[17]

Esse propósito de "íntima cooperação" com os países em desenvolvimento, manifestado pelo governo de Médici, e de "intenso diálogo" com os países desenvolvidos[18] espelhava nitidamente o papel intermediário e, por conseguinte, contraditório, que o Brasil desempenhava no sistema capitalista mundial. Ao mesmo tempo em que se empenhava para substituir os Estados Unidos e as potências industriais da Europa, aproveitando as brechas comerciais, na América Latina, no Oriente Médio e na África, o Brasil lutava pelo reconhecimento do seu *status* de potência emergente com interesses próprios e rivais. A ampliação do limite do mar territorial, que Médici decretou, em 1970, por proposta do chanceler Mário Gibson Barbosa, apoiada pelo ministro da Marinha, almirante Adalberto de Barros Nunes, decorreu, *inter alia*, daquela necessidade política de demonstrar a vontade nacional, com um ato de afirmação da soberania, pelo qual o Brasil tanto se identificava quanto se diferenciava como potência emergente, no sistema internacional. Aquela ocasião, diplomaticamente bem calculada, visou a produzir efeitos internos, como demonstração de nacionalismo, sobretudo para as Forças Armadas, e externos, atingindo os Estados Unidos em um ponto não tanto sensível que pudesse provocar fortes retaliações, mas suficientemente sensível, quando suas pressões sobre o café solúvel e os têxteis de algodão, bem como a redução das quotas de importação de açúcar e das vendas de armamentos afetavam os interesses do Brasil. Tanto Gibson Barbosa, que fora embaixador do Brasil em Washington, quanto Araújo Castro, nomeado para o substituir, sabiam que a invocação da "amizade tradicional", "solidariedade continental" etc., como argumentos, não sensibilizavam os norte-americanos, com os quais se tornava necessário falar com firmeza e energia, para discutir problemas concretos.

Alguns daqueles problemas, como o do café solúvel, em que o Brasil fez importantes concessões, o dos têxteis de algodão, bem como o Acordo Internacional do Café, do qual os Estados Unidos ameaçaram retirar-se, resolveram-se no curso de 1971. O Brasil, em 1972, firmou também com os Estados Unidos um acordo pelo qual comprava à Westinghouse uma usina nuclear, com reator de urânio enriquecido e potência de 626 MW, o que não agradou ao *establishment* militar, por considerá-la medíocre e não permitir a transferência da tecnologia do átomo. E as negociações sobre o limite de 200 milhas, que culminaram em 1973, possibilitaram a assinatura do Tratado do Mar. De qualquer forma, o excepcional desempenho econômico do Brasil e o clima favorável aos investimentos estrangeiros facilitavam os seus entendimentos com os Estados Unidos. O comércio entre os dois países, por volta de 1970, montava em torno de US$ 700 milhões, em cada direção, sendo que o Brasil representava o 12º mercado para as exportações dos Estados Unidos e o 11º fornecedor de produtos àquele país.[19] Os investimentos diretos privados norte-americanos, que eram, àquela época, da ordem de US$ 1,6 bilhão, aumentaram, durante os anos 1960, cerca de 71%, o equivalente a US$ 680 milhões, dos quais 91%, isto é, US$ 621 milhões resultaram da reaplicação de capitais acumulados, internamente, no Brasil.[20] A entrada real de capitais diretos novos não ultrapassara, portanto, a soma de US$ 56 milhões.[21] Por outro lado, não obstante o volume dos reinvestimentos, as remessas de lucros, dividendos, *royalties*, serviços etc. ainda foram suficientes para produzir um efeito positivo sobre o balanço de pagamentos dos Estados Unidos. A título exclusivo de remessas de lucros, eles receberam do Brasil, entre 1960 e 1969, o montante de US$ 381 milhões, obtendo um saldo líquido de US$ 57 milhões.[22] Daquele total de US$ 381 milhões, somente entre 1966 e 1969, já durante o regime autoritário, companhias norte-americanas repatriaram o montante de US$ 270 milhões (70,8%), além de reinvestirem uma quantia de aproximadamente US$ 550 milhões.[23] Como os capitais registrados, em 1963, como norte-americanos eram da ordem de US$ 1,1 bilhão (e não houve novas aplicações até 1966), isso significava que, sobre aquela base, elas auferiram, em apenas quatro anos, lucros de US$ 820 milhões, o que representava 74,5% sobre os seus investimentos. Por essa razão, o senador Frank Church, do Partido Democrata, questionou, perante a Subcomissão do Hemisfério Ocidental, da Comissão de Relações Exteriores do Senado norte-americano, a afirmativa do embaixador William Rountree de que o Brasil precisava de capitais estrangeiros, quando, *de facto*, as companhias norte-americanas retiravam mais dólares daquele país do que levavam.[24] O inquérito, por ele presidido, sobre as políticas e os programas dos Estados Unidos no Brasil levou-o à conclusão de que, "na verdade, se verificou que o investimento foi feito para comprar algumas indústrias já existentes".[25] Segundo Frank Church:

> o que aconteceu foi que companhias americanas assumiram o controle, isto é, compraram negócios brasileiros, isso com efeito duplamente negativo. Não só se tirou mais dinheiro do Brasil do que fora investido como também cresceu a porcentagem da economia brasileira que passou para o controle de companhias norte-americanas.[26]

Efetivamente, como as taxas de lucros no Brasil, segundo a estimativa de Peter Evans, eram pelo menos 50% mais altas que nos Estados Unidos,[27] as corporações norte-americanas ali ampliaram os seus reinvestimentos, nem sempre instalando fábricas novas e sim adquirindo outras existentes, com o que alargavam ainda mais a base para outras transferências de recursos. O nacionalismo autoritário, na verdade, transformara o Brasil em uma *"profitable arena"* para as corporações multinacionais e esse fato levou a comunidade empresarial dos Estados Unidos a apoiar firmemente o regime militar, sobretudo o governo de Médici. Mas outros setores, principalmente sindicatos, começaram a preocupar-se com a possibilidade de que o deslocamento de plantas industriais para o Brasil, devido ao baixo custo da força de trabalho, viesse a contribuir para o aumento do desemprego nos Estados Unidos.

As reuniões sobre o Brasil da Subcomissão sobre os Assuntos do Hemisfério Ocidental, sob a presidência de Frank Church, ocorreram entre 4 e 11 de maio de 1971 e já então as críticas ao governo de Médici recresciam no Congresso e na imprensa dos Estados Unidos, não só devido ao seu caráter antidemocrático e às constantes denúncias de violações dos direitos humanos, mas também a suas próprias políticas de desenvolvimento, a elevadíssimo custo social. Assim, quando Médici, em fins daquele ano, visitou os Estados Unidos, *The Washington Post* salientou que os 80% dos brasileiros de menores rendas tiveram sua participação no Produto Nacional Bruto reduzida de 35%, em 1960, para 27,5%, em 1970, enquanto os 5% que formavam a camada mais rica aumentaram-na, no mesmo período, de 44% para 50%.[28] E perguntou se o "milagre brasileiro", a obtenção pelo terceiro ano consecutivo de uma taxa de crescimento de 9% a.a., não era, na realidade, "o caso em que os pobres ajudam os ricos".[29]

A viagem de Médici aos Estados Unidos teve, sobretudo, objetivos políticos, tais como, *inter alia*, o de forçar o reconhecimento do *status* internacional do Brasil[30] e modificar os termos de relacionamento entre os dois países, de modo que as negociações se estabelecessem no nível de Estado para Estado, de acordo com seus respectivos interesses nacionais, sem a influência dos *lobbies* e dos grupos setoriais.[31] O fundo desses objetivos era, entretanto, o aguçamento da questão comercial. Os Estados Unidos, àquela época, ameaçavam vários produtos que o Brasil exportava para o seu mercado com a imposição de *countervailing duties* (direitos compensatórios). Além do café solúvel, cujo acordo só se alcançou à base de importantes concessões do Brasil, e têxteis de algodão, outros, a exemplo de calçados, bolsas de couro e subprodutos de óleo de mamona, já estavam sob investigação e seriam penalizados com a sobretaxa de 10%. E essa lista se ampliaria, ao que tudo indicava, conforme as indústrias norte-americanas começassem a sentir os efeitos da concorrência. Aumentar as exportações para os Estados Unidos constituía, no entanto, um problema de interesse do Estado brasileiro, uma vez que não só a conta de serviços apresentara um déficit crônico, mas, igualmente, a própria balança comercial entre os dois países. Com efeito, em consequência da gradual abertura do mercado às importações, a partir de 1965 as relações de intercâmbio passaram a favorecer os Estados Unidos e o superávit, que o Brasil sempre obtivera, apesar da deterioração dos preços do café, cacau etc., e que lhe permitia, bem ou mal, manter os serviços da dívida e das remessas de lucros e dividendos, desapareceu. O déficit do Brasil saltou de US$ 8,5 milhões, em 1966, para US$ 242 milhões, em

1970, em consequência das importações de insumos e bens de capital, com a retomada do ritmo de desenvolvimento.[32] Em 1971, em termos FOB (exportações e importações), o déficit alcançou então a cifra de US$ 372 milhões.[33] Enquanto isso, o endividamento externo evoluiu de US$ 4,4 bilhões, em 1969, para US$ 5,3 bilhões, em 1970, e US$ 6,6 bilhões, em 1971.[34] E atingiria, em meados de 1972, a importância de US$ 7 bilhões. O serviço da dívida externa passou assim a comprometer 29,9% da receita do comércio exterior brasileiro, ultrapassando o ponto que o senador Frank Church julgava "perigosamente próximo do máximo" (25%) que um país pode suportar.[35] E só em 1972 o serviço da dívida externa, da ordem de US$ 1,6 bilhão, absorveria mais da metade da receita das exportações, calculadas em torno de US$ 2,8 bilhões.[36]

Tal situação continha, evidentemente, forte potencial de crise e por isso o aumento das exportações, especialmente para os Estados Unidos, em virtude do crescente desequilíbrio da balança comercial, constituía para o Brasil uma questão de interesse nacional, que o Itamaraty entendia não dever deixar à mercê das pressões dos *lobbies* econômicos, das câmaras de comércio e dos grupos empresariais. Daí a insistência do Brasil para conduzir as negociações apenas ao nível de Estado para Estado, de acordo com seus respectivos interesses nacionais, sem a participação e a influência de quaisquer setores privados. O Itamaraty considerava até mesmo que o problema das sobretaxas extrapolava do contencioso bilateral para o foco multilateral do Gatt. Por outro lado, os Estados Unidos tendiam, como no mais das vezes, a atribuir à sua legislação interna uma validade e uma vigência universais, conforme o embaixador Araújo Castro observou, o que tornava "difícil, quase impossível" qualquer solução de compromisso.[37] Eles insistiam em abordar unilateralmente aquelas questões de comércio, ameaçando aplicar os direitos compensatórios, apoiados em leis do século XIX, sem considerar os interesses gerais, o que não só preocupava como irritava os círculos militares e diplomáticos do regime autoritário. De qualquer forma, o que o Brasil reivindicava era um tratamento diferenciado pelos Estados Unidos, por meio do diálogo direto entre dois Estados soberanos, não aceitando que o diluíssem em uma política uniforme para a América Latina. Segundo as palavras de Araújo Castro, o Brasil desejava cooperar com todos os países do hemisfério, mas não queria ser confundido com qualquer deles.[38] E estava disposto a manter um *relacionamento especial* com os Estados Unidos, na medida em que os Estados Unidos quisessem caminhar no sentido de um *relacionamento especial* com o Brasil.[39]

A visita de Médici a Washington não visou, porém, a negociar qualquer problema específico e sim a definir a *nova posição internacional* do Brasil, que reclamava a revisão da Carta de San Francisco, por congelar o *statu quo* de 1945, com a supremacia de cinco potências a deterem o poder de veto, como membros permanentes do Conselho de Segurança das Nações Unidas. Por outro lado, o regime autoritário, cuja política visava a diferenciar o Brasil da América Latina, sentia-se politicamente isolado, o que o induzia a buscar algum apoio dos Estados Unidos, usando como trunfo, sobretudo, seu êxito econômico. Nada mais concreto, portanto, resultou da viagem de Médici a Washington, salvo a declaração do presidente Richard Nixon de que: *"We know that as Brazil goes, so will go the rest of that Latin American continent."*[40]

Essa frase expressava, obviamente, uma antiga percepção dominante nos Estados Unidos de que o Brasil, dada a sua posição estratégica no hemisfério, poderia arrastar pelo menos os seus vizinhos para o lado que inflectisse. Além de grande massa demográfica e vasta extensão territorial, a possuir fronteiras com quase todos os países da América do Sul, exceto Chile e Equador, o crescimento de seu peso econômico, sobrepujando largamente a Argentina, conferia-lhe enorme força de gravidade. Kennedy manifestara ideia semelhante, embora como preocupação, no início de 1962. A declaração de Nixon, naquelas circunstâncias, alcançou, porém, imensa repercussão nos demais países da América Latina, a reforçar as teorias de que o Brasil desempenhava um papel *subimperialista*, com os Estados Unidos a sagrá-lo como *satélite privilegiado* e a atribuir-lhe, no hemisfério, a função de *país-chave*. Evidentemente, essa interpretação simplificava uma realidade muito mais complexa, dinâmica e, por isso mesmo, contraditória, uma vez que, a acentuar-se a tendência para a multipolaridade econômica no sistema internacional, o Brasil estava a atravessar uma fase de transição, que Carlos Estevam Martins chamou, mais correta e apropriadamente, de *pré-imperialista*.[41] Sua economia industrial atingira o estágio de desenvolvimento financeiro em que também ela própria começava a exportar capitais e a expandir-se além de suas fronteiras. O fato de que os investimentos estrangeiros, particularmente os alemães e japoneses, controlavam considerável parcela do parque industrial brasileiro não suprimiu, antes aguçou as contradições externas do Estado nacional, ao contribuir para o avanço das forças produtivas do capitalismo. Também os capitais ingleses, tanto como investimentos diretos quanto sob a forma de empréstimo e financiamentos, concorreram, na segunda metade do século XIX, para a expansão do capitalismo nos Estados Unidos. E, no Brasil, poderosas empresas do Estado, que se formavam e/ou se expandiam, controlavam, além do mais, os segmentos estratégicos e mais importantes da economia, o que concorria para conformar e robustecer os interesses nacionais. A solidariedade entre o regime autoritário e o capital financeiro internacional, naquela conjuntura, eclipsou, entretanto, os crescentes fatores de atrito do Brasil com os Estados Unidos, enquanto Estados nacionais, não somente em suas relações bilaterais como igualmente na política internacional.

A administração de Nixon tinha simpatia política pelo regime autoritário, na medida em que este se empenhava em reprimir a esquerda e assegurava o clima favorável aos investimentos estrangeiros. A CIA, sem dúvida alguma, colaborou com os serviços secretos brasileiros, fornecendo-lhes informações, no combate às organizações de esquerda.[42] E o Departamento de Estado, embora tivesse algumas vezes manifestado ao governo de Médici, segundo o embaixador William Rountree, sua preocupação com os informes sobre tortura de presos políticos, o fato é que as tolerou sob a alegação de que não podia avaliar as dificuldades do regime autoritário para conter atos de terrorismo, tais como assassínios, raptos, incêndios, roubos e assim por diante.[43] Afinal, a questão do respeito aos direitos humanos, conforme o politólogo Lars Schoultz salientou, sempre foi uma "categoria residual" na política dos Estados Unidos *vis-à-vis* da América Latina.[44] O próprio Nixon dizia não gostar de ditaduras, mas: *"We must recognize the difference between Communist dictatorships and non-Communist dictatorships."*[45]

Seu secretário de Estado, Henry Kissinger, percebia igualmente uma "distinção moral" entre o "agressivo totalitarismo" e "outros governos", que, "com todas as suas imperfeições, tentavam resistir às pressões estrangeiras ou à subversão", ajudando assim a preservar o "equilíbrio do poder em favor dos povos livres".[46] A diferença não era evidentemente moral, para Nixon e Kissinger, e sim econômica, uma vez que as ditaduras não comunistas asseguravam o lucro dos investimentos estrangeiros e a livre circulação dos capitais. Mas se tornava difícil explicá-la, em sua realidade, para o Congresso, a imprensa, os intelectuais e os meios universitários, enfim, para uma sociedade civil, com tradição democrática e liberal, como a dos Estados Unidos, sobretudo quando as violações dos direitos humanos atingiam igualmente seus próprios cidadãos. Os órgãos policiais-militares do Brasil haviam prendido vários norte-americanos, tais como os sacerdotes Darrel Dean Rupiper, Peter Albert Grams e Charles Morrissey, os professores Werner B. Baer, consultor da Ford Foundation, Riordan Roet e Carlos Palaez, da Vanderbilt University, o voluntário do Peace Corp Elbert Macallister e o fotógrafo David Lohr Wing.[47] O caso da neta de Otávio Mangabeira, ex-governador da Bahia, Nancy Mangabeira Unger, repercutiu também nos Estados Unidos, pois, sendo seu pai norte-americano, tinha dupla nacionalidade.[48] O mesmo aconteceu com o desaparecimento do filho da famosa figurinista Zuzu Angel, Stuart Edgard Angel Jones, morto em consequência de tortura, ao que se informava, na Base Aérea do Galeão.[49]

A distinção moral havia, sim, entre os ideais democráticos e liberais e as práticas de política internacional dos Estados Unidos, o que começou a evidenciar-se cada vez mais, àquela mesma época, na primeira metade da década de 1970. A guerra do Vietnã, de onde Nixon iniciara, em março de 1973, a retirada das tropas, em face da impossibilidade de vencê-la pelos meios convencionais, abalou profundamente a opinião pública dos Estados Unidos, ao realizar, por meio das cenas da televisão, o alcance de sua violência e crueldade. A invasão do quartel-general do Partido Democrata, no Hotel Watergate (Washington), dramatizou-a mais ainda quando se revelou que ex-agentes da CIA, fotografando documentos e pondo escutas nos telefones, executavam atos de banditismo político, nos Estados Unidos, com a cumplicidade do presidente da República. Esse escândalo, que ocorreu durante as eleições de 1972, arrastou-se por dois anos, levando o Congresso a aprovar, em 30 de julho de 1974, o *impeachment* de Nixon, acusado de "altos crimes e contravenções", não somente pela cumplicidade no caso de Watergate como também pelo bombardeio secreto do Camboja, sequestro de verbas orçamentárias, sonegação de imposto de renda e delitos de corrupção.[50] Não lhe restou como alternativa senão renunciar, oito dias depois, e Gerald Ford o substituiu, para completar seu mandato, na chefia do governo, porquanto Spiro Agnew, o vice-presidente, fora condenado por atos de corrupção, em Maryland, e caíra um ano antes. Já então o povo norte-americano também se chocava com as informações de que a CIA gastara milhões de dólares, parte dos quais fornecidos pela IT & T, a fim de desestabilizar a situação política no Chile e derrubar seu presidente constitucional, o socialista Salvador

Allende, instalando uma ditadura militar na qual o terror do Estado, com torturas e fuzilamentos, não respeitava as normas mais elementares dos direitos humanos. Grande parte da opinião pública dos Estados Unidos compreendeu assim que seu governo promovia e apoiava as mesmas torpezas, com o que, efetivamente, qualquer "distinção moral" entre ditaduras não comunistas e comunistas se dissipava.

No Brasil, o regime autoritário, com Médici na presidência, estabilizou-se, mas, *de facto*, não adquiriu popularidade, apesar de seu sucesso econômico. Os votos nulos e em branco, nas eleições para o Congresso, constituíam, desde que, em 1965, Castelo Branco dissolvera os antigos partidos, uma forma de protesto e, tanto em 1966 quanto em 1970 e em 1974, demonstraram o grau de contestação ao regime autoritário. Eles representavam uma importante parcela do eleitorado, descrente naquelas eleições, que serviam tão somente para manter a aparência de legalidade do poder militar. De qualquer forma, somados aos votos dados ao MDB, sem considerar o aumento das abstenções, parte das quais também decorria do inconformismo, pode-se avaliar como a oposição ao regime autoritário cresceu exatamente naquele período de maior desenvolvimento econômico. O número de votos nulos e em branco chegou a 30,2% em 1970, e caiu para 21,2%, em 1974, com o deslocamento percentual para o MDB quando parte do eleitorado começou a compreender que aquele era o caminho mais eficaz para acabar com o regime autoritário.

Eleições para o Congresso

	1966	1970	1974
Nº de eleitores	22.387.251	28.966.114	35.810.715
Abstenções	22,7%	22,5%	19,0%
Nº de votantes	17.285.556	22.435.521	28.981.015
Votos nulos e brancos	21,0%	30,2%	21,2%
Arena	50,5%	48,4%	40,9%
MDB	28,4%	21,2%	37,7%

Fonte: IBGE — Estatísticas históricas do Brasil.[51]

Apesar de a grande maioria do povo, pelo que se pode deduzir da soma das percentagens dos votos nulos, brancos e dos dados ao MDB, não aceitar aquele *statu quo*, a verdade é que as elevadas taxas de expansão econômica possibilitaram a coesão das classes dominantes em torno do governo autoritário, dando-lhe condições não só de aniquilar as organizações de esquerda, que empreenderam, solitariamente, as ações de guerrilha urbana e rural, como de isolar o nacionalismo radical nas Forças Armadas, a entorpecê-las com as tarefas de repressão. O general Moniz de Aragão, ao passar, em 1972, para a reserva, advertiu, em discurso, que o Brasil, avançando "a passos largos e em cadência acelerada para o desenvolvimento e a prosperidade", tornava-se "objeto de inveja, cobiça e cupidez de outros Estados imperialistas e dominadores, ora agressivos ora sub-reptícios na maneira de agir".[52] Mas havia o perigo, segundo ele, de que o Brasil, a fim de "fugir à subversão comunista", evoluísse para o regime de extrema direita, "igualmente policialesco e violento", em que as Forças Armadas, aos poucos, esqueceriam "suas nobres tradições e deformariam a prática de sua função constitucional, para tornar-se milícia, guarda pretoriana ou 'tropas de assalto SS'", com seus oficiais convertidos em "beleguins ou inquisidores e mesmo sequazes ou esbirros de camarilhas sem fé e sem patriotismo".[53] Suas palavras espelhavam o que, àquela época, se passava nos cárceres e nos quartéis do Brasil. E esse problema o general Ernesto Geisel teve de enfrentar após assumir a presidência da República, em março de 1974, como sucessor de Médici. Ele era o mais autêntico representante do nacionalismo autoritário e seu último posto de comando fora a presidência da Petrobras, uma das principais bases de sustentação, talvez a mais importante, do capitalismo de Estado.

NOTAS

1 José Alfredo Amaral Gurgel, *Segurança e democracia*, 2ª ed. (Rio de Janeiro: José Olympio), p. 58-59.
2 Id., p. 58.
3 Id., p. 156.
4 W. Suzigan et al., *Crescimento industrial no Brasil — Incentivos e desempenhos recentes*, Relatório de Pesquisas n° 26 (Rio de Janeiro: Ipea/Inpes, 1974), p. 30, 123-124.
5 J. E. de C. Pereira, op. cit., p. 52.
6 W. Suzigan et al., op. cit., p. 32.
7 J. E. de C. Pereira, op. cit., p. 48.

8   Id., p. 105.
9   Emílio Garrastazu Médici, *Mensagem ao Congresso Nacional*, 1974, p. 23.
10 Id., p. 184.
11 Id., p. 184.
12 João Augusto de Araújo Castro, "Exposição aos Estagiários da Escola Superior de Guerra", Washington, 11/6/1971, in *Araújo Castro*, Rodrigo Amado (org. e notas) (Brasília: Ed. da Universidade de Brasília, 1982), p. 206.
13 Id., p. 212.
14 Moniz Bandeira, *O eixo Argentina-Brasil*, cit., p. 52-58.
15 Id., p. 52-58.
16 E. G. Médici, op. cit., p. 188-189.
17 *O Estado de S. Paulo*, São Paulo, 22/11/1973. Roman S. Ferreira, "Brasil mais próximo dos pacifistas", *O Estado de S. Paulo*, 28/1/1974.
18 E. G. Médici, op. cit., p. 184.
19 U.S. Senate, *United States Policies and Programs in Brazil (Church hearings)*, 1971, p. 257.
20 Id., p. 215, 285-287.
21 Id., p. 215, 243, 285-287.
22 Id., p. 215, 286-287.
23 Id., p. 286.
24 Id., p. 215, 286.
25 Entrevista do senador Frank Church à revista *Veja*, São Paulo, 10/11/1971, p. 42.
26 Id., p. 42.
27 Peter Evans, *Shoes, Opic and the Unquestioning Persuasion: a Look at Multinational Corporation and US-Brazilian Relations*, Working Papers nº 17, Latin American Program, The Wilson Center, p. 5.
28 Apud *Jornal do Brasil*, Rio de Janeiro, 7/12/1971, 1º caderno, p. 3.
29 Id.
30 Entrevista do embaixador Mário Gibson Barbosa ao Autor, Rio de Janeiro, 14/7/1987.
31 Id. Ver também J. A. de Araújo Castro, "Exposição perante o Curso Superior de Guerra da Escola Superior de Guerra", Rio de Janeiro, 22/5/1972, in *Araújo Castro*, p. 245-247. "Exposição aos Estagiários da Escola Superior de Guerra", Washington, 17/6/1975, id., p. 315-316.
32 *Anuários estatísticos do Brasil*, IBGE, 1969, p. 273, e 1971, p. 300.
33 Id., p. 30.
34 *Boletim do Banco Central*, dez. 1971, vol. 7, nº 12, p. 176.
35 U.S. Senate, *United States Policies and Programs in Brazil (Church hearings)*, cit., p. 284.
36 *Newsletter*, boletim do Banco de Boston, São Paulo, 30/6/1972. Informações do Banco Central in *Folha de S. Paulo*, São Paulo, 27/6/1972.

37 J. A. Araújo Castro, "Relações Brasil-Estados Unidos e o Novo Ordenamento Mundial", Exposição aos Estagiários da Escola Superior de Guerra, Washington, 17/6/1975, in *Araújo Castro*, cit., p. 318.
38 Id., "Relações Brasil-Estados Unidos à Luz da Problemática Mundial", Exposição aos Estagiários da Escola Superior de Guerra, Washington, 22/6/1974, in *Araújo Castro*, cit., p. 284.
39 Id., p. 284.
40 J. K. Black, *United States Penetration of Brazil*, cit., p. 55.
41 Carlos Estevam Martins, *Brasil-Estados Unidos — Dos 60 aos 70* (São Paulo: Cebrap, 1972), caderno n° 9, p. 41-65.
42 Victor Marchetti e John D. Marks, *A CIA e o culto da inteligência* (Rio de Janeiro: Nova Fronteira, 1974), p. 196-197. A. J. Langguth, *A face oculta do terror* (Rio de Janeiro: Civilização Brasileira, 1978), p. 122-123, 141-145, 176-177, 191, 216-217.
43 U.S. Senate, *United States Policies and Programs in Brazil (Church hearings)*, cit., p. 291-295.
44 L. Schoultz, op. cit., p. 40.
45 Apud Schoultz, op. cit., p. 116.
46 Id., p. 116.
47 U.S. Senate, *United States Policies and Programs in Brazil (Church hearings)*, cit., p. 301-305.
48 Id., p. 301.
49 O caso de Stuart Edgard Angel Jones repercutiu durante muito tempo. Alguns congressistas norte-americanos, como Richard Nolan e Frank Church, pressionaram Henry Kissinger para que ele interviesse junto ao governo brasileiro a fim de saber seu paradeiro. Houve também pressão dos congressistas Richard Jones, Walter Mondale, Lou Frey Jr., Jonathan B. Bingham e Donald Fraser sobre a Embaixada do Brasil, também sem resultado. O governo nunca se manifestou sobre o que aconteceu. Em 1975, Zuzu Angel, mãe do rapaz, recebeu documentos com pormenores sobre as torturas que ele sofrera e seu assassínio. Ela previu então que algo também lhe aconteceria. Escreveu uma nota, com data de 23 de abril de 1975, dizendo que se aparecesse morta, por acidente, assalto ou qualquer outro meio, seria obra dos mesmos assassinos de seu filho. Com efeito, pouco tempo depois ela morreu, misteriosamente, em um "acidente de automóvel".
50 Allan Nevins e Henry Steele Commager, *Breve história dos Estados Unidos* (São Paulo: Alfa-Ômega, 1986), p. 636-640.
51 Ver também Dieter Nohlen, *Sistemas electorales del Mundo* (Madri: Centro de Estudios Constitucionales, 1981), p. 590-594.
52 Discurso do general de Exército Augusto Cezar de Castro Moniz de Aragão, ao passar para a reserva, *O Estado de S. Paulo*, São Paulo, 10/8/1972, p. 6.
53 Id.

Capítulo VIII

O CAPITALISMO MONOPOLISTA DE ESTADO E A EXPANSÃO INTERNACIONAL DO BRASIL • DESENVOLVIMENTO DE INDÚSTRIA BÉLICA • O ESTREMECIMENTO NAS RELAÇÕES BRASIL-ESTADOS UNIDOS DURANTE O GOVERNO GEISEL • DIREITOS HUMANOS, ACORDO NUCLEAR COM A ALEMANHA E DENÚNCIA DO ACORDO MILITAR • A PRESENÇA DO BRASIL NA ÁFRICA NEGRA

Os conceitos de "desenvolvimento associado" e/ou "capitalismo dependente", aplicados ao processo de industrialização do Brasil, não exprimiram, antes esconderam seu caráter extremamente contraditório, complexo e combinado. Em realidade, o Brasil mesclou, de certa maneira, o modelo de desenvolvimento dos Estados Unidos, para onde os capitais britânicos, sob a forma de empréstimos e investimentos diretos, afluíram a partir da segunda metade do século XIX, com o da Alemanha, a *via prussiana*, da intervenção do Estado na economia. Portanto, o resultado mais significativo do nacionalismo de fins (Projeto Brasil-Grande Potência), que pautou as políticas do regime autoritário, não consistiu somente na abertura da economia aos investimentos estrangeiros, mas também na expansão do capitalismo monopolista de Estado.[1] Seu controle sobre vastos setores da produção e do sistema financeiro, tanto por meio das empresas de sua propriedade quanto por meio de controles sobre a iniciativa privada, inclusive sobre comércio exterior, dilatou e robusteceu a base nacional da relativa autonomia do Brasil. O Estado transformou-se, com seus bancos e suas empresas, em parte do sistema econômico e, ao mesmo tempo, em sua instância superior de organização e comando. E, enquanto garantia, mediante proteção, o mercado nacional facilitou, assim, a conquista dos mercados exteriores. A diplomacia desde então converteu-se cada vez mais em instrumento do expansionismo econômico, impulsionado pelo capitalismo monopolista do Estado, cujas companhias, como a Petrobras, a Vale do Rio Doce, a Siderbras e o Banco do Brasil, entre outras, encarregaram-se de enfrentar as enormes tensões da concorrência no mercado mundial, exportar capitais e espraiar internacionalmente os interesses materiais do Brasil.

Quando o general Ernesto Geisel assumiu a presidência da República, em 1974, a Petrobras, companhia que ele até então dirigira, já desenvolvia amplo programa de pesquisas de petróleo na Argélia, no Egito, no Irã, em Madagascar, na Líbia, no Iraque e na Colômbia, bem como participava de uma empresa na França. A Companhia Vale do Rio Doce estava associada à Organização Geral Egípcia e à usina de ferro esponja em Alexandria, que utilizava *pellets* produzidos no Brasil, enquanto a Siderbras tratava das atividades relacionadas com a indústria siderúrgica. Por sua vez, o Banco do Brasil não só se associara ao Banco Árabe Internacional de Investimentos como criara, com outros capitais da Europa, a Eurobras. E, a ampliar sua rede internacional de agências, abrira linhas de crédito para diversos países, entre os quais Uruguai, Chile, Bolívia e Paraguai, cuja parcela do capital de US$ 2,2 bilhões do Itaipu Binacional o próprio Brasil também financiara. O Banco do Estado de São Paulo, bem como bancos privados brasileiros, empresas industriais e de construção, seguiram a mesma trilha e estabeleceram suas filiais no exterior, particularmente na América Latina, na África e no Oriente Médio.[2]

As Forças Armadas, diretamente ou por meio de contratos com firmas de capital nacional ou europeu, empreenderam esforços, por outro lado, para o desenvolvimento ou a transferência de tecnologia, fomentando a indústria de material bélico. Em 1972, o Exército firmou contrato com firmas franco-alemãs para a transferência de tecnologia de armas Cobra e Roland e já experimentava novos armamentos e propelentes, destacando-se os lançadores múltiplos 108R, o foguete X-40, lançado da Barreira do Inferno, e os Carros de Reconhecimento sobre Rodas. Implantou assim uma usina-piloto de propelentes moldados, importou a tecnologia do míssil AC-1 (Cobra), com a aquisição de simuladores e outros equipamentos, ao mesmo tempo em que desenvolvia e aperfeiçoava a produção de tanques, metralhadoras, morteiros retrocarregáveis, lançadores de fumígenos e foguetes de saturação aérea. A Marinha realizou pesquisas nas áreas de bioquímica, biologia, eletrônica e nucleônica. E, além de incrementar a construção de navios e submarinos em seus próprios estaleiros, desenvolveu novos tipos de munição e novos componentes, utilizando os serviços de empresas civis e militares. A eletrônica foi o setor cujo desenvolvimento a Marinha mais apoiou, ao buscar a colaboração da indústria civil e propiciar-lhe a montagem de um parque especializado de alto nível tecnológico. De 1969 a 1973, a Marinha desenvolveu pesquisas para a fabricação de novas armas sem recuo; armamento segundo o princípio de carga entalhada para operações submarinas contra couraças; programas de computação para o cálculo de propelentes de foguetes; sistema de armas de alta cadência; nacionalização do foguete similar aos modelos Bofors, Mali, Flora ou Erika para utilização no lançador Bofors 375 mm; dispositivo para helicópteros destinado ao lançamento de granadas de mão, em sequência programada, para emprego em operações antiguerrilha; desenvolvimento de circuitos integrados para minicomputadores de origem nacional. E, em 1974, completou a construção do protótipo do primeiro minicomputador brasileiro, com o apoio do Banco Nacional de Desenvolvimento Econômico e da Universidade de São Paulo, como resultado de pesquisa e concepção inteiramente nacionais, a fim de atender às exigências do mercado civil e militar.[3] A Aeronáutica empenhou-se, por sua vez, na consolidação da Empresa Brasileira de Aeronáutica (Embraer), que já produzia os aviões Bandeirante, Xavante e Ipanema, e, inclusive com a colaboração de universidades brasileiras, executou um programa de pesquisas científicas e tecnológicas, visando a avaliar a viabilidade técnica e econômica da produção em escala industrial de peças, componentes e equipamentos para utilização em aeronaves.

A necessidade de ampliar a escala de produção, de modo a reduzir seus custos, levou a indústria de material bélico a também buscar mercados no exterior, e o capitalismo de Estado brasileiro, permeado cada vez mais pelos interesses militares, alargou o seu campo de acumulação. Em 1974, Geisel aprovou a Política Nacional para a Exportação de Material de Emprego Militar (Pnemem), elaborada pela Secretaria-Geral do Conselho de Segurança Nacional, em conexão com o Itamaraty e os ministérios militares. Assim o Brasil começou a exportar desde revólveres e outras armas e munições até aviões, tanques de guerra e carros de combate, conquistando mercados na América Latina, na África e no Oriente Médio. O objetivo de eliminar e/ou, pelo menos, reduzir as dependências, de modo a fortalecer a segurança nacional, orientou esse esforço de expansão da indústria de armamentos, na qual as Forças Armadas, diretamente, mais e mais investiram, com a percepção de que as potências industriais obstaculizavam a transferência de tecnologia para outros países, como o Brasil, em processo de desenvolvimento. Com efeito, mesmo durante o governo de Médici, as importações de materiais estratégicos, do carvão aos armamentos, diminuíram, reduzindo sensivelmente as dependências do Brasil em relação aos Estados Unidos. E em 1977 o Exército importou apenas 20% do total dos seus suprimentos.[4] Efetivamente, a partir de 1970, sua política visou à "substituição gradativa das importações", segundo os princípios de "nacionalização dos equipamentos", como fundamento da própria segurança e de "estímulo à indústria do país".[5] O Exército tratou de modernizar-se e reequipar-se, "com base na indústria nacional",[6] e esse esforço provocou tensões com as multinacionais em setores considerados importantes para a segurança nacional, a exemplo das telecomunicações, no qual, apesar de estatizado, elas tinham fortes interesses como fabricantes de equipamentos. O general Antônio Carlos de Andrada Serpa, quando chefe do Departamento de Engenharia e Comunicações do Exército, criticou a decisão do governo de dividir o mercado de centrais telefônicas entre Philips, Ericsson, Sesa e Siemens, o que traria, no futuro, "incríveis dificuldades logísticas", e advogou a entrega do projeto a um *pool* de indústrias brasileiras como forma de as apoiar e impedir "sua absorção pelas grandes multinacionais, como está acontecendo com a Control".[7] Segundo o general Serpa, o fundamental para o Brasil era investir no desenvolvimento de sua própria tecnologia, sobretudo eletrônica, fator de evolução das técnicas de computadores, telecomunicações, criptomaterial, radar, goniometria, controle remoto etc., uma vez que as multinacionais não pretendiam fazê-lo, "permanecendo em dependência tecnológica de suas matrizes".[8]

A percepção da segurança nacional confundia-se, assim, com a do próprio desenvolvimento econômico autossustentado, o que implicava a necessidade de reduzir, senão eliminar dependências externas, no que se referia tanto ao abastecimento de insumos básicos quanto à absorção de conhecimentos científicos e tecnológicos. O governo de Geisel mostrou mais sensibilidade para o problema que o de Médici, principalmente porque a vertiginosa elevação dos preços do petróleo, com a guerra árabe-israelense de 1973 (Yom Kippur), e o aumento dos juros da dívida externa começaram a exercer fortes pressões sobre o balanço de pagamentos do Brasil. Por isso, a fim de restringir a compra de tecnologia, que pesava tanto quanto as importações de petróleo, ele criou três empresas estatais — Investimentos Brasileiros S.A. (Investibras), Mecânica Brasileira S.A. (Embramec) e Financiamento de Insumos Básicos (Fibase) — como subsidiárias do Banco Nacional de Desenvolvimento Econômico. A finalidade era sustentar, por meio de associação com capital do Estado, a expansão de empresas privadas brasileiras, principalmente nos setores de bens de capital e insumos básicos (alumínio, cobre, fertilizantes, barrilha etc.). À mesma época, a Marinha e o BNDE decidiram criar uma empresa — Computadores e Sistemas Brasileiros S.A. (Cobra) — com a participação de uma firma inglesa, a Ferranti, e de uma nacional, a E.E. (que cooperava com a Marinha e a Universidade de São Paulo para a construção do protótipo do minicomputador brasileiro), visando à produção do Argus 700, destinado ao controle de processos industriais. Dois anos depois, em 1976, Geisel reestruturou a Comissão de Coordenação das Atividades de Processamento Eletrônico (Capre), instituída, em 1972, pelo governo de Médici, e a comissão, ao receber poderes para formular a política nacional de informática, recomendou o estabelecimento da reserva de mercado para a faixa dos minicomputadores. Essa diretriz logo provocou atrito com as multinacionais do setor, principalmente com a IBM, que antes se recusava a entrar em entendimento com o governo brasileiro.

O mesmo objetivo de transferir e desenvolver tecnologia levou também o governo de Geisel, por meio da Secretaria-Geral do Conselho de Segurança Nacional, a reexaminar a política nuclear, porquanto o acordo firmado em 1973 com os Estados Unidos para a instalação de uma usina da Westinghouse em Angra dos Reis (Rio de Janeiro), não satisfez as Forças Armadas. Segundo o general Hugo Abreu, então ministro-chefe da Casa Militar do presidente Geisel e secretário-geral do Conselho de Segurança Nacional: "Os norte-americanos não apenas nos privaram do conhecimento dos detalhes da construção do reator, como, muito mais que isso, nos forneceram uma 'caixa preta' lacrada e nem nos disseram o que há lá dentro. Nossos técnicos podem apenas operar a usina. Nada mais."[9]

A dependência do fornecimento de urânio enriquecido pelos Estados Unidos tornava o Brasil extremamente vulnerável, conforme a própria experiência demonstrava. Em março de 1974, alegando problemas burocráticos, a Atomic Energy Commission suspendera o fornecimento de urânio enriquecido à República Federal da Alemanha, o que obrigou o governo de Bonn a recorrer a suas reservas a fim de evitar a paralisação dos reatores da RWE (Rheinisch Westfaelische Elektricitaetsgesellschaft).[10] E, pouco tempo depois, colocou sob ressalva contratos para o abastecimento de 45 reatores estrangeiros, inclusive o comprado pelo Brasil à Westinghouse, com a explicação de que as demandas comerciais de urânio enriquecido ultrapassavam sua capacidade de produção.[11] Essa medida irritou o governo de Geisel, que procurou entendimento com outros países no sentido de obter cooperação para o desenvolvimento no Brasil da indústria nuclear. A França, por meio do Comissariado de Energia Atômica, manifestou o desejo de participar na prospecção de urânio e na criação de uma indústria de componentes de reatores, mas não se interessou pela etapa de enriquecimento de urânio, preferindo estabelecer programas setoriais de cooperação. Só a República Federal da Alemanha realmente se dispôs a negociar um acordo profundo e integrado, visando à implantação, no Brasil, de todo o ciclo da tecnologia nuclear, desde a pesquisa e lavra do urânio até o seu enriquecimento, produção do elemento combustível e reprocessamento, além da fabricação de reatores a urânio enriquecido. Todo esse processo seria progressivamente nacionalizado, com total transferência de tecnologia para o Brasil. Assim, após um ano de negociações secretas, os chanceleres Hans Dietrich Genscher, da República Federal da Alemanha, e Antônio Azeredo da Silveira, do Brasil, firmaram, em 27 de junho de 1975, o Acordo Nuclear. Seu programa, cuja execução caberia a uma empresa estatal brasileira — a Nuclebras, vinculada formalmente ao Ministério de Minas e Energia, e por uma empresa privada alemã, a Kraftwerk Union (KWU), subsidiária da Siemens, previa também a instalação no Brasil de uma usina de enriquecimento de urânio, por meio do processo de jato centrífugo, ainda em desenvolvimento na Alemanha, e de oito usinas termonucleares, cada uma com capacidade de 1,2 milhão de kW. A perspectiva era a de que a fábrica de reatores, a ser construída em Sepetiba (Rio de Janeiro), entrasse em operação em fins de 1978, de modo que na quarta usina o índice de nacionalização dos equipamentos já atingisse 100%.[12]

A assinatura do Acordo Nuclear desencadeou violenta reação dos Estados Unidos, que tentaram inviabilizá-lo mediante todos os meios de pressão sobre o Brasil e a República Federal da Alemanha. O problema consistia no fato de que o Brasil, ao obter o domínio da tecnologia de enriquecimento do urânio, estaria capacitado para fabricar a bomba atômica, porquanto nem sequer se comprometera com o Tratado de Não Proliferação das Armas Nucleares. E essa perspectiva assustava os Estados Unidos. O senador John Pastore, presidente do Joint Congressional Committee on Atomic Energy, exprimiu tais temores ao declarar, em enérgico discurso, que, diante da instabilidade política mundial, ninguém podia assegurar que outro Fidel Castro não apareceria em outro país da América Latina, dispondo de instalações para a fabricação da bomba atômica, e que "este perigo em potencial está sendo criado por um aliado em nosso próprio quintal, enquanto o governo dos Estados Unidos está fortemente empenhado em defender a Alemanha Ocidental de um perigo semelhante".[13]

Entretanto, mesmo sob um governo de direita, o Brasil começava a inquietar os Estados Unidos. Sua política externa, cuja doutrina o presidente Geisel e o chanceler Azeredo da Silveira chamaram de *pragmatismo responsável*, excluíra "o fatalismo dos alinhamentos automáticos ou apriorísticos",[14] o que significava a franca retomada das diretrizes de Quadros e Goulart, tendência esta já manifestada pela *diplomacia da prosperidade*, ao tempo de Costa e Silva, e atenuada, embora não suprimida, pelo governo de Médici.[15] E as divergências com os Estados Unidos, que já eram muitas, ainda mais se ampliaram, sobretudo em face dos acontecimentos políticos do chamado Terceiro Mundo. Com efeito, o governo de Geisel estabeleceu relações diplomáticas com a República Popular da China, cujos encarregados da Missão Comercial no Brasil, ao tempo de Goulart, foram presos e expulsos depois do golpe de Estado de 1964. Absteve-se quando a OEA votou o levantamento das sanções impostas a Cuba.[16] Também votou na ONU a favor de uma resolução que condenava o racismo e incluía o sionismo como uma de suas formas. E justamente com Cuba e a União Soviética logo reconheceu os governos revolucionários, com influência marxista-leninista, em Guiné-Bissau, Moçambique e Angola, quando essas antigas colônias se emanciparam de Portugal.

Contudo, a tomada de tais posições nitidamente contrárias às dos Estados Unidos constituía uma condição do próprio expansionismo econômico do Brasil, que necessitava modificar, no exterior, a imagem negativa de regime autoritário a fim de aprofundar os vínculos com os países da América Latina, da África e do Oriente Médio. O Itamaraty sabia antecipadamente que a maioria dos países latino-americanos aprovaria o fim das sanções econômicas impostas a Cuba, e o Brasil não tinha motivo para se opor a essa tendência, isolando-se no alinhamento com os Estados Unidos. O general Hugo Abreu, ministro-chefe da Casa Militar e secretário-geral do Conselho de Segurança Nacional, concordou, em princípio, com a argumentação do chanceler Azeredo da Silveira, mas ponderou que o voto aberto em favor de Cuba repercutiria negativamente na área militar, ainda muito sensível, em virtude do apoio de Fidel Castro às tentativas de guerrilha que ocorriam durante a administração de Médici.[17] E daí a abstenção. Quanto ao voto contra o sionismo como forma de discriminação racial, proferido na Comissão Política da ONU, os vínculos cada vez mais estreitos do Brasil com os países árabes determinaram a decisão, da qual

Geisel pretendeu recuar, ao avaliar as dificuldades que ela criaria, como de fato criou,[18] na comunidade financeira internacional. E só não o fez, quando a Assembleia-Geral votou a resolução, porque o Departamento de Estado, por meio de nota ao Itamaraty, criticou a posição do Brasil. No caso de Guiné-Bissau, Moçambique e Angola, porém, o governo de Geisel não teve realmente alternativa senão reconhecer e apoiar os regimes revolucionários, que lá se instalaram, a fim de defender e consolidar os crescentes interesses econômicos e geopolíticos do Brasil na África. A solidariedade com Portugal, cuja política, sob Salazar, visava a manter as colônias como se províncias ultramarinas fossem, levantara contra o Brasil, naquele continente, desconfiança e hostilidade, ainda mais alimentadas pelo caráter fortemente conservador do regime autoritário. Já ao fim do governo de Médici, em 1973, o chanceler Mário Gibson Barbosa começara a perceber a necessidade de mudar essa posição, a fim de melhorar a imagem do Brasil e promover um clima favorável ao aprofundamento de suas relações econômicas e comerciais com os países da África, todos intensamente marcados pelo anticolonialismo, inclusive aqueles pró-ocidentais, como Costa do Marfim, Zaire, Gabão, Nigéria e Senegal.[19]

Com a Revolução dos Cravos (25 de abril de 1974), a esbarrondar-se a ditadura de Salazar-Marcelo Caetano, os acontecimentos afoitaram-se. Portugal infletiu para a esquerda e tratou de retirar suas tropas de Cabo Verde, Guiné-Bissau, Moçambique e Angola, aceitando que as antigas colônias se tornassem independentes, com a ascensão ao poder dos movimentos revolucionários que, por meio de guerrilhas, lutavam havia vários anos para as emancipar. Em tais circunstâncias, o Brasil, cujas relações com Portugal passaram também a enfrentar dificuldades, não podia senão reconhecer os governos de esquerda instalados naqueles países. Se não o fizesse, eles ficariam inteiramente à mercê da União Soviética e de Cuba, em uma região que o Brasil considerava sua fronteira oriental. Esse raciocínio levou o governo de Geisel a reconhecer, juntamente com Cuba e a União Soviética, o Movimento Popular de Libertação de Angola (MPLA), sob a liderança de Agostinho Neto, que disputava o poder com a Frente Nacional de Libertação (FNL), de Holden Roberto, sustentada pelos Estados Unidos e pela República Popular da China, e a Unita, de Jonas Savimbi, com suporte da África do Sul. Os relatórios do Itamaraty indicavam que o MPLA, com o domínio sobre Luanda e as mais importantes cidades do país, tinha todas as condições para consolidar-se no poder.[20] Além do mais, era o único dos três movimentos de libertação que possuía compromissos com a cultura luso-brasileira, sem se definir nitidamente como comunista, devido ao caráter religioso e tribal de sua composição.[21] Se o Brasil, portanto, não o reconhecesse tão logo instalado, de modo a dissipar as desconfianças dos angolanos, seria muito difícil manter a missão em Luanda e defender seus interesses naquele país, que cairia totalmente sob a influência de Cuba e da União Soviética.[22]

Os Estados Unidos, cujo cônsul se retirara de Luanda às vésperas da independência a fim de demonstrar sua oposição ao MPLA, ficaram perplexos. Kissinger, segundo informações veiculadas na época, irritou-se.[23] E um porta-voz do Departamento de Estado estranhou que o governo de Brasília, sendo de direita, aceitasse, na África, a vitória de uma facção marxista.[24] Ele esqueceu, sem dúvida, que o governo de Washington favorecia a FNL, de Holden Roberto, que recebia igualmente o apoio da República Popular da China. Com o vezo da política de força e impedidos de executá-la desde a derrota no Vietnã, os Estados Unidos, cuja diplomacia nunca primou pela sutileza, não perceberam que abandonar as posições em Angola, isolando-a de contatos com o Ocidente, não modificaria a situação; pelo contrário, significaria de fato facilitar a proeminência absoluta da União Soviética, no outro lado do Atlântico Sul. Entretanto, tiveram depois de reconhecer o governo de Samora Machel, em Moçambique, e somente não fizeram o mesmo com o de Agostinho Neto, em Angola, devido, ao que tudo indica, à presença de tropas cubanas em seu território.[25]

O Brasil, na verdade, buscou aproveitar as brechas políticas, a fim de promover sua própria expansão econômica, apresentando-se aos países da África e do Oriente Médio como alternativa de mercado, em substituição à Europa Ocidental e aos Estados Unidos, desgastados por suas políticas coloniais e imperialistas. Esse foi importante fator, *inter alia*, para sua penetração nos países árabes, que, conquanto repudiassem o comunismo, estavam em conflito com os Estados Unidos por causa de Israel e se ressentiam das potências industriais da Europa Ocidental, particularmente Grã-Bretanha e França, das quais foram colônias. E o Brasil, como potência capitalista emergente, apresentava-se em condições de fornecer-lhes todo tipo de mercadorias de que necessitassem, inclusive armamentos. Suas divergências com os Estados Unidos, aliás, refletiam em larga medida essa competição e entrelaçavam-se com os agudos problemas na área do comércio bilateral, gerados pela aplicação das sobretaxas aduaneiras, os direitos compensatórios, às exportações de manufaturados, tais como calçados, bolsas de couro, têxteis, que o Brasil fazia para seu mercado. A alegação era de que eles recebiam subsídios e o Departamento do Tesouro norte-americano pretendeu enviar auditores para investigar seus custos reais, o que Geisel proibiu.[26] A aprovação da Lei de Comércio (*Trade Act*) pelo Congresso Norte-Americano (1974) dificultara ainda mais as relações entre os Estados Unidos e o Brasil, ao estabelecer cláusulas discriminatórias contra alguns países latino-americanos e, de forma geral, contra qualquer país que se dispusesse a defender os preços de seus produtos básicos e de suas matérias-primas no mercado mundial.

No entanto, apesar das colisões ou talvez mesmo por causa delas, Kissinger, que mantinha bom entendimento pessoal com Azeredo da Silveira, procurou melhorar as relações dos Estados Unidos com o Brasil, tomando atitudes construtivas, a exemplo do voto que lhe deu, na reunião da Agência Internacional de Energia Atômica, quando se discutiu a questão do Acordo Nuclear com a República Federal da Alemanha.[27] E também possibilitou alguns ajustes com o Brasil, buscando pontos de convergência em outros foros internacionais, tais como a Conferência de Cooperação Econômica Internacional, o Banco Mundial, o Fundo Monetário Internacional e as negociações multilaterais de comércio, bem como em torno do Acordo Internacional do Café. Sua viagem ao Brasil, em fevereiro de 1976, não teve, ao que se sabe, nenhum outro objetivo senão o de assinar o Memorandum de Entendimento (*Memorandum of Understanding*), que instituiria mecanismos de consultas, com encontros periódicos dos dois chanceleres para discutir não apenas os problemas econômicos, mas, igualmente, os assuntos políticos. O Brasil já firmara protocolos semelhantes com a Grã-Bretanha, França, Itália e República Federal da Alemanha, de sorte que não havia qualquer exclusividade no estabelecimento do sistema de troca de informações com os Estados Unidos. Mas o fato de que os Estados Unidos também se dispuseram a manter com o Brasil esse alto nível de relacionamento significava o reconhecimento de seu *status* internacional como potência no momento em que, com a presença de Cuba e da União Soviética em Angola, o Atlântico Sul ameaçava transformar-se em outro cenário do conflito Leste-Oeste. O embaixador John Crimmins, cerca de um mês antes da viagem de Kissinger, declarou que os Estados Unidos viam com "compreensão" e "simpatia" o empenho do Brasil de realizar sua "meta nacional de grandeza", que significaria a conquista do "devido lugar" no concerto mundial das nações. E acrescentou que os Estados Unidos agiam "com as presunções adicionais de que o Brasil, progredindo com plena independência, continuará sendo uma nação do Ocidente e que, conforme sua crescente autoridade, estará preparado e disposto a assumir responsabilidades concomitantes na ordem mundial, com desenvolvimento industrial completo, tendo ultrapassado todas as suas conotações de potência média em meados da década de 80".[28]

Kissinger, ao chegar a Brasília, salientou, em várias oportunidades, o *status* do Brasil como potência emergente e, durante o banquete que o chanceler Azeredo da Silveira lhe ofereceu no Itamaraty, reconheceu o "processo de erosão" que a ordem bipolar sofrera, negou que os Estados Unidos quisessem formar um condomínio com outra superpotência nuclear (referência às críticas do embaixador Araújo Castro às tentativas de estratificação do poder mundial) e, aludindo à presença de Cuba em Angola, disse que "não podemos aceitar o envio de pesadas forças expedicionárias e de vastas quantidades de material bélico para impor soluções em conflitos locais de longínquos continentes".[29]

Sobre esse pano de fundo, acenou então para a "possibilidade de um compromisso internacional" sobre o assunto de subsídios e tarifas compensatórias, a ser finalmente negociado em Genebra, "sob a autoridade da Lei de Comércio de 1974".[30] Realmente, segundo a opinião de Azeredo da Silveira, Kissinger se empenhou para promover o rebaixamento das sobretaxas aduaneiras e evitar que as divergências entre os Estados Unidos e o Brasil se agravassem.[31] Não obstante o esforço de Geisel, desde o início de sua administração, para acabar com as torturas e violações dos direitos humanos, a permanência do regime autoritário, com seu aparelho militar-policial, viciado pelas práticas de repressão, a cometer ainda violências, possibilitou, entretanto, severas críticas, nos Estados Unidos, à assinatura do Memorandum de Entendimento e gerou outros atritos entre o Brasil e os Estados Unidos. O *Washington Post*, em editorial, asseverou que muitos setores norte-americanos perguntavam, "e com razão", por que Washington devia "favorecer" um país "com ambições nucleares, políticas e econômicas" e que abandonara a "maior parte de seus ideais democráticos" havia mais de uma década.[32] O senador Edward Kennedy, irmão do presidente assassinado, censurou, por sua vez, a "concessão de favores e benefícios especiais" a um regime como o do Brasil, "cujas violações dos direitos humanos e ausência de práticas democráticas" continuavam a ser "grave preocupação internacional".[33]

Efetivamente, com a *Realpolitik*, Kissinger relevara todos os crimes da repressão militar, e as administrações de Nixon e de Ford nada fizeram para desencorajar as práticas de torturas e outras brutais violações dos direitos humanos, institucionalizadas no Brasil, da mesma forma que no Uruguai, no Chile, na Argentina, no Irã, nas Filipinas, na Coreia e em outros países, cujos governos de direita "ajudavam" a defender o "mundo livre" e a preservar o equilíbrio internacional de poder. Ele podia perceber "distinção moral" entre ditaduras comunistas e não comunistas. Mas os povos, não. Os Estados Unidos, na verdade, estavam a perder a guerra ideológica contra a União Soviética, quando, a pretexto de defender a democracia, sustentavam regimes que a suprimiam e não propiciavam sequer justiça social aos seus povos. Essa e outras incoerências, a evidenciarem, sobretudo, completa falta de qualquer substância ética, abateram o prestígio e a autoridade dos Estados Unidos, cuja política exterior, segundo George Kennan e Hans Morgenthau, estava a rastejar e perdera respeito, tanto interna quanto externamente, nos anos 1970.[34] Traumatizada pela tragédia inútil das guerras no Vietnã e no Camboja e chocada pelo escândalo de Watergate, a evidenciar que o governo norte-americano também internamente desrespeitava suas tradições democráticas, considerável parcela da sociedade nos Estados Unidos começou a despertar para o problema, o que se agravou com a denúncia de que a CIA contribuíra para a derrubada do governo de Allende e a implantação, no Chile, da cruel ditadura do general Augusto Pinochet. O Congresso dos Estados Unidos, a refletir essa tomada de consciência, proibiu, em 1974, a assistência militar a países que violassem os direitos humanos, atingindo, primeiramente, o Chile e a Coreia do Sul. E o Senado, em 1975, instalou uma comissão de inquérito com o objetivo de investigar as atividades da CIA e do FBI. As revelações estarreceram a opinião pública. A pretexto de combater o comunismo, a CIA executara em diversos países os mais variados atos de terrorismo e subversão. Não só conspirara para a deposição de Allende como, antes, intentara impedir que ele assumisse a presidência do Chile, planejando, em 1970, o sequestro que resultou na morte do general René Schneider, comandante em chefe das Forças Armadas e fortemente contrário a qualquer golpe de Estado. Também planejara, com êxito, os assassínios de Patrice Lumumba, líder revolucionário do Congo, Rafael Trujillo, ditador da República Dominicana, e, sem sucesso, de Fidel Castro, em Cuba.[35] Assim, ao devassar os crimes cometidos pelos próprios órgãos de inteligência dos Estados Unidos, o Congresso, em 1976, aprovou uma lei (International Security Assistance Act) que obrigava o Departamento de Estado a apresentar um relatório sobre a situação dos direitos humanos nos 82 países que recebiam assistência militar e de segurança.[36]

Conquanto já não fosse dos mais graves comparado com o de outros países da própria América Latina, tais como Chile, Argentina e Uruguai, o caso do Brasil permanecia em foco, sobretudo porque a família de Stuart Edgard Angel Jones, assassinado, ao que tudo indicava, nas dependências de uma Base Aérea, continuava a utilizar suas relações com alguns congressistas, entre os quais Richard Nolan, no sentido de forçar o Departamento de Estado a obter do governo brasileiro algum esclarecimento oficial sobre o seu paradeiro.[37] Os congressistas, como Alan Craston e Donald Fraser, que, desde 1975, acusavam o Departamento de Estado de contemporizar com o Brasil, empenharam-se também na questão, juntamente com os senadores Frank Church[38] e Edward Kennedy. O relatório, exigido ao Departamento de Estado, serviria, portanto, como base para a Comissão de Relações Exteriores do Senado decidir se os Estados Unidos continuariam ou não a prestar assistência militar àquele país. Antes, porém, seria dada uma oportunidade ao governo brasileiro de responder às diligências, como o desaparecimento de Stuart Edgard Angel Jones, e demonstrar que estava realmente disposto a coibir as violações dos direitos humanos.

Àquela época, James Earl Carter, que fora governador da Georgia, empolgou, como candidato do Partido Democrata, os setores da opinião pública mobilizados pelo movimento em favor dos direitos civis e elegeu-se presidente dos Estados Unidos. Seu propósito foi restaurar os valores democráticos como objetivos da política exterior dos Estados Unidos, a recolocá-la e reconduzi-la sobre princípios éticos e coerentes, intentando assim recompor sua credibilidade e seu prestígio internacional, de modo a recuperar as posições perdidas na guerra ideológica contra a União Soviética. Tal esforço implicava, naturalmente, uma revisão da postura norte-americana *vis-à-vis* dos regimes autoritários de direita, pois, se os aceitassem com suas práticas antidemocráticas e condescendessem com as violações dos direitos humanos, sobretudo na América Latina, os Estados Unidos não teriam autoridade moral e política para combater a União Soviética. Com essa diretriz, Carter conseguiu, efetivamente, melhorar a imagem dos Estados Unidos e, como nenhum outro presidente norte-americano depois de Roosevelt, nem mesmo Kennedy, conquistou bastante simpatia popular no Brasil. Mas, na mesma medida, suas relações com o governo de Geisel complicaram-se desde os primeiros meses de 1977.

Carter, durante a campanha eleitoral, acusara a administração de Gerald Ford de nada fazer para impedir que o Brasil e a Alemanha assinassem o Acordo Nuclear e anunciou que, ao assumir a presidência dos Estados Unidos, tomaria medidas contra a proliferação das armas atômicas, a começar por um apelo a todas as nações no sentido de que adotassem uma moratória para a venda de usinas de enriquecimento ou reprocessamento de urânio. Essa moratória devia atingir, retroativamente, os acordos Alemanha-Brasil e França-Paquistão.[39] Com efeito, ao iniciar, em janeiro de 1977, sua administração, ele desencadeou violentas pressões sobre o Brasil e a República Federal da Alemanha, com o objetivo de os forçar a rever ou denunciar o acordo de 1975. Cyrus Vance e Warren Christopher, secretário e subsecretário de Estado, viajaram a Bonn e a Brasília, mas suas gestões não alcançaram êxito.

Entrementes, em meio às tensões provocadas pela investida contra o Acordo Nuclear, o conselheiro para Assuntos Políticos da Embaixada Americana, Donald Simcox, entregou ao Itamaraty um *memorandum*, que encaminhava, como anexo, a cópia do relatório sobre a situação dos direitos humanos no Brasil, exigido pelo Congresso dos Estados Unidos, de conformidade com a Lei de Assistência Internacional de Segurança, de 1976, a fim de orientar as decisões sobre o fornecimento de ajuda militar a países estrangeiros durante o ano fiscal de 1977-1978. Conquanto a existência ainda de presos políticos, cassados, banidos e exilados, bem como a permanência dos instrumentos do arbítrio, com a vigência do Ato Institucional nº 5, comprometessem seriamente a imagem do Brasil, o relatório era, na verdade, bastante favorável ao governo de Geisel, pois salientava seus esforços no sentido de coibir violências e torturas, inclusive com a demissão do general Ednardo d'Ávila Melo do Comando do II Exército, em janeiro de 1976, após as mortes, dentro do DOI-Codi de São Paulo, do jornalista Wladimir Herzog (1975) e do operário Manoel Fiel Filho (1976), quando então tais excessos aparentemente cessaram.

Geisel, entretanto, não aceitava o exame de questões internas por órgãos de governos estrangeiros e, da mesma forma que anteriormente rechaçara a pretensão do Departamento do Tesouro dos Estados Unidos de enviar auditores para investigar possível prática de *dumping* por empresas brasileiras, considerou aquelas condições para a concessão da assistência militar intromissão nos assuntos nacionais.[40] O governo brasileiro então reagiu, prontamente, devolvendo a nota da Embaixada Americana, junto com o relatório, e, poucos dias depois, denunciou o Acordo Militar com os Estados Unidos, firmado em 15 de março de 1952 e que estava a completar, em 1977, 25 anos de vigência. Posteriormente, como desdobramento daquela atitude, extinguiu também a Comissão Militar Mista, a Missão Naval, cujas atividades reais, no Amazonas, o governo brasileiro ignorava,[41] e o Acordo Cartográfico. O Acordo Militar, no entanto, já não tinha utilidade para o Brasil — se é que teve alguma, pois vários oficiais, como o general Antônio Carlos de Andrada Serpa, responsabilizavam-no pelo atraso tecnológico do país no setor de armamentos.[42] Ele consistira, basicamente, no fornecimento de material bélico já utilizado pela Otan e cujo valor comercial, embora fosse *nihil*, ao sair dos portos de Antuérpia e de Paris, o governo de Washington contabilizava dentro das verbas aprovadas pelo Congresso e à qual, sem dúvida alguma, dava outra destinação. A partir de 1970, essa assistência diminuíra sensivelmente e o Brasil não só intensificara sua produção de armamentos como passara a comprar aqueles de que necessitava a países da Europa, como o fizera, durante o governo de Médici, ao adquirir os aviões *Mirage* da França, apesar da oposição dos Estados Unidos. Assim, em 1977, apenas 20% dos equipamentos do Exército provinham do exterior, importados de diferentes países, sendo mínima a participação norte-americana.

A áspera atitude do governo brasileiro, ao romper o Acordo Militar, contudo, surpreendeu os Estados Unidos e serviu como dura resposta às intoleráveis pressões contra o Acordo Nuclear com a República Federal da Alemanha. De fato, naquelas circunstâncias, a denúncia do Acordo Militar, que estava praticamente obsoleto, refletiu o recrudescimento do antiamericanismo dentro das Forças Armadas, onde alguns oficiais teriam chegado a sugerir a ruptura das relações com os Estados Unidos.[43] E funcionou como fator de coesão em torno de Geisel. O general Moacir Potyguara, chefe do Estado-Maior das Forças Armadas, falou em "união nacional", em face da sequência de atritos com os Estados Unidos.[44] E vários parlamentares da oposição, tais como o deputado Tales Ramalho, secretário-geral do MDB, e os senadores Franco Montoro, líder no Senado, e Roberto Saturnino Braga, solidarizaram-se com o governo. A percepção bastante generalizada nos altos escalões das Forças Armadas e do Ministério das Relações Exteriores, bem como na Secretaria-Geral do Conselho de Segurança Nacional, era, àquela época, a de que a questão dos direitos humanos constituía tão somente mais uma forma de pressão sobre o Brasil por causa do Acordo Nuclear. Militares e diplomatas brasileiros concordavam então que o grande e único problema consistia no monopólio da tecnologia, que os Estados Unidos tentavam conservar a qualquer custo, passando a constituir, portanto, o maior obstáculo ao desenvolvimento do Brasil. O general Carlos de Meira Matos, que fora comandante das forças de ocupação da República Dominicana (1965) e vice-diretor do Colégio Interamericano de Defesa (Washington), escrevera, em 1975, que "ficar para trás na escalada da ciência, da técnica e da indústria significa condenar-se à posição de inferioridade cada dia mais irrecuperável".[45] Por isso, segundo ele, o Brasil, com "vocação de grandeza", tinha de provar sua "capacidade revolucionária" de alcançar as metas da política de desenvolvimento em curto prazo, a fim de formar, no início do ano 2000, "entre as nações mais prósperas e poderosas do Universo".[46] Meira Matos ponderou, entretanto, que o desenvolvimento de uma nação com a "grandeza geográfica" do Brasil, "contrariando interesses de mercado internacional os mais variados, suscitando ciúmes estrangeiros e frustrando as cassandras da inevitabilidade da solução socialista", devia apoiar-se "em força de dissuasão capaz de desencorajar qualquer pretensão de conter o nosso ritmo, quer pela pressão externa, quer pela desagregação interna a serviço claro ou velado de interesses forâneos".[47]

As pressões de Carter contra o Acordo Nuclear, das quais o governo de Geisel considerou o relatório sobre os direitos humanos uma de suas formas, robusteceram na burocracia civil-militar, matriz social do nacionalismo autoritário, a ideia de que as antigas potências capitalistas, particularmente os Estados Unidos, tratavam de promover e estabilizar uma redivisão internacional do trabalho, em que eles se reservariam o monopólio da tecnologia de ponta, a produção de bens de capital e o nervo financeiro, como condição de sua preponderância, deixando aos países como o Brasil a fabricação de manufaturas, de bens duráveis e não duráveis de consumo. As Forças Armadas não se conformavam com essa perspectiva, que lhes frustrava a aspiração de transformar o Brasil em grande potência mundial. E a possibilidade de maior enfrentamento com os Estados Unidos sensibilizou os Estados-Maiores das três Armas, já em 1977, para a necessidade de maior cooperação com a Argentina, à qual o Congresso norte-americano cortou a assistência militar, bem como com os demais países da América Latina, tanto da Bacia do Prata quanto da região da Amazônia. O que ainda obstaculizava o entendimento com a Argentina, onde a Junta Militar sob a presidência do general Jorge Rafael Videla tendia a considerar as relações com o Brasil a primeira prioridade de sua política externa,[48] era, entretanto, a divergência em torno da construção da represa de Itaipu. Por essa razão, ao que tudo indica, os militares do Brasil e da Argentina procuraram evitar que a crise entre os dois países se agravasse, em meados de 1977, e restabeleceram o clima para a continuidade das conversações, com a reunião, em Foz de Iguaçu, entre o brigadeiro Délio Jardim de Matos, chefe do Estado-Maior da Aeronáutica, e o brigadeiro Orlando Ramon Agostin, um dos membros da Junta Militar de Buenos Aires.[49] O chanceler Azeredo da Silveira pôde então equacionar as premissas para o entendimento, o qual se concretizaria, dois anos depois, com a assinatura do Acordo Tripartite (1979), por Brasil, Argentina e Paraguai. Entrementes, a fim de estreitar mais os vínculos do Brasil com o restante da América Latina, o Itamaraty também entrou em negociações com Venezuela, Colômbia, Peru, Equador, Bolívia, Suriname e República da Guiana, visando à celebração do Tratado de Cooperação Amazônica, que, em 1978, revestiu-se de certo caráter político conquanto seu objetivo fosse apenas o de promover a integração física da região. Geisel, na oportunidade, atacou indiretamente os Estados Unidos, ao dizer que a "aparente disparidade entre o gigantesco vácuo demográfico e econômico da região, de um lado, e os escassos recursos dos países que aí são soberanos, do outro, alimentaram desígnios ostensivos ou disfarçados de penetração e domínio",[50] os quais, dirigidos, outrora, à disputa pela terra, "podem hoje assumir a forma mais sutil de preocupações bem-intencionadas".[51]

Por outro lado, a necessidade de garantir a consolidação definitiva de seu projeto nacional, representado, sobretudo, pelo Acordo Nuclear Brasil-Alemanha, de modo que qualquer outra administração, no futuro, não mais pudesse modificá-lo, levou Geisel a utilizar os poderes do Ato Institucional nº 5 e, decretando o recesso do Congresso, editar, no mês seguinte à ruptura do Acordo Militar com os Estados Unidos, uma série de emendas constitucionais (o chamado *pacote de abril*), cujo principal propósito não foi, sem dúvida alguma, promover a reforma do Judiciário, como alegou, e sim a ampliar o mandato presidencial de seu sucessor. A luta pelo poder, desde então, recrudesceu, ameaçando dividir as Forças Armadas. Conforme se informava, Geisel já escolhera o nome do general João Batista Figueiredo, chefe do Serviço Nacional de Informações, para substitui-lo, mas não o revelara. E alguns meses depois, em 12 de abril de 1977, demitiu o general Sílvio Frota da função de ministro do Exército, com o qual estava em divergências, a fim de impedir que sua candidatura se impusesse, articulada com os setores militares mais reacionários, aqueles que ainda insistiam em manter o clima de permanente repressão. O general Sílvio Frota tentou reagir, mas não conseguiu a adesão das Forças Armadas. Apenas lançou um manifesto, no qual atacava as iniciativas de Geisel em política externa, tais como, especificamente, os estabelecimentos das relações com a China Popular, o voto de abstenção quanto ao reingresso de Cuba na OEA, o reconhecimento de Angola e o apoio à moção antissionista.[52] O general Frota acusou o governo de "complacência criminosa com a infiltração e a propaganda esquerdista", bem como de possibilitar "a existência de um processo de domínio, pelo Estado, da economia nacional — inclusive das empresas privadas — de modo a condicionar o empresariado brasileiro aos ditames do governo".[53]

Assim, a atacar a "estatização clara, inadmissível num regime democrático de liberdade responsável e de estrutura econômica de livre iniciativa", a qual, dizia, colocava o Brasil "mais no quadro dos países do leste europeu do que no bloco ocidental", ele tratou, em todo o manifesto, de denunciá-la como uma das "inegáveis vitórias" dos comunistas, com "suas técnicas de infiltração" e a "conivência dos homens do governo". Segundo o general Frota: "Já implantaram o capitalismo do Estado que é o tirano da economia; a continuarmos assim, virá, mais breve do que muitos esperam, o comunismo — o tirano das liberdades."[54]

As críticas de Frota ao capitalismo de Estado não pareciam próprias dos meios militares e sim de certos grupos econômicos, que possivelmente estariam incentivando sua candidatura à presidência, em oposição a Geisel. Porém, mesmo a apelar para o anticomunismo, ele não conseguiu sensibilizar as Forças Armadas para um golpe de Estado. Não havia, aliás, condições nem domésticas nem internacionais para o êxito desse tipo de aventura, visando ao endurecimento da repressão. Cerca de vinte dias antes da demissão de Sílvio Frota, a administração de Carter mais uma vez demonstrara claramente seu desapreço pelo regime autoritário no Brasil, ao acolher como asilado político o principal e mais temido adversário dos militares, o ex-governador do Rio Grande do Sul e cunhado do ex-presidente João Goulart, Leonel Brizola, expulso do Uruguai, onde se exilara após o golpe de Estado de 1964, sem qualquer justificativa plausível. E se as pressões de Carter não bastavam e até mesmo indispunham os militares brasileiros contra os Estados Unidos, outro fator mais poderoso pressionava, internacionalmente, a favor de *abertura* política, ou seja, da liberalização do regime autoritário. O cumprimento do Acordo Nuclear com a República Federal da Alemanha também implicava o compromisso da restauração do Estado de Direito no Brasil, posto que nem o Partido Social-Democrata, no poder, nem seu aliado, o Partido Liberal, ou o Partido Democrata-Cristão podiam concordar, sobretudo em face da opinião pública nacional e internacional, com a transferência da tecnologia da bomba atômica para um país que não respeitava sequer suas próprias normas jurídicas e vivia em permanente regime de exceção. O chanceler Helmut Schmidt e Willy Brandt, presidente do Partido Social-Democrata, abordaram diretamente o assunto com Geisel, quando este visitou a República Federal da Alemanha, no começo de março de 1978. O Acordo Nuclear e o Ato Institucional nº 5, com todo o seu instrumental de arbítrio, não mais podiam coexistir.

Àquela altura, início de 1978, Geisel já enfrentava, internamente, fortes pressões militares em favor da redemocratização. A revelação oficial do nome do general Batista Figueiredo como seu sucessor levara o general Hugo Abreu a renunciar à chefia da Casa Militar da presidência, denunciando "a presença autoritária de uma oligarquia inescrupulosa", que dominava o governo e tentava "anular qualquer manifestação da vontade nacional".[55] Apesar de que ele se opusesse à candidatura do general Figueiredo, por julgá-lo "inteiramente despreparado" para a função de presidente da República, "omisso" e, *inter alia*, "comprometido" com grupos econômicos,[56] o alvo principal de seus ataques foi, porém, o general Golbery do Couto e Silva, cujo nome sempre sofrera amplas restrições dentro das Forças Armadas devido a suas vinculações com empresas multinacionais, em particular a Dow Chemical, da qual fora diretor. Por isso, com o objetivo de impedir que o "grupo palaciano" se perpetuasse no poder, o general Hugo Abreu, cuja atuação fora decisiva para abortar, em outubro, a tentativa de resistência do general Sílvio Frota, passou a articular-se com outros militares nacionalistas, tais como o general Hélio Lemos, os coronéis Amerino Raposo e Dickson Melges Grael, que antes defenderam, como ele próprio, a *linha dura* e depois derivaram para a oposição ao regime autoritário, frustrados e decepcionados com as consequências sociais de seu modelo de acumulação capitalista, o fortalecimento do setor estrangeiro da economia e a corrupção do governo. E daí o lançamento do nome do general Euler Bentes Monteiro, de tendência nacionalista e bastante respeitado nas Forças Armadas, em oposição ao do general Figueiredo.⁵⁷ O MDB apoiou-o e apresentou sua candidatura ao colégio eleitoral, enquanto não tivesse possibilidade de vitória, dado o controle que o governo, através da Arena, exercia ainda sobre o Congresso e as Assembleias Legislativas, cujos representantes, finalmente, escolheriam o futuro presidente. Mas aquele movimento evidenciou que a oposição da sociedade civil ao regime autoritário também contava com solidariedade militar e que a redemocratização do país se tornava necessária à própria coesão das Forças Armadas. Figueiredo, ao assumir a presidência da República, teria, portanto, de continuar a abertura política, tanto mais quanto o MDB, nas eleições parlamentares de 1978, alcançou 39,3% dos sufrágios, praticamente equiparando-se com a Arena (40,0%), embora o governo de Geisel tudo fizesse para o derrotar e a porcentagem de votos nulos e em branco ainda continuasse alta, no patamar de 20,6%.⁵⁸

De qualquer forma, Geisel impôs sua estratégia de "distensão lenta, gradual e segura", de modo que o processo de restauração das liberdades democráticas não facilitasse, internamente, o desencadeamento de pressões, instigadas ou não por interesses estrangeiros, em particular dos Estados Unidos, contra o Acordo Nuclear, que constituía o *desideratum* de todo o esforço do nacionalismo autoritário para efetivamente transformar o Brasil em grande potência, ao desvendar-lhe os conhecimentos científicos e tecnológicos necessários à fabricação da bomba atômica. Na política externa, igualmente, ele manteve suas diretrizes e enfrentou com êxito a crise nas relações entre o Brasil e os Estados Unidos. Sua dura reação, ao ab-rogar o Acordo Militar e demais instrumentos bilaterais de cooperação entre as Forças Armadas dos dois países, impressionou, ao que tudo indica, a administração de Carter, que recuou diante do insucesso das pressões contra o Acordo Nuclear. E passou a dar ao Brasil um tratamento especial, não obstante haver repudiado o Memorandum de Entendimento de 1976, por destacá-lo e privilegiá-lo sobre o restante da América Latina. Rosalyn Carter, esposa do presidente norte-americano, viajou pelo Brasil, em meados de 1977, e o secretário do Estado, Cyrus Vance, conferenciou com Azeredo da Silveira, em novembro do mesmo ano.⁵⁹ O próprio Carter autoconvidou-se e, juntamente com a esposa, Vance e seu assessor de Segurança Nacional, Zbigniew Brzezinski, visitou Brasília, em março de 1978, com o propósito de aliviar as tensões e restabelecer o clima de cordialidade e inteligência. Poucas semanas antes de sua viagem ao Brasil, o Congresso dos Estados Unidos aprovara o Nuclear Non-Proliferation Act, autorizando o governo de Washington a cortar o fornecimento de urânio enriquecido aos países que não se submetessem à sua política e transferissem a terceiros tecnologia nuclear, porém Carter assegurou que aquela lei não se aplicava ao Acordo Nuclear Brasil-Alemanha.[60] O impasse, de qualquer forma, subsistiu, porque o Nuclear Non-Proliferation Act passara a exigir maiores salvaguardas e controles do que o Brasil estava disposto a aceitar para receber o combustível destinado à usina da Westinghouse (Angra I).[61] Os Estados Unidos então concordaram com a sua aquisição à Urenco, um consórcio europeu formado por Grã-Bretanha, Holanda e Alemanha. Àquela altura, a violação dos direitos humanos já não constituía problema, inclusive porque Geisel conseguira realmente conter os órgãos de repressão e se preparava para derrogar ao Ato Institucional nº 5, como passo decisivo para a restauração do Estado de Direito. E a maioria das controvérsias em torno das exportações de manufaturas do Brasil, às quais os Estados Unidos, a acusá-las de receberem subsídios, aplicavam sobretaxas aduaneiras, foi resolvida, entre 1976 e 1977, por meio de negociações que possibilitaram o assentimento de um *agreement* pelos dois países em março de 1979.[62]

As controvérsias comerciais, entretanto, não cessaram. Elas refletiam a crescente perda de complementaridade econômica, pelo menos nos termos tradicionais, a superposição dos perfis industriais, embora assimétricos, do Brasil e dos Estados Unidos, com o consequente debilitamento do comércio bilateral e a geração de fatores de conflito entre os dois países. Com efeito, seu comércio bilateral decaíra, nos anos 1970, para os mais baixos níveis, como nunca antes acontecera, pelo menos durante o século XX, para as importações, e por mais de cem anos, para as exportações do Brasil. A porcentagem dos Estados Unidos nas importações do Brasil, que subiram de 15%, em 1913, para 52%, em 1940, e 60%, em 1941, permanecendo ainda em níveis bastante elevados nos anos posteriores, começara a cair, na década de 1960, até atingir 13,8%, em 1974, e 11%, em 1975.[63] As exportações do Brasil para os Estados Unidos, que saltaram de 32%, em 1913, para 47%, em 1927, e alcançaram o ápice de 53%, em 1944, também se mantiveram acima dos 36%, até o início dos anos 1960, quando declinaram até atingir 26%, em 1971, 23%, em 1972, e menos de 20% nos anos seguintes.[64] Por outro lado, a participação da Europa (ocidental e oriental) nas exportações do Brasil ultrapassou a faixa dos 50% entre 1971 e 1972. Somente a Europa Ocidental absorveu 45,6%, em 1972, contra 43% no ano anterior, sendo a Comunidade Econômica Europeia responsável por 28,5%, contra 27,5%, em 1971.[65] A partir da ascensão de Geisel à presidência, em 1974, as exportações para a Europa (ocidental e oriental) continuaram a representar mais que o dobro das destinadas aos Estados Unidos, cuja participação nas importações brasileiras, durante aquele período, oscilou entre 15% e 17%, só se elevando uma vez, em 1978, a 21%,[66] possivelmente como resultado da rebaixa dos direitos compensatórios. Essa redução da dependência em relação ao mercado norte-americano alargava naturalmente o espaço internacional do Brasil e reforçava-lhe o poder de barganha. Mas o vertiginoso aumento da dívida externa, que saltou de US$ 17 bilhões, em 1974, para US$ 49 bilhões, em 1979, enquanto o déficit crônico do balanço de pagamentos, ao mesmo tempo, pulava de US$ 7 bilhões para US$ 10 bilhões,[67] passou a constituir o mais sério problema com que o governo de Figueiredo (1979-1985) se defrontou nas relações entre o Brasil e os Estados Unidos.

NOTAS

1 Sobre o capitalismo de Estado no Brasil ver Thomas Hurtienne, "Staat und Industrielle Kapitalakkumulation", in *Militär in Lateinamerika* — Forschungsprojekt am Lateinamerika (Institut der Freien Universität Berlim, 1980), p. 81-140. Karl-Christian Gothner, *Brazilien in der Welt von Heute* (Berlim: Staatsverlag der DDR, 1986), p. 56-73. Uma abordagem teórica geral encontra-se em Elmar Altvater, "Estado y Capitalismo — Notas sobre algunos problemas del intervencionismo estatal", in *Cuadernos Políticos*, Jul.-Sept. 1976, p. 9-30. Elmar Altvater y Carlos Maya, "Acerca del Desarrollo de la Teoría del CME después de la Segunda Guerra Mundial", in *Cuadernos Políticos*, Jul.-Sept. 1981, p. 8-24.
2 Ernesto Geisel, *Mensagem ao Congresso Nacional*, 1975, p. 79-81.
3 Id., p. 174.
4 Walder de Góes, *O Brasil do general Geisel* (Rio de Janeiro: Nova Fronteira, 1978), p. 171.
5 Ofício nº 174, 53.2 091, do diretor de Comunicações, Gen. A. C. de Andrada Serpa, ao chefe do Departamento de Engenharia e Comunicações, confidencial, DGAS.
6 Ib.
7 Ib.

8   Ib.
9   Hugo Abreu, *O outro lado do poder* (Rio de Janeiro: Nova Fronteira, 1979), p. 43.
10 Kurt Rudolf Mirow, *Loucura nuclear (Os "enganos" do Acordo Nuclear Brasil-Alemanha)* (Rio de Janeiro: Civilização Brasileira, 1979), p. 14.
11 Id., p. 14.
12 *Jornal do Brasil*, Rio de Janeiro, 6/6/1975, p. 5.
13 Ib., 5/6/1975, p. 4.
14 E. Geisel, op. cit., p. 145.
15 Ver Moniz Bandeira, "Continuidade e Mudança na Política Externa Brasileira", in *Revista Brasileira de Política Internacional*, ano XXIX, 1986/2, 115-116, p. 91-98.
16 Sobre essas decisões ver H. Abreu, op. cit., p. 49-56.
17 Id., p. 49-50.
18 Carlos Castelo Branco, "Uma nota de amadorismo", *Jornal do Brasil*, Rio de Janeiro, 21/2/1976, p. 2.
19 "Relatório Reservado" 484, ano IX, Rio de Janeiro, 6-12/1/1976.
20 Entrevista do ex-chanceler Azeredo da Silveira ao Autor, Rio de Janeiro, 20/7/1987. H. Abreu, *O outro lado do poder*, cit., p. 52-56.
21 Entrevista do ex-chanceler Azeredo da Silveira ao Autor, cit.
22 Id.
23 "Relatório Reservado" 484, ano IX, Rio de Janeiro, 6-12/1/1976.
24 *Visão*, São Paulo, 22/12/1975, p. 32-34.
25 Entrevista do ex-chanceler Azeredo da Silveira ao Autor, cit.
26 Id., *Jornal do Brasil*, Rio de Janeiro, 7/2/1976.
27 Entrevista do ex-chanceler Azeredo da Silveira ao Autor, cit.
28 Íntegra do discurso em *O Estado de S. Paulo*, São Paulo, 28/1/1976, p. 10.
29 Íntegra do discurso em *O Estado de S. Paulo*, São Paulo, 20/2/1976, p. 10.
30 Ib.
31 Entrevista do ex-chanceler Azeredo da Silveira ao Autor, cit.
32 *Folha de S. Paulo*, São Paulo, 27/2/1986.
33 Ib.
34 A. Nevins & H. S. Commager, op. cit., p. 657.
35 U.S. Senate — 94th Congress, 1st Session — Report n° 94.465 — *Alleged Assassination Plots Involving Foreign Leaders — An Interim Report of the Select Committee to Study Governmental Operations with Respect to intelligence activities*, Nov. 20, 1975.
36 R. Wesson, op. cit., p. 93.
37 Carta de Richard Nolan a Kissinger, Washington, 3/7/1975, DZA.
38 Carta de Frank Church a Kissinger, Washington, 24/7/1975, Sr. Church files — amnc/MD — S116, DZA.

39 *Jornal do Brasil*, Rio de Janeiro, 26/9/1976, p. 16.
40 Ib., 7/2/1976.
41 Entrevista do ex-chanceler Azeredo da Silveira ao Autor, cit.
42 Entrevista do general Antônio Carlos de Andrada Serpa ao Autor, Brasília, 13/3/1988.
43 R. Wesson, op. cit., p. 94.
44 *IstoÉ*, São Paulo, 16/3/1977, p. 11.
45 C. Meira Matos, op. cit., p. 103.
46 Id., p. 103.
47 Id., p. 104.
48 W. de Góes, op. cit., p. 160. Moniz Bandeira, *O eixo Argentina-Brasil*, cit., p. 66.
49 Carlos Conde, "Militares assumem a ação diplomática", *O Estado de S. Paulo*, São Paulo, 10/7/1977, p. 25.
50 Discurso de Ernesto Geisel in *Tratado de cooperação amazônica* (Brasília: Ministério das Relações Exteriores, 1978), p. 63.
51 Ib.
52 Parte do manifesto transcrita por H. Abreu, *O outro lado do poder*, cit., p. 141-143.
53 Ib.
54 Ib.
55 Id., p. 8.
56 Id., p. 159-160.
57 Hugo Abreu, *Tempo de crise* (Rio de Janeiro: Nova Fronteira, 1980), p. 93-109.
58 Percentagens calculadas com base nos dados fornecidos por *Estatísticas históricas do Brasil*, Séries Estatísticas Retrospectivas (Rio de Janeiro: IBGE, 1987), n° 3, p. 595.
59 R. Wesson, op. cit., p. 63.
60 Entrevista do ex-chanceler Azeredo da Silveira ao Autor, cit.
61 Depoimento de Thomas O. Enders, Secretário de Estado Assistente para os Assuntos Interamericanos, in *United States Brazilian Relations — Hearing before the Subcommittee on Inter-American Affairs of the Committee on Foreign Affairs — House of Representatives*, 97th Congress, 2nd Session, July 14, 1982 (Washington: U.S. Government Printing Office, 1982), p. 4 e 15.
62 R. Wesson, op. cit., p. 117.
63 *Brasil exportação — 1974* (São Paulo: Banas), p. 53-54. Waldyr Niemayer, *O Brasil e seu mercado interno*, Apêndice: Brasil-EUA, p. 142-143.
64 Ib.
65 *Brasil exportação — 1974*, cit., p. 64-65.
66 Banco Central do Brasil.
67 Ib.

Capítulo IX

O GOVERNO FIGUEIREDO E A CRISE DA DÍVIDA EXTERNA • AS DIVERGÊNCIAS COM OS ESTADOS UNIDOS SOBRE A ÁFRICA, O ATLÂNTICO SUL E A AMÉRICA CENTRAL • OS SENTIMENTOS ANTIAMERICANOS NAS FORÇAS ARMADAS • A GUERRA DAS MALVINAS • HIPÓTESE DE GUERRA COM OS ESTADOS UNIDOS NOS ESTUDOS DE ESTADO-MAIOR DO BRASIL • A ABERTURA POLÍTICA

O regime autoritário, buscando legitimar-se, desde 1967, pelo nacionalismo de fins, aproveitou o excesso de liquidez no mercado de euro-dólares e recorreu intensamente aos empréstimos internacionais, com o objetivo de acelerar o ritmo do desenvolvimento capitalista do Brasil e transformá-lo em grande potência mundial até o ano 2000. A elevação das taxas de juros em 1973, quando os Estados Unidos romperam o Smithsonian Agreement, e o choque do petróleo, cujos preços dispararam após a guerra árabe-israelense do Yom Kippur, naquele mesmo ano, evidenciaram, porém, o caráter perverso do endividamento externo e a alta vulnerabilidade da posição em que, como consequência, o Brasil se encontrava. Diante, então, de fortes pressões sobre o balanço de pagamentos, Geisel, ao assumir a presidência, tentou retificar aquele modelo de desenvolvimento, não só a respaldar a indústria de bens de capital e insumos básicos como a incentivar os programas do pró-álcool, o aproveitamento do carvão mineral, a industrialização da produção do óleo extraído do xisto betuminoso etc., a fim de reduzir a dependência em relação a fontes externas de energia, em particular do petróleo, do qual o Brasil era um dos maiores importadores do Ocidente. A autorização para que a Petrobras firmasse contratos de risco com empresas estrangeiras, considerada pelos que defendiam o nacionalismo de meios como quebra do monopólio estatal do petróleo, decorreu da necessidade de intensificar, em face daquela conjuntura, a produção do combustível em território nacional, sem dispêndio de divisas.

O Brasil, de qualquer forma, cresceu a taxas superiores a 7% a.a. entre 1974 e 1978 e o governo de Geisel continuou a recorrer aos empréstimos internacionais, mas para cobrir, sobretudo, a conta do petróleo e pagar os juros e o principal dos próprios empréstimos internacionais. E a situação se agravou ainda mais a partir de 1979, quando o presidente do Federal Reserve dos Estados Unidos, Paul Volcker, decidiu conter a contínua desvalorização do dólar por meio de nova elevação das taxas de juros, o que provocou outro choque do petróleo. As taxas de juros, desde então, não pararam de subir, saltando de 3% para 4% a.a., em 1973, para 22% e até 23% a.a. no início dos anos 1980, quando Ronald Reagan, com a vitória do Partido Republicano sobre Carter, empossou-se na presidência dos Estados Unidos e não só confirmou como ainda engravesceu a política do Federal Reserve. Ele adotou assim uma série de duras medidas monetárias e fiscais, fomentando o aumento das taxas de juros, de modo a combater a inflação, que ascendera de 7% a.a., em 1977, para cerca de 12% a.a., por volta de 1980, a atrair capitais da Europa Ocidental e do Japão para os Estados Unidos, cujo déficit orçamentário já era de US$ 59 bilhões, a dívida interna se aproximava dos US$ 800 bilhões e a balança comercial apresentava vultuoso e crescente saldo negativo.[1] O propósito de Reagan era recuperar a hegemonia financeira norte-americana sobre o sistema capitalista internacional a qualquer custo, mesmo aprofundando a pior crise econômica desde a Grande Depressão da década de 1930, e ele o demonstrou, explicitamente, ao promover tensões que recompusessem, no âmbito político-militar, os marcos estratégicos do conflito bipolar com a União Soviética como forma de submeter e realinhar os países do Ocidente sob o comando dos Estados Unidos.

Essa reação afetou seriamente o projeto econômico e os objetivos políticos do Brasil, a bater-se pelo próprio espaço como potência média em expansão. Sua dívida externa, da ordem de US$ 12,5 bilhões, em 1973, quando representava apenas o dobro do valor das exportações, cerca de US$ 6,1 bilhões, naquele ano, saltou para US$ 49,9 bilhões, em 1979, isto é, quadruplicou, enquanto a receita do comércio exterior, a atingir a cifra de US$ 15,2 bilhões, pouco mais do que duplicou no mesmo período.[2] Dessa forma, o endividamento externo, que servira para acelerar o desenvolvimento capitalista do Brasil, constituía também o meio mais seguro pelo qual os Estados Unidos, como principal credor, poderiam tutelá-lo e exercer pressões sobre suas políticas exterior, alfandegária e fiscal. E por isso mesmo se converteu em mais uma área de grave desentendimento, pois o Brasil, como país do Ocidente e desejando tornar-se parte do Primeiro Mundo, não queria aceitar nenhum sistema de poderes que lhe restringisse o acesso ao que entendia necessitar para prosseguir em seu esforço de desenvolvimento econômico e político. E sua resistência foi possível porque a extrema dependência financeira em que se empegou transformou-se, qualitativamente, em poder de barganha, uma vez que o volume do endividamento externo lhe deu capacidade de danificar, com consequências imprevisíveis, o sistema bancário norte-americano, ao qual, em 1982, devia cerca de US$ 16 bilhões, do total de US$ 62 bilhões, sem contar os empréstimos e financiamentos negociados por meio do mercado financeiro de Londres, onde mais de 60% das operações se realizaram.[3] O fato é que o Chase Manhatan Bank e outros grandes estabelecimentos financeiros dos Estados Unidos aplicaram no Brasil mais de 50% do seu capital e, em consequência, a dívida externa, ao avolumar-se, prendeu devedor e credor à mesma cadeia de recíproca dependência. O que interessava então aos banqueiros internacionais, norte-americanos ou europeus, era que o Brasil obtivesse saldo positivo em sua balança comercial, de maneira que pudesse sustentar o fluxo dos pagamentos de sua conta de serviços. A necessidade de captar divisas levou-o, portanto, a competir cada vez mais por fontes de comércio e de investimentos, intensificando sua expansão econômica na América Latina, na África e no Oriente Médio, a partir de uma identificação maior e mais transparente com as posições dos países do Terceiro Mundo, o que ampliava o campo de atritos com os Estados Unidos.

Naquelas circunstâncias, o governo de Figueiredo, que consolidou a abertura política, conciliando o Estado e a sociedade civil com a decretação, em 1979, da anistia geral, teve condições de resistir às pretensões norte-americanas, tais como a flexibilização da lei de remessas de lucros e o levantamento dos entraves à participação do capital estrangeiro no sistema bancário nacional, ao mesmo tempo em que reagia à tentativa de inclusão dos serviços nas regulamentações do Gatt, o que prejudicaria a competitividade de suas empresas de construção, já a operarem em vários países, sobretudo na África e no Oriente Médio. O Brasil, além do mais, rompeu o *agreement* com os Estados Unidos, em 1981, e voltou a conceder subsídios a suas exportações. As divergências, no entanto, não se restringiram a problemas das relações bilaterais, relativos a comércio, tecnologia e dívida externa. Os esforços dos Estados Unidos no sentido de recrutar o Brasil para as questões políticas e de segurança, no confronto com a União Soviética, fracassaram. Ele se recusou a apoiar as sanções contra a União Soviética, por causa da invasão do Afeganistão, bem como não endossou a posição dos Estados Unidos no caso da Polônia e se opôs a sua tentativa de intervenção na Nicarágua, quando o regime revolucionário da Frente Sandinista, instalada após a derrubada do ditador Anastacio Somoza (1979), derivou ainda mais para a esquerda.[4] Como o ex-embaixador norte-americano John H. Crimmins observou perante o Congresso dos Estados Unidos, a política exterior do Itamaraty, em suas diretrizes permanentes, dava primazia aos interesses econômicos e buscava reter a máxima liberdade de ação, evitando compromissos e obrigações que não se configuravam claramente no interesse do Brasil — interesse esse tal como só o Brasil definia.

Com efeito, a política exterior do governo de Figueiredo, sob a direção do embaixador Ramiro Saraiva Guerreiro, que fora secretário-geral do Itamaraty durante a gestão do embaixador Azeredo da Silveira, não só manteve como se aprofundou na direção traçada pelo governo de Geisel. O avanço da abertura política e a decretação da anistia geral libertaram-na de certos condicionamentos ainda residuais, devido à permanência, até então, do caráter internamente discriminatório e excludente do regime autoritário, dando-lhe consistência e credibilidade ao permitir que ela se avigorasse com o processo de redemocratização e coerentemente se apresentasse como pluralista, ecumênica e universal. A política externa fora até ali a única área na qual o regime autoritário recebera o aplauso da oposição. E evidentemente, naquelas circunstâncias, o Brasil não podia retroagir em suas posições internacionais, apesar do aumento de sua dependência financeira e de não querer, por isso, exacerbar as divergências com os Estados Unidos, não tomando posições de *high profile* de liderança. O Itamaraty, aliás, tendia a assumir atitudes mais fortemente críticas em face dos Estados Unidos, ao contrário dos Ministérios do Planejamento e da Fazenda, mais propensos a ceder. E contava, nesse particular, com a compreensão e o apoio cada vez maiores das Forças Armadas. A princípio, o *pragmatismo responsável* de Azeredo da Silveira sofreu restrições de alguns setores das Forças Armadas, embora recebesse o respaldo da Secretaria-Geral do Conselho de Segurança Nacional, dirigida pelo general Hugo Abreu, e, surpreendentemente, do chefe da Casa Civil de Geisel, o general Golbery do Couto e Silva, que antes fora um dos ideólogos da Escola Superior de Guerra e dos mais influentes colaboradores da administração de Castelo Branco, como fundador e primeiro chefe do Serviço Nacional de Informações.[5]

Mas as Forças Armadas, como instituição, começaram a defrontar-se, elas próprias, com a enérgica oposição dos Estados Unidos às suas demandas de desenvolvimento tecnológico, aos projetos nos quais estavam diretamente empenhadas, a exemplo do Acordo Nuclear com a República Federal da Alemanha, da fabricação e exportação de material bélico e, por fim, da implantação da indústria de informática, para a qual, em 1979, Figueiredo criou uma secretaria especial — Secretaria Especial de Informática (SEI) — subordinada à Secretaria-Geral do Conselho de Segurança Nacional, com a incumbência de orientar, planejar e impulsionar a expansão daquele setor. E tais atritos, sobretudo a partir de 1977, aviventaram, concretamente, os sentimentos antiamericanos nos militares, sensibilizando-os para uma política exterior mais identificada com as aspirações do chamado Terceiro Mundo, as quais se contrapunham, no mais das vezes, aos interesses dos Estados Unidos no confronto Norte-Sul. Dessa forma, a aliança tácita entre as Forças Armadas e o Itamaraty consolidou-se mediante uma convergência cada vez maior de percepções, como se evidenciou, quando o próprio general Otávio Medeiros, chefe do Serviço Nacional de Informações, viajou para o Suriname, colaborando com o chanceler Saraiva Guerreiro, a fim de oferecer ao general Bouterse apoio e linhas de crédito, de modo a impedir que ele recebesse a colaboração de Cuba e inflectisse ainda mais para a esquerda. Essa atitude contrariou frontalmente a política dos Estados Unidos, que como sempre se propunham a aplicar pressões e promover o bloqueio econômico contra aquele país, o que não convinha ao Brasil, pois poderia reproduzir em sua fronteira as tensões do conflito Leste-Oeste. O entendimento com a Argentina, após a solução, mediante o Acordo Tripartite (1979), da controvérsia sobre as quotas de Itaipu, resultou também da mudança de percepção das Forças Armadas, que passaram a considerar os Estados Unidos o principal obstáculo à independência econômica e tecnológica do Brasil e à sua ascensão ao *status* de grande potência. Os dois países trataram de superar, definitivamente, a rivalidade como vetor de seu relacionamento, e Figueiredo, em 1980, firmou com Videla, presidente da Argentina, 11 protocolos de cooperação, inclusive para a fabricação de aviões e mísseis, bem como no campo da energia nuclear.[6] Este último protocolo, particularmente, alarmou o governo de Washington,[7] uma vez que, além de possibilitar a colaboração e o avanço dos dois países em uma área tão sensível como a tecnologia nuclear, a Argentina se comprometia a fornecer ao Brasil 24 t de urânio.

A política do Brasil para a África voltou a constituir outro ponto de discordância e de preocupação para os Estados Unidos quando Reagan, ao iniciar sua administração, tomou um rumo ainda mais à direita e, em poucos meses, aqueceu as relações com a África do Sul, congelou a ajuda a Moçambique e abraçou os rebeldes da Unita, que, sob a liderança de Jonas Savimbi, lutavam em Angola com o objetivo de derrubar o governo de Agostinho Neto e destruir o regime revolucionário do MPLA.[8] Por outro lado, àquela época, o Brasil começara a aumentar sua influência e ampliar seus interesses naquele continente, onde, ademais de vender veículos Volkswagen a 22 países, tratores, equipamentos, armas e outras manufaturas, fazia vários investimentos, por meio de empresas estatais e privadas. Uma firma brasileira, por exemplo, construía o aeroporto e uma autoestrada na Mauritânia. Outra obteve todas as facilidades para edificar Abuja, a futura capital da Nigéria. E uma companhia de São Paulo — Pão de Açúcar S.A. — mantinha uma cadeia de 25 supermercados, abastecendo os residentes da Grande Luanda,[9] onde as linhas de crédito do Brasil e os soldados de Cuba ajudavam a sustentar, financeira e militarmente, o regime revolucionário do MPLA. O Brasil, em 1980, exportara mais para Angola do que para o Peru, país vizinho, e a expectativa era a de que, em 1981, seu comércio com a África ascendesse a US$ 2,5 bilhões.[10] Ao sair da posição marginal em que se mantivera devido ao regime autoritário, apesar de haver logo reconhecido a independência de Angola e Moçambique,[11] ele não podia aceitar, naquelas circunstâncias, o plano dos Estados Unidos, como integrante do Grupo de Contato, para a Namíbia (território ilegalmente controlado pela África do Sul), ao qual os países envolvidos na questão — Angola, Moçambique, Zâmbia, Zimbábue e Botsuana — resistiam por julgá-lo favorável ao governo de Pretória.[12] O Itamaraty, com efeito, não endossou e se eximiu de qualquer comprometimento com as gestões do Departamento de Estado,[13] ao mesmo tempo em que o chanceler Saraiva Guerreiro, além de denunciar as incursões da África do Sul contra Angola e Moçambique, condenava sua política de segregação racial — *apartheid* — como "crime contra a humanidade", o que quase a levou a romper relações diplomáticas com o Brasil.[14] O governo de Figueiredo também se opôs à proposta, articulada pelos Estados Unidos, para o estabelecimento de um pacto político-militar envolvendo a África do Sul e a Argentina, no Atlântico Sul, nos moldes da Organização do Tratado do Atlântico Norte (Otan), firmado, em 1949, com os países da Europa Ocidental.[15]

A solidariedade com a África negra, no entanto, não decorria apenas de interesses econômicos e comerciais. Ela se fundamentava, igualmente, em uma percepção geopolítica de segurança nacional, que apontava para a necessidade de permanência do Brasil na costa ocidental daquele continente, considerada sua *fronteira leste*, de modo a fortificar suas posições e atenuar a trama de tensões internacionais, mesmo à custa do apoio a regimes de esquerda, porquanto, se não havia condições de afastar da região a União Soviética, o esforço devia ser no sentido de contrabalançar e neutralizar-lhe a influência, impedindo que aqueles países, como Angola, ficassem inteiramente à sua mercê, por falta de alternativa. O Atlântico Sul, assim, tornar-se-ia cada vez mais um "mar interior", um "mediterrâneo vital", que possibilitava a soldadura estratégica do conjunto (África Ocidental e América do Sul), permitindo ao Brasil, como o general Golbery do Couto e Silva previra, realizar "um grande destino tão incisivamente indicado na disposição eterna das massas continentais quando lhe soar a hora, afinal, de sua efetiva e ponderável projeção além-fronteiras".[16]

O Atlântico Sul apresentava importância vital para a segurança dos Estados Unidos, dado que o carregamento de petróleo do Golfo Pérsico, circundando o Cabo da Boa Esperança, transitava por suas linhas marítimas, com destino ao Caribe e à Europa Ocidental.[17] E os militares norte-americanos receavam que a União Soviética, a dispor de impressionante aparato de submarinos e cruzadores antissubmarinos, viesse a estabelecer bases através do Atlântico Sul (de Luanda e Conakry para as Ilhas Canárias e Cabo Verde), onde seria a área de maior poder de confrontação. O fato de dominar a maior parte da costa oriental daquele oceano e quase toda a extensão da rota, desde o Cabo da Boa Esperança (África do Sul), passando pelo gargalo entre Natal e Dacar, até às proximidades da Bacia do Caribe, conferia ao Brasil, portanto, fundamental relevância estratégica para a proteção do tráfego marítimo, em uma área de circulação alternativa e que se tornaria obrigatória caso o Canal de Suez entrasse em colapso.

Mas, desde Carter, o governo de Washington passava a vê-lo com suspeita e desconfiança.[18] Não só inúmeras contendas sobre tecnologia, comércio, investimentos etc. esgarçaram as relações bilaterais do Brasil com os Estados Unidos, como sua política exterior, ao não aceitar o alinhamento com as diretrizes do Departamento de Estado, afigurava-se-lhes cada vez mais abertamente ambígua e duvidosa.[19] A transformação do Atlântico Sul em "lago brasileiro"[20] naturalmente não lhes convinha e tal possibilidade preocupava o governo de Washington, em virtude da crescente presença do Brasil nos países da África Ocidental, sobretudo Angola, bem como Guiné-Bissau e Cabo Verde, onde apoiava regimes de esquerda, em tácita aliança com a União Soviética e Cuba. Em caso de emergência, essa posição aumentaria, enormemente, seu poder de barganha. Por isso, o general Alexander Haig, secretário de Estado de Reagan, suspendeu as sanções impostas pela administração de Carter à Argentina, acusada de violar os direitos humanos, e buscou uma aliança informal com a Junta Militar que a governava, a fim de a contrapor ao Brasil no Atlântico Sul.[21] Essa política contou com o respaldo da embaixadora norte-americana na ONU, Jeane Kirkpatrick, e de Roger Fontaine, no Conselho de Segurança Nacional.[22] A ascensão do general Leopoldo Galtieri (1981) facilitou os entendimentos, dos quais, ao que se informava, o general Vernon Walters, como embaixador especial, participou. E a Junta Militar decidiu colaborar com a política de Reagan para a América Central, enviando a El Salvador assessores em contrainsurreição e agentes dos seus serviços de inteligência, que, com experiência na *guerra suja* da Argentina,[23] treinariam as tropas daquele país no combate ao movimento guerrilheiro da Frente de Libertação Nacional Faribundo Marti, bem como participariam de operações secretas contra o regime sandinista da Nicarágua.[24]

Em princípio de 1982, militares e altos funcionários argentinos e norte-americanos viajaram frequentemente entre Washington e Buenos Aires. E das conversações mais íntimas a Junta Militar concluiu, correta ou incorretamente, que os Estados Unidos estariam interessados em uma solução favorável à Argentina, no caso das Malvinas/Falklands, como condição quase imprescindível ao estabelecimento de uma adequada estrutura defensiva no Atlântico Sul, *globalizando* a segurança continental, com um cordão de bases militares, capazes de enfrentar e conter a União Soviética.[25] Colômbia cederia a ilha de San Andrés, na região oriental do Caribe, a 150 km distante da Nicarágua, e se a Argentina recuperasse a soberania sobre as Malvinas/Falklands, poderia depois oferecê-las aos Estados Unidos, mediante arrendamento ou associação, para a montagem de uma base militar (conjugada com outra a ser instalada na Patagônia),[26] o que a Grã-Bretanha não quisera ou relutara em fazer, a fim de não provocar controvérsia internacional, devido à situação litigiosa em que aquelas ilhas sempre se encontraram. Galtieri e seus colegas da Junta Militar não perceberam que as Forças Armadas, como Rogélio Garcia Lupo observou, mandavam em Buenos Aires mas não mandavam em Washington.[27] E, por ingenuidade e estupidez, sentiram-se assim autorizados a promover a aventura, acreditando que os Estados Unidos, no interesse próprio e como pagamento pela colaboração da Argentina na América Central, contivessem a Grã-Bretanha e esta se limitasse a protestos verbais.[28] Nesse caso, com a reconquista das Malvinas, a Junta Militar robusteceria seu prestígio interno e recobraria o fôlego para entorpecer, por algum tempo, as crescentes dificuldades econômicas, sociais e políticas, que já ameaçavam seriamente a sua estabilidade.

Após a invasão, em 2 de abril de 1982, o secretário de Estado, Alexander Haig, procurou intermediar o conflito. Fracassou. Reagan, a enfrentar fortes pressões internas e externas para uma definição contra a Argentina, enviou o general Vernon Walters a Buenos Aires, com a missão de exigir de Galtieri a retirada de suas tropas do arquipélago.[29] E como Galtieri não mais tinha condições de recuar, pois conseguira a coesão nacional ao reacender militarmente uma causa quase sagrada para a Argentina, aos Estados Unidos não restou como alternativa, em face da opinião pública norte-americana e dos seus compromissos com a Otan, senão apoiar oficialmente a Grã-Bretanha, cuja esquadra já navegava na direção do Atlântico Sul, com o objetivo de recuperar a posse das Malvinas. A tragédia revelou então os equívocos da comédia. Disposta semana antes a alinhar-se incondicionalmente com a política de Reagan, ao ponto de envolver-se nos conflitos da América Central, a Argentina de Galtieri viu-se na contingência de confrontar-se com os Estados Unidos, a sustentarem, com a logística, as operações militares da Grã-Bretanha, e de quase aliar-se com a União Soviética. Por sua vez, o Brasil, conquanto

PRINCIPAIS EMPRESAS ENVOLVIDAS NO ESFORÇO BÉLICO

Empresa	Produtos	Localização
ABC Teleinformática (*)	Simuladores de voo (Tucano e Brasília)	Rio de Janeiro
Datanav Engenharia (*)	Console e radar	São José dos Campos
Ensec Engenharia (*)	Segurança de Instalações	São Paulo
SFB Informática	Segurança de instalações e controle de avarias	Rio de Janeiro
Avibras	Foguetes, mísseis e sistemas de controle de armas	São José dos Campos
Engetrônica	Aviônicos	São Paulo
Prólogo (*)	Criptógrafos, espoleta eletrônica de aproximação	Brasília
Embraer (*)	Aeronaves	São José dos Campos
Elebra Telecom	Console de radar	São Paulo
Equitel	Radar, sensores	São Paulo
Ericsson	Radar	São Paulo
Ind. Reunidas Caneco	Estaleiros, sistemas navais	Rio de Janeiro
Siteltra	Aviônicos, radiocomunicação	São Paulo
Tecnasa	Radar, comunicações	São José dos Campos
Bernardini	Tanques, canhões	São Paulo
Aeromot	Aviônicos	Rio Grande do Sul
Helibras	Helicópteros	Itajubá (Minas Gerais)
Órbita	Foguetes, mísseis, sistemas especiais	São José dos Campos
ABC Sistemas	Aviônicos	São Paulo
Pirelli	Aviônicos	São Paulo
EDE	Aviônicos	São Paulo
Microbab	Sistemas navais	Rio de Janeiro
Ferranti do Brasil	Sistemas navais	Rio de Janeiro
Engesa	Tanques, carros de combate	São Paulo

(*) Empresas que tinham projetos para a área militar na Secretaria Especial de Informática.

não aprovasse a invasão como forma de resolver o litígio, decidiu pela neutralidade, mas uma neutralidade imperfeita, que na prática favorecia a Argentina, ao conceder-lhe ajuda material, inclusive militar — peças de reposição de material bélico e alguns aviões, enquanto assumia a representação de seus interesses na Grã-Bretanha. Essa solidariedade, sobretudo militar, surpreendeu a muitos — principalmente nos Estados Unidos — que sempre viram as relações entre os dois países pelo estereótipo da rivalidade. O Brasil, na verdade, sempre defendera, ao nível diplomático, a soberania da Argentina sobre as Malvinas, cuja localização no Atlântico Sul apresentava importância estratégica para a sua segurança. A revelação de que os Estados Unidos pretendiam instalar uma base militar naquelas ilhas, distantes 40 milhas da rota do petróleo, induziu alguns militares e diplomatas a avaliarem que esse projeto não visava apenas à defesa contra a União Soviética, mas, também, a conter o Brasil. O embaixador Álvaro Teixeira Soares, ex-diretor do Departamento Político-Diplomático do Itamaraty, observou que uma base militar nas Malvinas funcionaria como "chave do Atlântico Sul", abrindo para os Estados Unidos a possibilidade de fiscalizar o transporte de todo o petróleo procedente do Oriente Médio e vedando qualquer pretensão do Brasil à Antártida.[30]

Na verdade, apesar da Doutrina Monroe, os Estados Unidos nunca reconheceram a soberania da Argentina sobre as Malvinas e entenderam que o Tiar não implicava nenhum compromisso de a defender, uma vez que ela iniciara o conflito, ao atacar um território sob o domínio da Grã-Bretanha.[31] Não se tratava, porém, de a defender. A solidariedade política e militar, que Reagan prestou à Grã-Bretanha, dando-lhe toda a assistência logística para o ataque às forças da Argentina, foi o que assestou profundo golpe no já agonizante sistema interamericano, por tirar-lhe toda a credibilidade e confiabilidade, e confirmou a justeza das diretrizes de não alinhamento da política exterior do Brasil. Se dúvidas porventura ainda existiam, em setores das Forças Armadas, elas se desvaneceram, ao evidenciar-se-lhes, com aqueles acontecimentos, que os países da América Latina não podiam contar com os Estados Unidos para a sua defesa e que o Tiar e a OEA só funcionavam para servir aos seus interesses nacionais, como grande potência, no conflito Leste-Oeste. E alguns militares quiseram, a princípio, maior engajamento do Brasil em favor da Argentina. A Guerra das Malvinas, de qualquer forma, reforçou a decisão do governo de Figueiredo de não renovar as relações militares com os Estados Unidos, conforme Frank Carlucci, subsecretário de Defesa, propusera. Um oficial-general declarou ao *Jornal do Brasil* que, se Carter começara a deteriorar as relações militares entre Brasil e Estados Unidos, Reagan "acelerou o processo".[32] E outro oficial salientou que os Estados Unidos não mais seriam vistos como "tradicional aliado militar", pois, ao invés de assumirem uma posição de neutralidade, no caso específico, mostraram aos países latino-americanos que sua aliança com a Otan era "mais forte e mais importante" que o Tiar.[33]

Essa percepção, em que os Estados Unidos já não mais se apresentavam como aliado confiável e sim como possível rival, consolidou, tanto no Brasil quanto na Argentina, as tendências para a cooperação, sobretudo entre suas Forças Armadas, levando ambos os países a modificarem suas doutrinas militares. A possibilidade de uma contenda (*Streite*), no futuro, entre a América do Norte e a América do Sul, conforme Hegel, no século XIX, previra,[34] revelara-se, afinal, muito mais factível do que se podia imaginar. E o próprio ministro da Aeronáutica, brigadeiro Délio Jardim de Matos, admitiu, publicamente, que o conflito no Atlântico Sul introduziu nos estudos de Estado-Maior nova hipótese de guerra (HG), não prevista até aquele momento, ou seja: "um conflito envolvendo o Brasil e um país do Bloco Ocidental, situado no hemisfério norte, muito mais poderoso econômico e militarmente, devendo para tal o Brasil contar com seus próprios recursos".[35]

As hipóteses de guerra (HG) para estudos de Estado-Maior consideravam, até então, as guerras internas ou de guerrilha, conflitos regionais, envolvendo um ou outro país da América do Sul (a hipótese de guerra com a Argentina constituiu, durante muito tempo, uma das principais), guerras fora do continente, caso em que o Brasil teria de enviar contingentes para outras regiões, como a Itália, em 1943, e a República Dominicana, em 1965, e, finalmente, a possibilidade de ataque de países comunistas e uma conflagração generalizada. A partir da Guerra das Malvinas, porém, a hipótese de guerra com os Estados Unidos passou a constituir objeto de estudos nas Forças Armadas, que consideravam o Brasil no "caminho certo", ao desenvolver sua própria indústria de material bélico, a fim de não depender somente de suprimento externo, e orientar os militares no sentido de crescente profissionalização.[36] Segundo o ministro da Aeronáutica, com o qual o Exército e a Marinha concordavam, o conflito armado entre a Grã-Bretanha, com o apoio dos

Estados Unidos, e a Argentina, possibilitou às Forças Armadas tirarem algumas lições, como:

1. uma nova hipótese de guerra surgira no teatro de operações e devia, portanto, ser introduzida nos estudos de Estado-Maior;
2. o desenvolvimento de uma indústria nacional se tornava urgente e o conflito serviu para comprovar que o Brasil se encontrava no caminho correto, o de nacionalizar seu material bélico, sem, contudo, desprezar a importação do material mais sofisticado e que não pode fabricar a curto prazo;
3. o armamento nacional devia estar mais voltado para a defesa, como, no caso particular da Força Aérea Brasileira, a fabricação de aviões de patrulha e de detecção antissubmarinos — alguns dos quais foram cedidos à Argentina sob o disfarce de exportação para aquele país, durante a Guerra das Malvinas — e a implantação do Sistema Integrado de Defesa Aérea e Controle de Tráfego Aéreo.

O corte de suprimento pela Comunidade Econômica Europeia e pelos Estados Unidos, deixando a Argentina a ter de recorrer a países vizinhos, sobretudo o Brasil, em busca de peças de reposição para as suas fragatas, tanques e aviões, comprados, anteriormente, à Grã-Bretanha, Alemanha e França, alertou as Forças Armadas, conforme o ministro Délio Jardim de Matos declarou, para a necessidade de acelerar o crescimento e diversificar ainda mais a indústria nacional de material bélico e inverter o binômio segurança/desenvolvimento.[37] A atitude dos Estados Unidos, ao solidarizar-se militarmente com a Grã-Bretanha e decretar sanções econômicas e comerciais contra a Argentina, mostrou também o erro que se cometeria de destinar as Forças Armadas apenas às tarefas de contrainsurreição e defesa interna, como os Estados Unidos, desde a administração de Kennedy, propunham e a doutrina das *fronteiras ideológicas* de Castelo Branco aceitava, pois colocaria o Brasil à completa mercê dos seus desígnios e prepotência.

O que tornava tal percepção ainda mais aguda, àquela época, era o fato de que o contencioso do Brasil com os Estados Unidos se ampliava, dificultando enormemente suas relações bilaterais, tanto econômicas quanto políticas. Além dos problemas já crônicos, tais como o fornecimento de urânio enriquecido para a usina nuclear da Westinghouse (Angra I), porque o Brasil não concordava em submeter todo o seu programa às salvaguardas da Agência Internacional de Energia Atômica, as sobretaxas aduaneiras que penalizavam suas exportações de chapas de aço, carbono, calçados, ferro de construção, tubos de aço com costura, tesouras, óleo de mamona, têxteis e material aeronáutico, não lhe permitindo obter superávits de modo a equilibrar a balança comercial, e, *last but not least,* o vertiginoso aumento das taxas de juros sobre os empréstimos internacionais, outros já se configuravam e tendiam a complicar ainda mais aquela situação. Os Estados Unidos propuseram e o Banco Mundial aceitou o sistema de *graduação,* pelo qual os países com maior renda *per capita,* considerados desenvolvidos e entre os quais o Brasil já se situava, não mais teriam acesso aos recursos daquele estabelecimento de crédito, cujos juros eram os mais baixos e os prazos, os mais longos. E as projeções existentes no Departamento de Estado indicavam que o Brasil, que já era a décima economia mundial e a oitava do sistema capitalista, estaria no quinto lugar do *ranking,* por volta de 1990, quando então, como a segunda nação americana industrialmente desenvolvida, depois dos Estados Unidos, transformar-se-ia em grande potência mundial.[38] Os Estados Unidos, a fim de proteger sua própria produção, bem como a cobrança de pesadas tarifas sobre as importações de etanol, ameaçavam também cortar em mais de 2/3 as quotas de açúcar brasileiro, da ordem de 1,1 milhão de toneladas, em 1981, para 300 mil, em 1982. Outras notícias anunciavam que o governo de Washington executaria um programa para o reforço da América Central e do Caribe, especialmente da República Dominicana, substituindo as importações procedentes do Brasil pelos produtos subsidiados daquelas regiões.

Por tais razões, *inter alia,* Figueiredo não quis cancelar sua visita oficial aos Estados Unidos, já fixada antes da eclosão da Guerra das Malvinas, mas reduziu o programa de atividades e suspendeu os eventos festivos, como forma de manifestar constrangimento. Nem ao Brasil nem aos Estados Unidos, no entanto, convinha agravar suas controvérsias econômicas e políticas. O próprio Reagan reconheceu a existência de: *"quite some ill feelings between Brazil and the United States for some time".*[39]

Conquanto o governo de Washington efetivasse o corte da quota de açúcar, às vésperas da visita de Figueiredo, a questão das Malvinas tornou-se, na verdade, o tópico principal de sua discussão com Reagan. Ambos os presidentes manifestaram claramente suas divergências e apenas coincidiram no interesse comum do Brasil e dos Estados Unidos de evitar que o conflito resultasse em instabilidade ou polarização na Argentina.

O Brasil apoiara, aliás, os esforços de mediação de Haig, com o qual Saraiva Guerreiro mantivera alguns encontros, e, quando fracassaram, passou a respaldar a intermediação do secretário-geral da ONU, apresentando propostas para uma solução negociada do conflito, que finalmente terminou com a retomada das Malvinas, à força das armas, pela Grã-Bretanha.[40]

A visita oficial de Figueiredo a Washington não contribuiu para superar, sensivelmente, os litígios econômicos e comerciais, bem como os impasses políticos, que abalavam as relações entre os dois países, a atravessarem sua pior crise, desde a denúncia do Acordo Militar, em 1977. Quatro meses depois, em setembro de 1982, oito categorias de produtos brasileiros, tais como têxteis, aviões, suco de laranja, frangos e café, ainda constituíam problemas para a administração de Washington, que esperava ter de enfrentar mais um, em virtude do interesse de uma companhia brasileira em obter o contrato de suprimento das turbinas para a construção do gasoduto, que ligaria a União Soviética à Europa Ocidental.[41] Sete processos contra diferentes produtos brasileiros, acusados de receberem subsídios ou prejudicarem seus concorrentes norte-americanos, aguardavam também solução. A International Trade Commission, igualmente, examinava uma queixa da Fairchild, indústria de aviões, contra a sua rival brasileira, a Embraer, por prática de *dumping* com a venda dos Bandeirantes. E o Befiex, programa que, a partir da década de 1970, beneficiara as multinacionais, como Ford, General Motors e General Electric, permitindo-lhes transplantar fábricas para o Brasil com o objetivo de montar *export-plataforms,* constituía outro ponto de controvérsia.[42] O governo de Figueiredo receava então que a *graduação* do Brasil pelo Banco Mundial servisse ainda como critério para a administração de Washington excluir, como já o fizera em 1981, mais produtos do Brasil do sistema geral de preferências, através do qual 12% de suas exportações entravam nos Estados Unidos, sem pagamento de direitos.[43]

O comércio bilateral entre os dois países, em 1981, alcançou o montante de US$ 8 bilhões, nos dois sentidos, e, pela primeira vez em muitos anos, exceto 1978, obteve um superávit da ordem de US$ 670 milhões. Os Estados Unidos, àquela época, absorviam aproximadamente 18% das exportações brasileiras, sendo as mais importantes, além de café e açúcar, os manufaturados, ferro e aço, bem como lhes forneciam cerca de 19% de suas importações.[44] O que tornou, porém, mais dramático o esforço de exportação do Brasil, sobretudo para os Estados Unidos, foi a necessidade de acumular divisas, a qualquer custo, para enfrentar a séria crise do seu balanço de pagamentos, que se agravou em 1980 em consequência do segundo choque do petróleo e da alta das taxas de juros da dívida externa. De 1979 para 1980, seu déficit comercial subira de US$ 2,7 bilhões para cerca de US$ 3 bilhões.[45] O governo de Figueiredo, sendo Delfim Neto o ministro da Fazenda, adotou então rigoroso programa de medidas monetárias e fiscais, e o Brasil entrou em recessão, sem que a inflação declinasse, mas conseguiu um superávit comercial de US$ 1,2 bilhão.[46] Entretanto, Reagan aplicou, nos Estados Unidos, uma série de duras medidas monetárias, combinadas com cortes de impostos e aumento das despesas militares — a *reaganomics*, como os norte-americanos denominaram sua política — e forçou nova alta dos juros. Evidentemente, naquelas circunstâncias, qualquer aumento de 1% sobre a dívida externa do Brasil, cerca de US$ 70 bilhões, significava uma pressão de mais US$ 700 milhões sobre seu balanço de pagamentos, o que anulava todo o seu esforço de exportação e o compelia a recorrer, novamente, aos banqueiros internacionais.

Por essa razão, em setembro de 1982, Figueiredo compareceu à abertura da Assembleia-Geral da ONU e pronunciou enérgico discurso, no qual criticou indiretamente as políticas dos Estados Unidos, denunciando que

> a interdependência entre as nações parece, por vezes, degenerar em tentativas de reconstrução de quadros hegemônicos ou sistemas de subordinação, que em nada contribuem para a prosperidade, seja no mundo industrializado, seja do mundo em desenvolvimento. Como em muitos casos praticada, a interdependência parece reduzir-se a um novo nome para a desigualdade.[47]

Segundo ele, os esforços do Terceiro Mundo no sentido de modificar quadros normativos, estruturas de decisão e regras operacionais discriminatórias, em instituições como o FMI, o Banco Mundial e o Gatt, entre outras, foram infrutíferos, pois as postulações, repetidas havia anos ou mesmo décadas, chocavam-se contra a "impenetrável muralha do poder de veto de uns poucos, capaz de sobrepor-se às mais óbvias considerações de racionalidade ou às mais fundadas pretensões de equidade".[48] Figueiredo ainda atacou a relutância da administração de Reagan em expandir os fundos para o FMI e para a Agência Internacional de Desenvolvimento, ramo do Banco Mundial que concedia empréstimos aos países em desenvolvimento a taxas de juros mais favoráveis, ao afirmar que, paradoxalmente "certos países" procuravam manter seu controle sobre organizações que pareciam condenar, "senão ao desaparecimento, pelo menos à insignificância", tão grande era a assimetria entre as necessidades crescentes de seus filiados e os recursos financeiros à sua disposição. Em outra alusão às políticas dos Estados Unidos, ele disse que os princípios de livre comércio não podiam limitar-se — seletiva e arbitrariamente — aos fluxos de capital enquanto a transferência de tecnologia continuava cerceada e se inibia a capacidade de atuação dos países em desenvolvimento. E, após atacar as "barreiras protecionistas intransponíveis" e a elevação das taxas de juros, denunciou que "a política econômica das grandes potências está destruindo riquezas sem nada construir em seu lugar".[49]

Figueiredo advogou assim uma urgente revisão do sistema monetário internacional, "que não podia constituir-se em um fator de turbulência, deixado ao arbítrio das variações unilaterais da política econômica de umas poucas grandes potências".[50]

O conflito entre o Sul e o Norte, aprofundado pela alta das taxas de juros, não importava fundamentalmente à administração de Reagan. Seu interesse se concentrava, acima de tudo, no conflito Leste-Oeste e se ressentia porque o Brasil não só não acompanhava como se opunha às suas políticas, rechaçando inclusive a proposta de pacto militar no Atlântico Sul, as quais, como Figueiredo veladamente referiu, concorriam para ampliar o "processo de transferência de tensões" geradas pela confrontação entre as superpotências para as regiões menos desenvolvidas do Terceiro Mundo.[51] Entretanto, o colapso financeiro do México e, em seguida, o severo discurso de Figueiredo, a produzir, como advertência, forte impacto nos Estados Unidos, convenceram Reagan a voltar-se para o Brasil e a intervir, por meio de gestões diretas de Donald Regan, secretário do Tesouro, no sentido de evitar sua iminente *default,* a moratória unilateral, dado que a crise do seu balanço de pagamentos, sem conseguir novos recursos, agravara-se ao extremo exatamente naquela ocasião.[52] A bancarrota do Brasil, repetindo-se o caso do México, acarretaria consequências imprevisíveis para o sistema financeiro internacional. O próprio ministro Delfim Neto, voluntariamente, já tomara novas medidas de austeridade, antecipando-se às exigências do FMI. E das conversações, na ONU, entre Figueiredo e George Schultz, que substituíra Haig como secretário de Estado, surgiu a ideia da viagem de Reagan ao Brasil, o que ocorreu, cerca de dois meses depois, em 30 de novembro de 1982. Ao que tudo indica, os entendimentos entre os dois presidentes possibilitaram então o alívio das restrições aduaneiras nos Estados Unidos, como consequência imediata e concreta, de sorte que o Brasil pudesse incrementar suas exportações para aquele país e, obtendo saldos positivos, tivesse condições de atender aos serviços da dívida externa. Com efeito, a participação dos Estados Unidos nas exportações do Brasil, que passou a obter consecutivos superávits, saltou de 17,5%, em 1980, para 20%, em 1982, 23%, em 1983, 28,5%, em 1984, nível em que mais ou menos se manteve até 1987, quando ligeiramente declinou para 25,9%.[53] Por outro lado, o déficit do Brasil com os Estados Unidos, no item de serviços, subiu da média anual de US$ 2,8 bilhões, entre 1978 e 1981, para US$ 5,5 bilhões, entre 1982 e 1986, praticamente duplicando.[54] Suas transferências líquidas de recursos reais para o exterior montaram, de 1983 ao final de 1986, a US$ 39 bilhões, o equivalente a 39% da dívida externa.[55] Assim, desde 1980, o Brasil remeteu para o exterior, como renda líquida, cerca de US$ 64 bilhões, dos quais US$ 56 bilhões, a título de juros,[56] importância esta que se elevaria a US$ 75 bilhões, se considerado o período a partir de 1977.[57] Tais encargos agravaram enormemente o problema do déficit público, pois obrigavam o Estado, como principal devedor, a emitir cada vez mais para os financiar. Com isso, a inflação recresceu, atingindo cerca de 200% a.a, enquanto o país, com o PIB *per capita* a cair -4,2%, em 1981, 0,8, em 1982, e -4,8%, em 1983, abismava-se em profunda recessão, culminando um processo iniciado por volta de 1973-74, após o primeiro choque do petróleo. Em 1982, através de eleições diretas, a oposição ganhou os governos de vários Estados, entre os quais São Paulo e Minas Gerais, com Franco Montoro e Tancredo Neves, do Partido do Movimento Democrático Brasileiro (PMDB), bem como o Rio de Janeiro, com Leonel Brizola, pelo Partido Democrático Trabalhista (PDT). E a formidável mobilização popular pela convocação imediata de eleições diretas para a presidência da República (o movimento das Diretas-Já), entre 1983 e 1984, embora não alcançasse seu objetivo, possibilitou a desintegração do Partido Democrático Social (PDS), rótulo novo da Arena, a base de sustentação parlamentar do regime autoritário, e a vitória de Tancredo Neves, do PMDB, para substituir Figueiredo. No entanto, em consequência do falecimento de Tancredo Neves (1985), seu vice-presidente, José Sarney, dissidente do PDS, assumiu o governo. Assim, vinte anos depois, o regime autoritário esbarrondou-se, deixando o Brasil como a oitava massa econômica do mundo capitalista, com um PIB de US$ 230 bilhões, em 1984, mas também com um nível de concentração de renda — 50% em poder de apenas 10% da população, segundo o Banco Mundial — superior ao do Nepal, Quênia, Panamá e Peru.[58] E as áreas de atrito com os Estados Unidos, que Castelo Branco pretendeu eliminar, eram muito mais amplas e profundas que no período anterior ao golpe de Estado de 1964, na medida em que eles contrariavam e se opunham, inclusive, aos interesses diretos das próprias Forças Armadas brasileiras.

NOTAS

1   A. Nevins & H. S. Commager, op. cit., p. 654.
2   Entrevista do ministro da Indústria e Comércio, José Hugo Castelo Branco, ao *Correio Braziliense*, Brasília, 4/1/1988, p. 7.
3   *United States-Brazilian Relations — Hearing before the Subcommittee on Inter-American Affairs*, cit., p. 16 e 28.
4   Ib., p. 16 e 38.
5   Carlos Chagas, "Brasil amplia a influência diplomática", *O Estado de S. Paulo*, São Paulo, 8/2/1981, p. 7. Walder de Góes, "As eleições americanas e a sucessão brasileira", in Celso Lafer et al., *Brasil-Estados Unidos na transição democrática*, Mônica Hirst (org.) (Paz e Terra, 1985), p. 136.
6   Ver detalhes em Moniz Bandeira, *O eixo Argentina-Brasil*, cit., p. 67-69.
7   Riordan Roett e Gunnar Wiegand, *The Role of Argentina and Brazil — A View from the United States — Sais* (Washington, D.C.: Center of Brazilian Studies, John Hopkins School of Advanced International Studies), p. 28.
8   Jim Brooke, "Brazil's Ambitions Expansion Into Africa Runs Counter to U.S. Tack", *The Washington Post*, Washington, 15/4/1981, p. A-27.
9   Ib.
10   Ib.
11   Wayner A. Selcher, "Brazil in the Global Power System", *Occasional Papers Series* n. 11, Center of Brazilian Studies, Nov. 1979, p. 13.

12 Depoimento de Thomas O. Enders, secretário de Estado Assistente para os Assuntos Interamericanos, in *United States-Brazilian Relations — Hearing before the Subcommittee on Inter-American Affairs*, cit., p. 16.
13 Ib.
14 J. Brooke, cit.
15 Depoimento do ex-embaixador John Crimmins, *United States-Brazilian Relations — Hearing before the Subcommittee on Inter-American Affairs*, cit., p. 38. Albert Fishlow, "The United States and Brazil: The Case of the Missing Relationship", *Foreign Affairs*, vol. 60, n° 4, 1982, p. 920.
16 Couto e Silva, *Geopolítica do Brasil* (Rio de Janeiro: José Olympio, 1955), p. 219.
17 L. Schoultz, op. cit., p. 186.
18 R. Roett et al., loc. cit., p. 2-3.
19 Ib.
20 J. Brooke, cit.
21 Roett et al., loc. cit., p. 2-3. Depoimento do ex-embaixador John Crimmins, loc. cit., p. 59.
22 Roett et al., loc. cit., p. 2-3.
23 Assim denominada a sangrenta repressão das Forças Armadas argentinas contra as guerrilhas urbanas e rurais do Exército Revolucionário do Povo (ERP), organização de tendência trotskista, e dos Montoneros, depois do golpe de Estado que derrubou a presidente Isabelita Perón em 1976.
24 Roett et al., loc. cit., p. 2-3. L. Schoultz, op. cit., p. 188.
25 Newton Carlos, "Definindo o papel dos EUA na crise", *Folha de S. Paulo*, São Paulo, 7/5/1982, p. 8.
26 Rogelio Garcia Lupo, *Diplomacia Secreta y Rendición Incondicional* (Buenos Aires: Legasa), p. 8, 10, 45-7, 51, 180-181. Libório Justo, *Argentina y Brasil en la Integración Continental* (Buenos Aires: Centro Editor de América Latina), p. 161-164.
27 R. Garcia Lupo, op. cit., p. 53.
28 L. Justo, op. cit., p. 164.
29 Informação do general Meira Matos ao Autor, durante um debate no Centro de Estudos Estratégicos Brasileiros (Cebres), Rio de Janeiro, maio de 1987. R. Garcia Lupo, op. cit., p. 57-64.
30 *O Globo*, Rio de Janeiro, 14/5/1982.
31 Depoimento do secretário de Estado Assistente para os Assuntos Interamericanos, Thomas O. Enders, loc. cit., p. 24.
32 *Jornal do Brasil*, Rio de Janeiro, 9/5/1982, Caderno Especial, p. 1.
33 Ib.
34 Georg Wilhelm Friedrich Hegel, *Vorlesungen über die Philosophie der Weltgeschichte, Band I: Die Vernunft in der Geschichte* (Hamburgo: Verlag von Felix Meiner, 1955), p. 209.

35 *Jornal do Brasil*, Rio de Janeiro, 9/5/1982, p. 24. *Folha de S. Paulo*, São Paulo, 4/5/1982.
36 *Jornal do Brasil*, cit., p. 24.
37 Ib.
38 Armando Ourique, "EUA esperam entendimento com o Brasil apesar da crise", *Jornal do Brasil*, Rio de Janeiro, 9/5/1982, 1º caderno, p. 19.
39 Ronald Reagan, *Public Papers of the President of the United States, I, 1982* (January 1 to July 2, 1982) (U.S. Government Printing Office, 1983), p. 642.
40 Id., p. 1531 e 1542.
41 Depoimento de Thomas O. Enders, loc. cit., p. 13-14.
42 Andrew Whitley, "U.S. and Brazil entangled in trade disputes", *Financial Times*, Londres, 17/9/1982.
43 Ib.
44 Ib.
45 Depoimento de Thomas O. Enders, loc. cit., p. 5.
46 Ib., p. 9.
47 Ib., p. 28.
48 Íntegra do discurso de Figueiredo na Assembleia-Geral da ONU, in *O Estado de S. Paulo*, 28/9/1982.
49 Ib.
50 Ib.
51 Ib.
52 Ib.
53 Jorge Pontual, "Os EUA, o Brasil e a crise — Interdependência, na prática", *Jornal do Brasil*, Rio de Janeiro, 28/11/1982, Caderno Especial, p. 3.
54 Ministério das Relações Exteriores — Subsecretaria-Geral de Assuntos Econômicos e Comerciais, *Brasil: Comércio exterior*, Brasília, agosto de 1987.
55 *Jornal do Brasil*, Rio de Janeiro, 27/10/1986, 1º caderno, p. 18.
56 *Jornal do Brasil*, Rio de Janeiro, 16/10/1986, 1º caderno, p. 27.
57 *Jornal do Brasil*, Rio de Janeiro, 18/10/1986, 1º caderno, p. 17.
58 Banco Mundial, *Informe sobre el Desarrollo Mundial 1986*, Cuadro 24, p. 253.

Capítulo X

O DESENVOLVIMENTO DA INDÚSTRIA BÉLICA • O PROGRAMA NUCLEAR PARALELO E A LUTA PELO DOMÍNIO DE TECNOLOGIAS • OS ATRITOS COM OS ESTADOS UNIDOS E A INTEGRAÇÃO COM A ARGENTINA E O URUGUAI • A CONFERÊNCIA DE ACAPULCO • A MORATÓRIA DA DÍVIDA EXTERNA • RETALIAÇÕES DOS ESTADOS UNIDOS CONTRA A LEI DE INFORMÁTICA

Apesar da dureza de seu discurso na abertura da Assembleia-Geral da ONU, Figueiredo não enfrentou politicamente o problema da dívida externa, quando Reagan visitou Brasília, em novembro de 1982. Não aproveitou o susto causado pelo colapso financeiro do México para negociar, naquela oportunidade, condições mais favoráveis ao Brasil. Ao contrário, sob a influência do ministro Delfim Neto, optou pelo tratamento técnico, segundo as diretrizes do FMI e os interesses do capital financeiro internacional, aprofundando a recessão da economia e comprometendo, definitivamente, a continuidade de vários projetos de desenvolvimento, a começar pela execução do Acordo Nuclear Brasil-Alemanha. O arrefecimento (temporário) das controvérsias comerciais em torno dos subsídios e dos direitos compensatórios não representou um êxito de Figueiredo, pois interessava a Reagan, naquele momento, que o Brasil aumentasse suas exportações para os Estados Unidos e obtivesse saldos positivos para manter o fluxo dos pagamentos da dívida externa. Reagan, com efeito, nada cedeu. Entretanto, a sujeição da política econômica e financeira do Brasil às conveniências dos Estados Unidos não superou — nem podia superar — os vários impasses que afetavam suas relações bilaterais. Os cinco grupos de trabalho — criados durante a visita de Reagan a Brasília — muito pouco ou nada serviram para fortalecer a cooperação entre os dois países. O da cooperação militar e industrial limitou-se a elaborar um acordo de transferência de tecnologia para o Brasil, que não aceitou salvaguardas mais rigorosas e apenas se comprometeu a não repassá-la a países hostis aos Estados Unidos.[1] O Brasil também rejeitou a proposta dos Estados Unidos para o restabelecimento da Comissão Militar Mista, dissolvida por Geisel, da mesma forma que continuou a repulsar o Tratado de Não Proliferação das Armas Nucleares, o que levou os grupos de trabalho sobre cooperação nuclear e cooperação espacial a fracassarem, não alcançando qualquer resultado.[2] O grupo de trabalho para a cooperação científica e tecnológica não avançou, por sua vez, além de um acordo-quadro, sem qualquer desdobramento prático, e o que tratou da cooperação econômica tampouco ultrapassou o nível da discussão sobre as práticas de *dumping*, atribuídas ao Brasil, e as acusações de protecionismo, formuladas contra os Estados Unidos, sem se alcançar qualquer solução. No subgrupo de trabalho para a cooperação comercial, a reserva de mercado para a indústria brasileira de microcomputadores continuou a gerar agudas controvérsias com os Estados Unidos. Desde que Geisel praticamente a instituíra, em 1977, as multinacionais, lideradas pela IBM, pressionavam o Departamento de Comércio e o Departamento de Estado no sentido de que exigissem do governo brasileiro sua revogação. Tais demandas nunca cessaram, enquanto a indústria brasileira de informática, na qual poderosos bancos, como o Itaú e o Bradesco, passaram a investir, crescia e se consolidava, demonstrando a potencialidade do mercado nacional. O próprio secretário de Estado, George Schultz, visitou o Brasil, em começo de 1984, e criticou publicamente a reserva de mercado para a informática. Mas o governo de Figueiredo não cedeu e, naquele mesmo ano, o Congresso brasileiro aprovou a Lei nº 7.232 (Lei de Informática), que a ampliava e lhe dava fundamento legal, irritando profundamente os Estados Unidos.

Assim, como o primeiro civil — e eleito em oposição ao regime autoritário — a assumir, depois de vinte anos, a presidência da República, José Sarney teve de se defrontar com as crescentes e cada vez mais fortes pressões contra a Lei de Informática. A reserva de mercado para a indústria de microcomputadores, que, embora inspirada pelos oficiais do Serviço Nacional de Informações (SNI) e do Conselho de Segurança Nacional, recebera também o apoio do PMDB e dos partidos de esquerda, entrançava-se, entretanto, com outros interesses das Forças Armadas brasileiras. A perspectiva então era a de que a informática, no próximo decênio, passasse a responder por 40% da indústria bélica nacional e as Forças Armadas estavam conscientes dos obstáculos que o governo de Washington levantava contra a venda de equipamentos com alta tecnologia embutida, condicionando-a à não utilização para fins militares ou atômicos. O Departamento de Defesa invariavelmente opunha toda a sorte de restrições às encomendas de qualquer componente, programa ou equipamento, feitas pela indústria bélica brasileira aos Estados Unidos. O Brasil já enfrentara dificuldades até mesmo para importar dois computadores 3090, da IBM, para a Petrobras e a Embraer, posto que, interligados, poderiam sustentar a realização de projetos do porte do Strategic War Initiative Organization (Guerra nas Estrelas) ou a construção do X3, o avião orbital norte-americano, cuja experiência estava prevista para a década de 1990.

Era perfeitamente natural e compreensível que os Estados Unidos, em seu próprio interesse nacional, não desejassem favorecer e mesmo se opusessem à expansão da indústria de armamentos de outro país, que tinha a pretensão de tornar-se potência mundial e lhes disputava a influência não só comercial como política, ao competir pelos mercados da América Latina, África e Oriente Médio. Com efeito, em apenas 15 anos, o Brasil montara um parque de produção de armamentos de média sofisticação tecnológica, com mais de 350 empresas capazes de atenderem a cerca de 70% das necessidades de suas Forças Armadas e um volume de exportações a subir a cada ano.

Tais exportações consistiam de armas de fogo, tanques leves, carros de combate, mísseis ar-ar, aviões de contrainsurreição, jatos de treinamento e outros petrechos bélicos, que se destinavam não somente a países da América Latina, mas, principalmente, aos mercados da África e Oriente Médio, onde as guerras permitiam sua experimentação e aperfeiçoamento. Os principais clientes do Brasil eram então o Irã, a Líbia e, sobretudo, o Iraque, ao qual, em 1982, o Centro Técnico Aeroespacial (CTA), em São José dos Campos (São Paulo), forneceu, segundo algumas informações, centenas de quilogramas de urânio metálico purificado, produzido pelo Instituto de Pesquisas de Energia Nuclear (Ipen), com sede no campus da Universidade de São Paulo, para a usina nuclear Osirak 1, que a aviação do Estado de Israel, dias depois, bombardeou.[3] Fontes de Israel insinuaram que o urânio metálico seria irradiado com descargas de nêutrons sob a abóbada da usina com o objetivo de produzir plutônio.[4] Acredita-se também na hipótese de que aquele mineral radioativo, enviado ao Iraque, seguira, na verdade, para o Paquistão, onde a usina de centrifugação, montada clandestinamente pelo professor Ali Khan, faria o seu enriquecimento e o devolveria ao Brasil, a fim de que o reator de pesquisas da Marinha, instalado no Ipen, utilizasse-o.[5] Essa hipótese nunca se confirmou e, aliás, era muito pouco provável que o Paquistão se dispusesse a colaborar com tal empreendimento.[6]

Mas o fato é que, embora desacelerasse a execução das obras do Acordo Nuclear com a Alemanha, devido, entre outros fatores, à crise financeira provocada pelo aumento das taxas de juros da dívida externa, o Brasil não desistira de obter, a qualquer custo, o domínio do ciclo completo do enriquecimento do urânio. Cada uma das três Armas — Exército, Aeronáutica e Marinha — dedicou-se, secretamente, a distintas pesquisas e experiências, coordenadas no âmbito de um Programa Nuclear Paralelo, que visava, desde 1979, a desenvolver tecnologias de separação de isótopos, inclusive por meio de raio *laser* e por processamento químico, fora dos controles e salvaguardas da Agência Internacional de Energia Nuclear (AIEA), movimentando cerca de US$ 2 bilhões por ano para financiar o trabalho de quase 3.000 cientistas, engenheiros, técnicos e administradores de mais de 400 indústrias e, pelo menos, cinco centros de investigação e estudos. Assim, o Instituto de Energia Nuclear, vinculado à Comissão Nacional de Energia Nuclear (Cnen), e com sede no campus da Universidade Federal do Rio de Janeiro, incumbiu-se da pesquisa de equipamentos, máquinas de enriquecimento e instrumentos de controle com eletrônica fina e repartiu com indústrias os trabalhos em metalurgia. O Centro Técnico Aeroespacial (CTA), subordinado ao Ministério da Aeronáutica e instalado em São José dos Campos, não só se encarregou de formular modelos de reatores convencionais e regeneradores rápidos (*fast breeder*), que pudessem utilizar o tório como combustível e reprocessá-lo de forma a produzir plutônio, material de uso militar, como tratou de construir vetores, ou seja, foguetes lançadores, capazes de conduzir a bomba atômica. Os foguetes Sonda I, II e III, permitindo às empresas Avibras e D.F. Vasconcelos produzirem industrialmente e exportarem modelos de uso militar, como, por exemplo, o Sbat 37 e 70 (ar-ar ou ar-terra) e o Piranha (ar-terra ou ar-ar), saíram dos laboratórios e oficinas do CTA. E, ao lançar, em fins de 1985, o Sonda IV, com um equipamento inteligente, um sistema de sensores especiais para o seu controle, o Brasil demonstrou que tinha meios de fabricar mísseis balísticos de longo alcance, intercontinentais,[7] para o transporte de artefatos explosivos, uma vez que já produzia veículos lançadores (foguetes) de satélites, destinados à pesquisa da atmosfera e experimentados a partir da base conhecida como Barreira do Inferno, no Rio Grande do Norte. O domínio de tal tecnologia se deveu ao programa de cooperação entre o CTA e a empresa Deutsche Forschungs und Versuchanstalt für Luft und Raumfahrt, da República Federal da Alemanha, cujo Ministério da Defesa a encarregara de desenvolver os *cruise missilis* (mísseis cruzadores) e sistema de canhões de raio *laser* para os anos 1990. E, não obstante enfrentar severas restrições dos organismos internacionais e ter seus pedidos de importação de componentes de alta tecnologia, desde 1980, bloqueados ou embargados pelos Estados Unidos, o Instituto de Estudos Avançados (IEAV), ligado ao CTA, conseguiu importar um computador da Control Data Co., o Cyber 170/750, com capacidade para processar 15 milhões de comandos (*bits*) e montar, em São José dos Campos, o Centro Nacional de Dados Nucleares, interligados com todos os centros de pesquisa do Programa Nuclear Paralelo.

O Ipen, sob a direção da Marinha, ocupou-se, por sua vez, da construção de reatores do tipo PWR (*pressurized water reactor*), com de 38 a 40 MW de potência, a fim de equipar submarinos a propulsão nuclear, e conseguiu, finalmente, o enriquecimento do urânio, através do processo de ultracentrifugação, o mesmo que, trinta anos antes, o almirante Álvaro Alberto, durante o governo de Vargas, tentara trazer para o Brasil e os Estados Unidos obstaculizaram. O processo era também o mesmo utilizado pela Urenco, consórcio do qual, juntamente com a Grã-Bretanha e a Holanda, a República Federal da Alemanha participava e, ao que tudo indica, houve transferência desta tecnologia para o Brasil, não obstante o Acordo Nuclear de 1975 só se referir, oficialmente, à do enriquecimento do urânio através de jatos centrífugos (*jet nozzle*), cuja viabilidade industrial, apesar do êxito da África do Sul com sua experiência, ainda provocava muitas controvérsias. O professor Leon Grünbaum, especialista em reprocessamento de plutônio do Centro de Pesquisas Atômicas de Karlsruhe (República Federal da Alemanha), observou, em 1978, que o Brasil experimentava os dois processos de enriquecimento de urânio e que o fato de constar do Acordo Nuclear Brasil-Alemanha apenas a dos jatos centrífugos era um "jogo normal", um "mero teatro", porque "a tecnologia militar é mantida em segredo e a que não interessa do ponto de vista militar é oficializada".[8] O ex-chanceler do governo de Geisel, embaixador Azeredo da Silveira, confirmou, aliás, que o Acordo Nuclear, por ele negociado e firmado com a República Federal da Alemanha, em 1975, foi o que possibilitou realmente a transferência da tecnologia da ultracentrifugação para o Brasil, embora a dos jatos centrífugos viesse a aparecer no seu texto, não secreto, por iniciativa do então ministro de Minas e Energia, Shigeaki Ueki.[9]

De uma forma ou de outra, porém, a verdade é que as Forças Armadas não se conformaram com as salvaguardas impostas pela AIEA, sob pressão dos Estados Unidos, à execução do Acordo Nuclear com a República Federal da Alemanha e por isso empreenderam, a partir de 1979, o Programa Nuclear Paralelo, que não sofreu interrupção com o fim do regime autoritário, em 1985. E assim o presidente Sarney, em setembro de 1987, pôde anunciar, oficialmente, o completo domínio pelo Brasil da tecnologia do enriquecimento do urânio, através do processo de ultracentrifugação, acentuando que esse acontecimento teria "reflexos positivos" sobre sua política exterior.[10] Com efeito, o Brasil demonstrou que tinha capacidade para fabricar, dentro de poucos anos, seus próprios submarinos de propulsão nuclear, bem como explodir artefatos atômicos, tanto quanto já igualmente se empenhava em produzir veículos para os transportar, a partir da experiência dos mísseis Sonda IV, o que lhe daria condições de modificar sua posição relativa na hierarquia mundial dos poderes, ao tornar-se grande potência, não somente econômica, mas também militar. E, ao contrário do que tantos, por não analisarem as tendências históricas, podiam imaginar, estabeleceu com a Argentina, país que, desde 1983, dominava também a tecnologia da separação de isótopos, mecanismos de cooperação no campo da energia nuclear, cujo "alcance e profundidade" eram talvez internacionalmente inéditos, tanto que, comprovando o excelente nível de relações e entendimento entre os dois países, Sarney visitou, em 1987, a Usina de Pilcaneyou e, em 1988, o presidente Raul Alfonsin participou da inauguração, no Centro Experimental de Aramar, município de Iperó (São Paulo), da Usina-Piloto Almirante Álvaro Alberto, o primeiro módulo para a produção industrial de urânio enriquecido.

Esse esforço do Brasil no sentido de cooperação e da formação de um mercado comum com a Argentina, como passo decisivo para ulterior integração da América Latina ou, pelo menos, da América do Sul, acentuou-se à medida que seus conflitos econômicos e políticos com os Estados Unidos recrudesceram. Sarney, em realidade, manteve a mesma política exterior dos governos de Geisel e de Figueiredo e não tinha razão para a modificar, uma vez que ela contava com o mais largo consenso nacional. Mas o restabelecimento do poder civil e da democracia política em sua plenitude, entendida como a ampla legalização de todos os partidos políticos, inclusive os de esquerda, o fim dos constrangimentos ideológicos e a convocação da Assembleia Nacional Constituinte, como transição para o Estado de Direito, deu maior coerência e revigorou as suas diretrizes. E ele demonstrou, pessoalmente, enorme sensibilidade para a linha de entendimento com a América Latina e, em particular, para a integração do Brasil com a Argentina e o Uruguai, como forma de intensificar o diálogo Sul-Sul e contrapor-se à pretensão do Norte de continuar a gerir o sistema financeiro internacional, sem a participação dos países em desenvolvimento, que continuavam a sofrer as consequências mais devastadoras da decisão unilateral dos Estados Unidos de romper, em 1971, os compromissos de Bretton Woods, substituindo o *gold exchange system* pelo *dollar system* e impondo sua própria política monetária ao sistema capitalista mundial, sem obedecer a qualquer disciplina multilateralmente acordada.

O Brasil também não se conformou com a tentativa de promover a rebipolarização da política internacional, promovida pelo presidente Reagan, e deplorou a perspectiva de abertura de novo ciclo na corrida armamentista, pela proposta de militarização do espaço (Guerra nas Estrelas), ao mesmo tempo em que condenava a decisão do governo norte-americano de impor sanções econômicas unilaterais contra a Nicarágua e as denunciava, no Conselho de Segurança da ONU, como incompatíveis com as Cartas da ONU e da OEA, bem como contrárias às normas do Gatt.[11] O Brasil não aceitou o encaminhamento da crise na América Central, desencadeada com a Revolução da Nicarágua, dentro do contexto da confrontação Leste-Oeste e, além de formar, juntamente com outros países, o Grupo de Apoio e Contadora, restabeleceu relações diplomáticas com Cuba (1986), 22 anos depois que o governo de Castelo Branco as rompera para satisfazer as exigências dos Estados Unidos.

A partir da experiência dos Grupos de Contadora e de Apoio, o Brasil aceitou então criar com a Argentina, Colômbia, México, Panamá, Peru,

Uruguai e Venezuela o Mecanismo Permanente de Consulta e Concertação Política, que reuniria anualmente os chefes de Estado daqueles oito países, a fim de melhor articular os interesses da América Latina e o Caribe, em face dos seus grandes desafios econômicos e políticos. A primeira reunião (novembro de 1987) ocorreu em Acapulco (México) e os presidentes dos oito países explicitamente se opuseram às políticas norte-americanas, a começar pela questão da dívida externa, em que os Estados Unidos, embora fizessem "apelo em prol da democracia", impunham, nas relações econômicas mundiais, "esquemas de condicionalidade e ajuste", que a comprometiam e não eram aplicados "na correção de seus próprios desequilíbrios".[12] Segundo eles, nenhum programa econômico duradouro seria compatível com o objetivo de um crescimento sustentado, se não se revertesse a transferência maciça de recursos financeiros da América Latina para o exterior, limitando-se o serviço da dívida à capacidade real de pagamento de cada país.[13] Ademais da questão da dívida externa, em que as teses defendidas pelo Brasil prevaleceram, os oito chefes de Estado criticaram a nova divisão internacional do trabalho, que o "controle oligopolístico das tecnologias avançadas" propiciava, e ainda censuraram os Estados Unidos pela adoção de medidas "coercitivas e discriminatórias" entre os signatários do Gatt, comprometeram-se a atuar conjuntamente para combater "decisões unilaterais baseadas em leis internas ou em políticas de força", bem como a lutar por um sistema comercial internacional fortalecido, que "faça cumprir suas normas e princípios, como condição mesma da segurança econômica e da soberania de nossos países".[14] Tratava-se, evidentemente, de severa crítica à política comercial dos Estados Unidos, bem como às suas ameaças de promover retaliações contra o Brasil por causa da reserva de mercado para a indústria de informática. Os oito presidentes, por isso, repulsaram igualmente a "exigência de concessões comerciais unilaterais", feita aos países da América Latina, "como condição para a obtenção de financiamento externo".[15]

Com referência aos desafios políticos, eles reforçaram a ação dos Grupos de Contadora e Apoio, em busca de solução para os conflitos da América Central por meio do diálogo, fora da confrontação Leste-Oeste e respeitando os princípios de autodeterminação dos povos e de não intervenção nos assuntos internos de outros Estados. Exigiram outrossim o "fiel cumprimento" dos Tratados de 1977, pelos quais os Estados Unidos, sob a administração de Carter, prometeram entregar ao Panamá o controle exclusivo sobre o Canal. E não só respaldaram os "legítimos direitos" da Argentina sobre o arquipélago das Malvinas como reiteraram a necessidade de evitar a introdução de armas nucleares no Atlântico Sul e o resguardar das tensões inerentes à confrontação entre as superpotências, conforme a Declaração da Zona da Paz e Cooperação, proposta pelo Brasil e aprovada pela Assembleia-Geral das Nações Unidas (1986), com o voto contrário dos Estados Unidos. O Compromisso de Acapulco para a Paz, o Desenvolvimento e a Democracia, subscrito pelos presidentes do Brasil, Argentina, México, Colômbia, Peru, Venezuela, Uruguai e Panamá, terminou por apontar para o estabelecimento gradual e progressivo de um espaço econômico ampliado, com o objetivo de implantar um mercado comum latino-americano, e salientou a importância do Parlamento Latino-Americano, cujo tratado de institucionalização fora anteriormente firmado, como instrumento efetivo para fortalecer a democracia e impulsionar a integração do Continente.[16]

A Conferência de Acapulco constituiu um acontecimento de enorme transcendência histórica, pois, pela primeira vez, chefes de Estado de oito países da América Latina reuniram-se e criaram um organismo, não apenas sem a participação dos Estados Unidos, mas manifestamente em oposição às suas políticas, evidenciando o engravescimento das contradições econômicas e das divergências políticas, que cada vez mais cindiam e afastavam o Sul e o Norte do Hemisfério. A criação do Mecanismo Permanente de Consulta e Concertação Política, cuja próxima reunião, convocada para 1988, realizar-se-ia no Uruguai, comprovou efetivamente a superação do sistema interamericano, tal como sob sua hegemonia os Estados Unidos modelaram, e demonstrou, da mesma forma que os Grupos de Contadora e de Apoio, a necessidade de organização dos países da América Latina em outros foros, à margem da OEA, condenada, ao que tudo indica, ao desaparecimento. O Compromisso de Acapulco constituiu, na verdade, um documento adverso às posições dos Estados Unidos, em seus aspectos econômicos, comerciais, financeiros e políticos, a refletir o profundo inconformismo dos países da América Latina e, em particular, do Brasil, como potência industrial emergente, disposta a não aceitar um papel subalterno, dentro da nova divisão internacional do trabalho, com base no domínio de tecnologias avançadas.

Sarney, quando sancionou, em 1986, o I Plano de Informática e Automação (Planin), salientou, com muita clareza, que, em lugar da velha classificação de países em dois grupos — o dos industrializados e o dos produtores de bens primários —, uma redivisão se operava, tendendo a separá-los em duas categorias, ou seja, a dos que geravam conhecimentos científicos e tecnológicos, essenciais ao progresso, e a dos que dependiam de suas importações para sobreviverem. Segundo ele: "nesta virada do milênio, essa forma sofisticada de colonialismo — o colonialismo científico e cultural — ameaça a própria soberania das nações. Assim, não é exagerado dizer que a balança internacional do poder passa — e cada vez mais — pela balança internacional do saber".[17]

Sarney manifestou, na mesma oportunidade, apreensão com:

> a tentativa de congelamento dos países em seu atual estágio de desenvolvimento científico e tecnológico, a pretexto de hipotéticas vantagens comparativas que nos relegariam, no sistema produtivo mundial, ao papel de supridores de bens manufaturados simples, de baixo coeficiente técnico, do mesmo modo que, até há bem poucas décadas, nos era reservada a função de produzir matérias-primas, a preços cada vez mais aviltados, para os grandes centros da economia mundial.[18]

Ele entendia como "fundamental" para a sobrevivência do Brasil, como nação soberana, e para o bem-estar do seu povo, o "controle sobre as ferramentas da ciência e da técnica". E quando anunciou, posteriormente, o domínio pelo Brasil da tecnologia do enriquecimento de urânio, voltou a insistir em que: "as nações do futuro serão separadas por campos absolutamente definidos: dos países que dominam tecnologias e dos países condenados à escravização tecnológica".[19]

A luta do Brasil pela absorção de tecnologias avançadas constituía, naturalmente, a principal fonte de tensões e de atritos com os Estados Unidos, em virtude de suas implicações tanto econômicas e comerciais quanto políticas e militares. O domínio do processo de enriquecimento de urânio, minério no qual o Brasil possuía grandes reservas, dava-lhe condições de produzir, além da bomba atômica, se assim o decidisse, reatores e combustível não só para as suas usinas de energia elétrica e submarinos de propulsão nuclear, já projetados, como também para a venda no mercado mundial, rompendo o monopólio até então conservado pelos Estados Unidos e pela Urenco. A reserva do mercado para a indústria nacional de mini e microcomputadores, que possibilitava a eliminação de dependências externas e o desenvolvimento da produção de material bélico, impedia as multinacionais dos Estados Unidos, embora a IBM e a Burroughs dela se aproveitassem e auferissem bons lucros, de participarem do que o Departamento de Comércio previa tornar-se, em 1987, o quinto maior mercado estrangeiro, com cerca de US$ 1 bilhão de vendas e um crescimento de 74% a.a.[20] Conforme Renato Archer, ex-ministro de Ciência e Tecnologia do governo de Sarney, o mercado brasileiro de computadores e periféricos era, em 1985, da ordem de US$ 2,3 bilhões, dos quais as empresas nacionais, cujos investimentos no setor somavam US$ 5,7 bilhões, participavam com um faturamento de US$ 1,2 bilhão, obtendo uma taxa de crescimento real de 30%.[21] Sem dúvida, juntamente com a Índia, o Brasil foi um dos dois únicos países em desenvolvimento a manter com sucesso a reserva de mercado, com o objetivo de atender às suas necessidades internas. Já alcançara também certo progresso no campo dos supercondutores e se empenhava no desenvolvimento da biotecnologia, ciência espacial e outros setores sensíveis. Ademais, desde a administração de Médici, o Instituto Nacional da Propriedade Industrial (Inpi) abolira o registro de patentes para os medicamentos, sementes e outros produtos, que envolviam pesquisas científicas e tecnológicas, e a Associação da Indústria Farmacêutica dos Estados Unidos (PMA) solicitou ao governo de Washington que instaurasse processo contra o Brasil, com base na Lei do Comércio, por não proteger o direito de propriedade intelectual de suas fórmulas. Seu temor era de que a reserva de mercado se estendesse à química fina, o que o restabelecimento de registro de patente inviabilizaria, ao impedir praticamente que empresas nacionais, cuja participação no setor farmacêutico decaíra, em vinte anos, de 50% para menos de 15%, ressurgissem. As acusações de que o Brasil não respeitava os direitos de propriedade intelectual (*copyright*), admitindo a prática de "pirataria", sobretudo de *software* (programa de computador), adensavam então a campanha dos Estados Unidos contra a Lei de Informática.

As tensões entre os dois países recresceram, durante o ano de 1986, quando Reagan ameaçou promover retaliações contra o Brasil, restringindo o acesso de suas exportações ao mercado dos Estados Unidos, caso ele não protegesse o *software*, com novas leis sobre direitos de propriedade intelectual, não permitisse *joint ventures* e não adotasse regras explícitas para controlar as decisões da Secretaria Especial de Informática. E a visita de Sarney a Washington, em setembro daquele ano, não concorreu para melhorar, realmente, as relações entre os dois países. Reagan recebeu-o com a rude advertência de que "nação alguma pode esperar continuar exportando livremente para outras, se seus próprios mercados permanecem fechados à competição externa", aduzindo ainda que "a prosperidade deve ser construída não à custa dos outros e sim dentro do princípio do benefício mútuo".[22] Sarney redarguiu, em outra oportunidade, que o Brasil "cresceu só com o sacrifício de seu povo" e "não à custa de ninguém" e que esse crescimento lhe permitia saldar, integralmente, seus compromissos internacionais.[23] E, em artigo publicado pela revista *Foreign Affairs,* criticou severamente as políticas dos Estados Unidos. Censurou a "falta de tato" do governo de Washington, quando anunciou, em 7 de setembro de 1985, exatamente na data da Independência do Brasil, o início do processo, com base no Trade Act, contra a reserva de mercado para a indústria nacional de computadores. E ressaltou não haver "maior erro histórico" dos Estados Unidos, em suas relações com a América do Sul, do que dar-lhe um "tratamento de terceira classe", como se toda a região fosse "apenas relva" (*turf only*) das corporações multinacionais, o que estava a gerar sentimentos norte-americanos onde eles nunca existiram.[24]

Reagan revelou-se muito mal preparado e até mesmo às vezes alheio, durante as conversações com Sarney, necessitando que o secretário de Estado, George Schultz, interviesse, frequentemente, em seu socorro. De qualquer modo, naquelas circunstâncias, era evidentemente difícil que os dois chefes de Estado alcançassem algum entendimento em torno das questões da dívida externa e da reserva de mercado para a indústria brasileira de computadores. As negociações entre brasileiros e norte-americanos resultaram igualmente em um fiasco, posto que nenhuma das partes estava em condições ou disposta a ceder. O governo de Washington continuou a exigir que o Brasil passasse pelo FMI, antes de qualquer negociação da dívida externa com o Clube de Paris (entidade dos governos credores). E essa intransigência, na questão da dívida externa, também funcionava, por outro lado, como pressão contra a Lei de Informática, que afetava, direta e indiretamente, vários e complexos interesses dos Estados Unidos. Com efeito, a administração de Reagan não somente pretendia a abertura do mercado brasileiro de mini e microcomputadores para as empresas norte-americanas como tratava de assim obstaculizar, preventivamente, a extensão de reserva de outros setores, tais como a química fina etc. Já decidira, aliás, fazer retaliações contra o Brasil, onerando com sobretaxas suas exportações para os Estados Unidos, e utilizava o prazo para as iniciar como elemento de barganha e de pressão. E, apesar de que o imenso déficit comercial, superior a US$ 200 bilhões, levasse também o governo de Washington, sob os mais variados pretextos, a levantar barreiras protecionistas, seu objetivo, no caso da informática, era sobretudo o de castigar o Brasil pela resistência e pelo desafio que lançara à sua hegemonia. O jornalista norte-americano Norman Gall, ao escrever sobre essa questão, comparou o Brasil a Prometeu, o titã que, segundo a mitologia grega, roubara o fogo do carro do sol (tecnologia) e o dera aos homens, razão pela qual o deus Zeus (Estados Unidos), a fim de o punir, acorrentou-o a um rochedo, onde, dia após dia, ano após ano, um abutre lhe devorava o fígado, sempre a recrescer todas as noites. O abutre era a dívida externa do Brasil, da ordem de US$ 102 bilhões, que absorvia, anualmente, cerca de 3% a 5% de seu produto nacional, com o pagamento dos juros.[25]

O brutal aumento da dívida externa, em consequência da elevação das taxas de juros, estava realmente na raiz de quase todas as dificuldades econômico-financeiras por que o Brasil atravessava, constituindo um dos principais fatores da inflação, uma vez que respondia por mais da metade do déficit público, ao exigir do governo sempre maiores recursos para atender aos seus compromissos internacionais. Esse déficit fora de 3,9% do PIB, em 1986, enquanto os juros sobre a dívida externa pública representaram 2,3%.[26] Por outro lado, os investimentos diretos estrangeiros, sob a forma da moeda, caíram de US$ 1,5 bilhão, em 1981, para US$ 387 milhões, em 1985, e não mais que US$ 320 milhões, em 1986.[27] Entretanto, entre 1982 e 1985, o Brasil remeteu para o exterior cerca de US$ 25 bilhões, sob a forma de juros da dívida externa, lucros e dividendos, e devia ainda transferir, em 1986, isto é, em apenas um ano, cerca de US$ 12 bilhões.[28] A repatriação de capitais, que oscilara, de 1981 a 1984, entre US$ 110 milhões e US$ 115 milhões por ano, subira para US$ 263 milhões, em 1985, e, segundo Carlos Eduardo de Freitas, então diretor da área externa do Banco Central, calculava, alcançaria o montante de US$ 500 milhões, em 1986.[29] Não obstante, o PIB do Brasil crescera 8%, em 1985, e o governo de Sarney, com o objetivo de derrubar a inflação, já a atingir a taxa de quase 15% ao mês, executou, em fevereiro de 1986, a reforma monetária, substituindo o cruzeiro pelo cruzado, e congelou tanto os preços quanto os salários, entre outras medidas, que visavam ao fim da correção monetária (exceto para as cadernetas de poupança) e à desindexação da economia. Contudo, o chamado de Plano Cruzado falhou, em meio de forte colapso do abastecimento, que o ministro da Fazenda, o industrial Dilson Funaro, não pôde controlar, ante o boicote do empresariado, em particular dos pecuaristas, e a resistência do sistema bancário, cujas taxas de juros voltaram a subir e a onerar os custos de produção. Assim, a tardia liberação dos preços, em novembro de 1986, imediatamente após as eleições para a Constituinte, as assembleias legislativas e os governos estaduais, acarretou enorme frustração e desencanto nas massas populares, abatendo a imensa popularidade conquistada pelo governo de Sarney. O Plano Cruzado afigurou-se-lhes como estelionato eleitoral, porque elas, a acreditarem na continuidade do congelamento dos preços, votaram maciçamente no PMDB.

Por outro lado, as reservas cambiais, que eram de US$ 7,8 bilhões, em março de 1985, caíram para US$ 3,9 bilhões, no começo de 1987,[30] o que levou o governo de Sarney a decretar a moratória, suspendendo o pagamento dos juros aos bancos privados estrangeiros, por modo a forçar o sistema financeiro internacional a modificar as regras da negociação da dívida externa, que somente penalizavam os países devedores, sem resolver o problema. O Brasil não podia, certamente, continuar a transferir para o exterior cerca de 5% do seu PIB, o que representava quase a totalidade dos seus superávits comerciais, cerca da metade da poupança líquida e 1/4 de capacidade de inversão bruta, sem comprometer o desenvolvimento nacional e sua estabilidade política.[31] Além do mais, como o cientista político Hélio Jaguaribe salientou, esse exorbitante encargo era flagrantemente ilegítimo, na medida em que decorrera de decisão unilateral e arbitrária do Federal Reserve dos Estados Unidos, o principal país credor, ao elevar em 400%, *a posteriori* da contratação da dívida, a taxa de juros reais, que nos últimos decênios não passara de 2% a.a.[32]

A moratória parcial decretada pelo governo de Sarney, em 20 de fevereiro de 1987, irritou profundamente os Estados Unidos, embora o princípio de pânico no sistema financeiro internacional não se alastrasse, uma vez que os bancos norte-americanos, os mais vulneráveis, prepararam-se, desde 1982, para a eventualidade de que algum dos grandes países devedores suspendesse seus pagamentos por tempo indeterminado. E três meses depois, o presidente do Citibank, John Reed, que em dezembro ameaçara cortar o crédito do Brasil por 15 ou vinte anos se o governo de Sarney declarasse a moratória,[33] alocou US$ 3 bilhões às suas reservas contra possíveis prejuízos. O Chase Manhattan, o terceiro maior banco dos Estados Unidos, acompanhou-o e elevou as suas em US$ 1,6 bilhão, seguido por outros estabelecimentos menores, tais como o Norwest Co. (US$ 200 milhões), de Minnesota, o que indicava claramente a falta de qualquer perspectiva de entendimento com o Brasil, a curto prazo, sobre a dívida externa. Mas a crise política, deflagrada pelo insucesso do Plano Cruzado, abalou profundamente a coesão do governo de Sarney. A falta de unidade interna dificultou-lhe qualquer ação consequente para equacionar a crise econômica e enfrentar em condições mais fortes o sistema financeiro internacional. Dilson Funaro perdera a credibilidade e, bastante enfraquecido e sem respaldo dentro da própria administração, caíra do Ministério da Fazenda, pouco depois da declaração da moratória.[34] O economista Luiz Carlos Bresser Pereira, também vinculado ao PMDB, substituiu-o e continuou na mesma linha de não aceitar o monitoramento do FMI, como requisito necessário para fechar qualquer acordo com os bancos credores. Seu plano macroeconômico, estabelecendo um congelamento flexível de preços e salários por três meses, não evitou, entretanto, que a situação econômica se deteriorasse, com a inflação a recrescer e a agravar a crise social, enquanto a disputa pelo poder entre o PMDB, cuja ala esquerda envesgou para a oposição, e o Partido da Frente Liberal (PFL), organizado pelos dissidentes do PDS, não só enfraquecia como imobilizava o governo de Sarney. E Bresser Pereira não teve alternativa senão resignar ao Ministério da Fazenda, ao qual Mailson da Nóbrega, um tecnocrata desconhecido e sem qualquer vinculação partidária, ascendeu, sem que o PMDB se opusesse à sua designação. Na verdade, diante do malogro dos planos de Funaro e de Bresser Pereira, o PMDB, conquanto não renunciasse aos demais postos de administração, tratou de não mais comprometer-se diretamente com a execução da política econômica, ao evidenciar-se, àquela altura, a inevitabilidade de um acerto com o FMI, mediante a adoção de medidas impopulares de combate à inflação.

Essa sua duplicidade, acentuada pelo agravamento das dissensões internas, ocorreu para debilitar ainda mais a posição do governo de Sarney, cujo imenso desgaste, em consequência da crise econômica e da severa oposição, que passara a sofrer, dentro e fora do Congresso, estimulava e, em larga medida, refletia o recrudescimento das pressões externas, com o objetivo de o forçar a ceder. Em novembro de 1987, quando ele já se preparava para suspender a moratória, como resultado das negociações com os bancos credores, e aceitava certo entendimento com o FMI,[35] Reagan anunciou, pessoalmente, seu propósito de aplicar sanções comerciais contra o Brasil, por causa da Lei de Informática, proibindo as importações de componentes de computadores e elevando em US$ 105 milhões as tarifas sobre 60 produtos brasileiros exportados para os Estados Unidos, a partir de 1º de janeiro de 1988.[36] A decisão da Secretaria Especial de Informática de vetar a comercialização no Brasil do computador MS-DOS, da firma norte-americana Microsoft, foi o que serviu como pretexto e agravou o litígio. Contudo, apesar da dura resposta de Sarney, a ameaçar também com represálias e de recorrer ao Gatt, a tendência para a negociação foi a que prevaleceu, uma vez que a guerra comercial não interessava aos dois países e as pressões internas dos setores visados pelas sanções comerciais, inclusive a Embraer, enfraqueceram a capacidade de resistência do Brasil. Assim, a aprovação pelo Congresso e a regulamentação da Lei de Software (proteção dos direitos autorais), bem como a autorização do Conselho Nacional de Informática (Conin) para que a Microsoft comercializasse no Brasil seu sistema operacional MS-DOS versão 3.3, atenderam parcialmente às demandas dos Estados Unidos, que postergaram, por sua vez, as medidas de retaliação.[37]

Entretanto, as tensões entre os dois países não arrefeceram — nem podiam arrefecer — dado que inúmeros outros problemas, tais como o registro de patentes industriais para medicamentos, indústria bélica, transferência de tecnologia, dificuldades para a compra de grandes computadores e outros equipamentos sensíveis pelo Brasil, aeronáutica civil, têxteis, acordo siderúrgico, subsídio às exportações de frango dos Estados Unidos etc., continuavam ainda a afetar as suas relações e a cada instante algum deles se aguçava. Em janeiro de 1988, o subsecretário de Estado, John Whitehead, manifestou ao embaixador Marcílio Marques Moreira o desagrado dos Estados Unidos ante a possibilidade de que o Brasil exportasse para a Líbia tanques Osório e os mísseis balísticos Piranha (terra-terra), denominados MB-EE, capazes de transportar ogivas convencionais de até uma tonelada a uma distância de até 960 km, a partir de um lançador móvel, dirigido por uma tripulação de quatro homens.[38] Dias depois, o porta-voz do Departamento de Estado, Charles Redman, criticou publicamente a operação, que poderia alcançar o valor de US$ 2 bilhões, dizendo que o coronel Muamar Kadafi apoiava o terrorismo e que aqueles armamentos ele utilizaria para o ataque ao Chade.[39] O chanceler Roberto de Abreu Sodré, cuja condução da política externa, constituindo um dos pontos altos do governo de Sarney, mantinha em seu favor o consenso nacional, respondeu que as pressões dos Estados Unidos não surtiriam "nenhum efeito" sobre o Brasil.[40] Ele previa, aliás, que as disputas dos dois países, em torno da informática, tecnologia de ponta, química fina e indústria aeronáutica, aumentariam, na medida em que o Brasil ampliasse seus espaços na economia mundial, pois, como potência em expansão, tendia a incomodar as demais, ou seja, tanto os Estados Unidos quanto a Comunidade Econômica Europeia e o Japão. Segundo Sodré, tais atritos entre o Brasil e os Estados Unidos tornavam-se, portanto, inevitáveis, devido à crescente contradição entre seus respectivos interesses econômicos e comerciais, e cabia ao Itamaraty os administrar, a fim de os manter sob controle.[41]

As críticas do Departamento de Estado à venda de armamentos à Líbia, apesar do verniz ideológico com que se revestiam, encapavam, sem dúvida, fortes interesses comerciais, uma vez que a participação dos Estados Unidos no fornecimento de armas ao Terceiro Mundo caíra de 32,6% para 17,7%, em 1985, deixando-os no terceiro lugar, abaixo de Israel (28%) e do Brasil (21%), que, além de exportar equipamentos militares para quase todos os países da América Latina e alguns da África, penetrava cada vez mais no Oriente Médio, onde o mercado árabe absorvia, praticamente, 97% de sua produção de material bélico.[42] Só em 1987, com cerca de 400 produtos militares em sua pauta, o Brasil fechara contratos de exportação no valor de US$ 1 bilhão e ganhara dos Estados Unidos, bem como da França e da República Federal da Alemanha, uma concorrência, cujo montante alcançaria US$ 5 bilhões, para a venda e montagem na Arábia Saudita de 500 tanques Osório, equipados com canhões de 105 ou 120 mm, sistema computadorizado de mira e controles infravermelho para visualização noturna.[43] Já se noticiava então que ele estaria, secretamente, a exportar, por intermédio de Portugal, Líbia, Somália e Etiópia, armas para o Irã, em guerra contra o Iraque, que era seu principal cliente no Oriente Médio e para o qual a Avibras modificara mísseis soviéticos, estendendo-lhes o alcance, a fim de permitir-lhe bombardear Teerã.[44] A retomada dos negócios com a Líbia, interrompidos desde 1983, consolidaria, por conseguinte, sua posição no Oriente Médio, bem como lhe proporcionaria bastante divisas, das quais não podia prescindir, mesmo que a operação não alcançasse US$ 2 bilhões, conforme divulgado.

As pressões do Departamento de Estado, nesse caso, podiam ser inócuas, dado que contrariavam os interesses da indústria de material bélico, em cujo desenvolvimento as Forças Armadas se empenhavam. E ademais a crise do balanço de pagamentos não permitia ao Brasil perder qualquer oportunidade de exportação, ficando completamente à mercê dos Estados Unidos, ainda a ameaçarem com retaliações comerciais não apenas por causa da Lei de Informática como também por não reconhecer o registro de patentes industriais no setor de medicamentos. Mas essa mesma crise, a contribuir para um déficit orçamentário da ordem de 8% do PIB e, conforme a estimativa, uma inflação de 600% em 1988, tornou o governo de Sarney de tal modo vulnerável que, enquanto a Constituinte aprovava normas de caráter nacionalista, entre as quais, com o apoio dos oficiais do Conselho de Segurança Nacional, a proibição de companhias estrangeiras explorarem, no país, os recursos minerais, ele teve de ceder aos bancos credores e negociar com o FMI, ao mesmo tempo em que anunciava um programa de desestatização e liberalização da economia, tendendo a acabar a reserva de mercado para a indústria nacional, estabelecida durante o processo de substituição das importações. Vários setores do empresariado recearam então que tais medidas prejudicassem seriamente as indústrias de bens de capital, cuja capacidade ociosa, na linha de não seriados, já era de 50%, eletrodomésticos e automóveis, provocando o fechamento de fábricas e aumentando o desemprego, a exemplo do que na Argentina e no Chile aconteceu, durante os anos 1970.[45] E por isso reagiram, uma vez que a abertura do mercado, naquelas condições, visava fundamentalmente a atender às demandas dos Estados Unidos, no momento em que estes se tornavam, de um lado, cada vez mais protecionistas e, do outro, necessitavam fomentar as exportações, devido ao vultoso déficit de sua balança comercial, a manter-se no patamar de quase US$ 200 bilhões por ano.

Entretanto, as retaliações, desde que Reagan as anunciara em novembro de 1987, não só causaram ao Brasil um prejuízo da ordem de US$ 500 milhões, por paralisarem, no primeiro semestre de 1988, o fechamento de muitos negócios, inclusive a venda de aviões da Embraer, como ainda continuavam a ameaçá-lo, tanto por causa da Lei de Informática, apesar das concessões, quanto em virtude da questão em torno das patentes industriais para os produtos farmacêuticos, cujo registro os laboratórios norte-americanos estavam a exigir. Ao falar perante o Conselho Empresarial Brasil-Estados Unidos, o embaixador Paulo de Tarso Flecha de Lima, secretário-geral do ministério das Relações Exteriores, acusou abertamente os Estados Unidos de discriminarem o Brasil, dando-lhe, em vários setores industriais, como o de têxteis e siderúrgico, tratamento muito menos favorável que a outros países, e disse que o sistema internacional de comércio, em crise, necessitava de profundas reformulações, pois tanto nos Estados Unidos como na Comunidade Econômica Europeia, no Japão e até mesmo no Brasil, as decisões de importar eram tomadas por critérios políticos, administrativos ou simplesmente casuísticos, o que gerava graves distorções. Segundo ele, os problemas com os Estados Unidos transcendiam o âmbito meramente comercial, tanto que, embora dispusesse de legislação sobre capitais estrangeiros das mais estáveis do mundo, o Brasil estava a sofrer intensa campanha nos meios empresariais, financeiros e de comunicação, que insistiam em o apresentar como hostil aos investidores de outros países, mediante a deturpação dos debates na Assembleia Nacional Constituinte.[46] O embaixador Flecha de Lima não quis tirar publicamente as conclusões sobre o sentido daquela campanha, mas seu pronunciamento demonstrava que os fatores da rivalidade entre o Brasil e os Estados Unidos, muito mais profundos, persistiam.

Efetivamente, a pretexto de que o Brasil insistia em não reconhecer as patentes farmacêuticas, Reagan, em outubro de 1988, aplicou-lhe novas sanções comerciais, com a imposição de sobretaxas de 100% a diversos dos seus produtos (papéis e aparelhos eletrônicos) importados pelos Estados Unidos. O governo brasileiro, em nota bastante enérgica, considerou a medida uma "agressão gratuita", contrária às regras específicas do Gatt, e acusou os Estados Unidos de tentarem transformar, de modo surpreendente, a legislação interna norte-americana em norma internacional.[47] O próprio embaixador Flecha de Lima, respondendo interinamente pelo Ministério das Relações Exteriores, qualificou-a como "truculenta", em entrevista coletiva à imprensa.[48] Entretanto, o fato de que Reagan anunciou a decisão no dia em que Sarney encerrava sua visita à União Soviética (a primeira de um chefe de Estado brasileiro àquele país), onde assinara com o presidente Mikhail S. Gorbachev importantes acordos comerciais e de cooperação científica e tecnológica, causou a suspeita de que ele precipitara a retaliação por motivos políticos, relacionados com as divergências em torno da indústria bélica e do Programa Espacial Brasileiro.

Essa hipótese tinha certo fundamento. O Brasil já dispunha de quase todas as condições, inclusive o combustível (líquido), para produzir, a partir da tecnologia do foguete Sonda IV, veículos lançadores de satélites mais potentes ou, em outras palavras, mísseis balísticos de longo alcance. Ainda lhe faltava, porém, resolver certos problemas eletrônicos, com a obtenção de um sistema de sensores, o qual permitisse teleguiá-los em longas distâncias. O governo de Washington, evidentemente, não desejava prover um concorrente potencial com meios para diversificar suas opções de compra de serviços em detrimento das empresas encarregadas de operar os satélites norte-americanos. E também não tinha qualquer interesse em capacitar o Brasil para a construção de mísseis com alcance de 300 km e de porte superior a 500 kg, sobretudo ao considerar que a Guerra das Malvinas demonstrara que, no Atlântico Sul, esse tipo de potencial apresentava características perigosas para seus objetivos macroestratégicos. Como no caso da indústria de computadores (informática), o que convinha aos Estados Unidos era não só evitar o aumento da concorrência para seus produtos como preservar sua hegemonia em uma área tão sensível, até mesmo para a segurança interna do Brasil. O governo de Washington, por isso, tratava de impedir que o Brasil viesse a dispor de todos os meios para a construção e lançamento do seu próprio satélite. E não só se recusava a liberar-lhe as exportações de equipamentos de alta tecnologia como ainda pressionava seus aliados da Europa, a exemplo da França, a não fazê-lo. A alegação era a de que o Brasil poderia transferir tecnologias consideradas sensíveis a seus parceiros "não confiáveis" (provavelmente, os países árabes e africanos) ou, inclusive, a aliados da União Soviética e da China. Essa pressão, segundo parecia, visava a fazer a diplomacia brasileira arcar com as consequências de suas diretrizes, consideradas terceiro-mundistas, e a definir-se pró-Ocidente em questões geopolíticas fundamentais, ao atingir os interesses internos, notadamente os militares, que lhe davam sustentação. Mas tanto o Ministério das Relações Exteriores quanto as Forças Armadas percebiam que o Brasil se desqualificaria como liderança potencial entre os países em desenvolvimento, caso mudasse de orientação, e que o objetivo dos Estados Unidos era impor limites à sua autonomia relativa, impedindo-o de incrementar seu *quantum* de poder, já demasiadamente preocupante, em virtude do acúmulo de divergências entre os dois países, não só em suas relações bilaterais como nos foros multilaterais. Assim, tais dificuldades levaram o Brasil a firmar com a China, que Sarney visitou em julho de 1988, e a União Soviética importantes acordos comerciais e de cooperação científica e tecnológica, mediante os quais poderia ter acesso aos conhecimentos que lhe faltavam para completar a construção dos seus mísseis e satélites, ao mesmo tempo em que se recusava a aderir aos princípios do Controlling Committee (Cocom), da Otan, e a firmar um acordo de informações militares e estratégicas com os Estados Unidos.

Em novembro de 1988, poucas semanas depois que Sarney retornou da União Soviética, Frank Carlucci, secretário de Defesa dos Estados Unidos, visitou Brasília, mas não obteve êxito em sua missão. Além de recebê-lo friamente, o Ministério das Relações Exteriores e também as Forças Armadas do Brasil continuaram a rechaçar as pretensões norte-americanas. A submissão ao Cocom, cuja finalidade era regular as exportações de tecnologia sensível para os países do Leste Europeu, restringiria enormemente a liberdade comercial do Brasil, o que não lhe convinha, em qualquer hipótese, sobretudo considerando que não participava da Otan. O acordo de informações militares e estratégicas, por outro lado, comprometia o Brasil a fornecer dados sobre áreas importantes, como o Centro-Oeste e a Amazônia, ou sobre movimentos contrários aos interesses norte-americanos, inclusive em outros países da América Latina e da África, sem que os Estados Unidos lhe oferecessem qualquer contrapartida. Àquela altura, fins de 1988, os problemas econômicos e políticos do Brasil, entrançando-se, indicavam a possibilidade de agravamento de suas contradições com os Estados Unidos. A recessão, que Sarney antes rejeitava como instrumento de estabilização monetária, já se aprofundava. Mas a inflação não cedia, antes recrescera e estava a alcançar a taxa de quase 1.000%, naquele ano, superando a estimativa (600%) do ministro do Planejamento, João Batista de Abreu, cuja previsão para a expansão do PIB era de apenas 1%, contra 2,9%, em 1987,[49] o que significava maior empobrecimento do povo, com a queda da renda *per capita*. Essa tendência, sem dúvida alguma, não se reverteria, substancialmente, até 1990, quando o mandato de Sarney, conforme a Constituinte fixou, terminaria, com a ascensão ao poder, através de eleições diretas, de novo presidente da República. E as eleições municipais de 15 de novembro de 1988 deram ampla vitória aos partidos de esquerda — o Partido Democrático Trabalhista (PDT), liderado por Leonel Brizola, e o Partido dos

Trabalhadores, de Luiz Inácio Lula da Silva, dirigente sindical — apontando rumos contrários àqueles naturalmente desejados pelo governo de Washington, que George Bush, então eleito pelo Partido Republicano, assumiria, como sucessor de Reagan. Assim, qualquer que fosse a evolução da crise econômica, social e política em que o Brasil se empegara, os atritos, ao que tudo indicava, continuariam a pautar, em maior ou menor grau, suas relações com os Estados Unidos.

NOTAS

1   Walder de Góes, cit., p. 127-137.
2   Ib.
3   Frederico Füllgraff, *A bomba pacífica — O Brasil e a corrida nuclear* (São Paulo: Brasiliense, 1988), p. 135-139 e 156-162.
4   Id., p. 136.
5   Id., p. 138-139.
6   Entrevista do ex-chanceler Azeredo da Silveira ao Autor, cit.
7   Milton da Rocha Filho, "Brasil já pode fabricar mísseis intercontinentais", *Jornal do Brasil*, Rio de Janeiro, 27/4/1986, 1º caderno, p. 25.
8   F. Füllgraff, op. cit., p. 59-60.
9   Entrevista do ex-chanceler Azeredo da Silveira ao Autor, cit.
10 Discurso do presidente Sarney, íntegra em *O Globo*, Rio de Janeiro, 5/9/1987, p. 6.
11 Pronunciamento do chanceler Olavo Setúbal na Comissão de Relações Exteriores da Câmara dos Deputados, Brasília, 15/5/1985.
12 "Compromisso de Acapulco para a Paz, o Desenvolvimento e a Democracia", assinado pelos presidentes Raul Alfonsin (Argentina), Virgílio Barco (Colômbia), Eric Arturo Delvalle (Panamá), Júlio Maria Sanguinetti (Uruguai), José Sarney (Brasil), Miguel de La Madrid (México), Alan Garcia (Peru) e Jaime Lusinchi (Venezuela).
13 Ib.
14 Ib.
15 Ib.
16 Ib.
17 Discurso do presidente Sarney, ao sancionar o 1º Plano Nacional de Informática e Automação, em 17/4/1986, *Jornal do Brasil*, Rio de Janeiro, 20/4/1986, 1º caderno, p. 7.

18 Ib.
19 Discurso do presidente Sarney, ao anunciar o domínio da tecnologia do enriquecimento do urânio, *O Globo*, Rio de Janeiro, 5/9/1987, p. 6.
20 Norman Gall, "Informática — Brasil repete história e rouba tecnologia", *Jornal do Brasil*, Rio de Janeiro, 14/12/1986, 1º caderno, p. 34-35.
21 Discurso do ministro da Ciência e Tecnologia, Renato Archer, quando o presidente Sarney sancionou o 1º Plano Nacional de Informática e Automação, em 17-4-1986. Cópia cedida ao Autor pelo ministro Renato Archer.
22 Saudação do presidente Reagan ao presidente Sarney, Washington, 10/9/1986, íntegra distribuída pelo Serviço de Divulgação e Relações Culturais dos Estados Unidos da América (Usis). Ver também *The Washington Post*, Washington, 11/9/1986, p. A-34, e *Jornal do Brasil*, Rio de Janeiro, 11/9/1986, p. 31.
23 Ib.
24 José Sarney, "Brazil: President's Story", in *Foreign Affairs*, v. 65, n° 1, 1986, p. 115.
25 N. Gall, art. cit., ib.
26 Entrevista do ministro da Fazenda, Luiz Carlos Bresser Pereira, a Claudio Abramo, *Folha de S. Paulo*, São Paulo, 20/9/1987, 4º caderno, p. A-39.
27 Wilson Thimóteo, "Saída de dólares é maior que entrada", *Jornal do Brasil*, Rio de Janeiro, 9/12/1986, p. 19.
28 Id., "Juros da dívida levarão em 5 anos US$ 36,5 bilhões", *Jornal do Brasil*, Rio de Janeiro, 30/11/1986, p. 40.
29 Id., "Saída de dólares é maior que entrada", cit., p. 19.
30 Discurso do presidente Sarney ao anunciar a suspensão do pagamento dos juros da dívida externa, íntegra em *Jornal do Brasil*, Rio de Janeiro, 21/2/1987, p. 14.
31 Hélio Jaguaribe, "A dívida, como encargo e como obrigação", *Jornal do Brasil*, Rio de Janeiro, 10/12/1986, p. 11.
32 Id.
33 *O Globo*, Rio de Janeiro, 5/12/1986, p. 23.
34 Dilson Funaro alegou, posteriormente, que, enquanto estava a defender a moratória nos Estados Unidos, sua missão foi contestada por um grupo de empresários que, acompanhados pelo embaixador Marcílio Marques Moreira, asseguravam que ele não representava o pensamento do governo brasileiro. *Correio Braziliense*, Brasília, 19/4/1988. O Itamaraty, ao que se sabe, não deu qualquer instrução ao embaixador Marques Moreira nesse sentido.
35 *Correio Braziliense*, Brasília, 7/11/1987, p. 7.
36 Ib., 14/11/1987, p. 6, e 22/11/1987, p. 18-20.
37 Ib., 21/1/1988, p. 7.
38 Ib., 29/1/1988.
39 *Jornal do Brasil*, Rio de Janeiro, 29/1/1988, p. 9.

40 *Correio Braziliense*, Brasília, 27/1/1988, p. 16.
41 Entrevista do chanceler Roberto de Abreu Sodré ao Autor, Brasília, janeiro de 1988.
42 *Correio Braziliense*, Brasília, 1/2/1988.
43 Ib., 29/1/1988.
44 Hermano Alves, "Problemas orbitais", in *Senhor*, 25/4/1988, p. 37.
45 *Correio Braziliense*, Brasília, 2/6/1988, p. 10.
46 Ib.
47 *Correio Braziliense*, Brasília, 3/6/1988, p. 14.
48 Ib.
49 Ib.

Conclusões

Da mesma forma que a "secular rivalidade" com a Argentina, a "tradicional amizade" do Brasil com os Estados Unidos constituiu, em larga medida, um estereótipo ideológico, manipulado, no mais das vezes, com o objetivo de influenciar sua política exterior e pautar, segundo determinados interesses, o funcionamento do sistema de relações internacionais no hemisfério. Na verdade, o alinhamento com os Estados Unidos, durante a primeira metade do século XX, espelhou uma situação de complementaridade econômica, em que o Brasil dependia, em cerca de 60% a 70%, das exportações de café, e estas, em igual proporção, do mercado norte-americano.

Contudo, mesmo assim, o Brasil não aceitou passivamente a hegemonia dos Estados Unidos, sobretudo a partir dos anos 1950, quando Getúlio Vargas, ao voltar ao poder, tratou de consolidar e impulsionar o processo de industrialização, como um projeto de Estado, no qual, desde a luta pela implantação do complexo siderúrgico de Volta Redonda, as Forças Armadas, direta ou indiretamente, se empenharam, por entenderem que a dependência de fontes externas de abastecimento tornava a segurança nacional bastante vulnerável. A contradição entre as crescentes necessidades de investimentos em indústrias de base, energia etc. e a escassez de recursos, devido à evasão de divisas e à queda das exportações de café (preços e quantidades), levou os dois países, em suas relações bilaterais, a várias divergências, algumas das quais em torno de políticas inspiradas pelo próprio *establishment* militar, tais como o estabelecimento do monopólio estatal do petróleo (1953), a exigência de compensações específicas (transferência de tecnologia nuclear) para as exportações de minerais radioativos e a importação de três ultracentrífugas, fabricadas na República Federal da Alemanha, para a instalação no Brasil de uma usina de enriquecimento de urânio (1953-1954).

Os Estados Unidos, evidentemente, não tinham motivo para apoiar ou favorecer a industrialização do Brasil, à qual seus capitais somente se associaram, a fim de não perder o mercado para as suas manufaturas, quando já não mais puderam evitá-la, sob o governo de Kubitschek (1956) (1960), devido à competição dos capitais europeus, os alemães à frente, e aos investimentos do Estado nos setores de base. E as relações entre os dois países cada vez mais se encresparam, na medida em que o conflito de interesses econômicos, debilitando suas relações bilaterais, acentuou a mudança na política exterior do Brasil, cuja tendência para afastar-se e mesmo contrapor-se abertamente às diretrizes do Departamento de Estado, a evoluir através das administrações de Vargas (tentativa de formação do Pacto ABC, negativa de enviar soldados para a Coreia) e Kubitschek (Operação Pan-Americana, rompimento com o FMI e reatamento de relações comerciais com a União Soviética), Jânio Quadros explicitou, ao assumir a presidência da República (1961).

A política exterior tornou-se, assim, outro fator de atritos entre os dois países, porquanto a linha de independência, que Quadros manipulava para fins de diversionismo interno, não decorria de uma opção ideológica e sim do amadurecimento da consciência, sob crescente pressão das necessidades do próprio Estado nacional, de que os interesses dos Estados Unidos, em sua condição de potência hegemônica, nem sempre coincidiam e, no mais das vezes, se contrapunham aos do Brasil, enquanto país também capitalista e em rápida expansão, aspirando ao *status* de potência industrial. O Brasil rechaçou as propostas de intervenção em Cuba, contra o regime de Fidel Castro, e a ascensão de João Goulart à presidência (1961), com a renúncia de Quadros, assustou ainda mais a equipe do presidente John Kennedy, em virtude de suas vinculações com a esquerda e o movimento sindical. As relações do Brasil, onde as lutas sociais se intensificavam e das quais a comunidade empresarial norte-americana participava como significativo segmento de suas classes dominantes, com os Estados Unidos, traumatizados pela Revolução Cubana, não podiam senão degenerar-se, pois, àquela época, as corporações multinacionais, em busca de fatores mais baratos de produção, não toleravam nos *new industrializing countries* nenhum governo de corte social-democrático, que, sob a influência dos sindicatos, favorecesse a valorização da força de trabalho.

A penetração do Brasil pelos norte-americanos, com o empreendimento das mais diversas modalidades de *covert action* e *spoiling action*, engravesceu, sem dúvida alguma, a crise interna, induzindo artificialmente o processo político à radicalização, muito além dos próprios impulsos intrínsecos das lutas sociais. A manipulação, por meio da propaganda, da ameaça de uma guerra revolucionária, que a sequência de greves e as rebeliões de sargentos e marinheiros, estimuladas, em larga medida, para fins de provocação, pareciam justificar, levou o anticomunismo a eclipsar o nacionalismo nas Forças Armadas, o que facilitou a deflagração do golpe de Estado em 1964.

A queda de Goulart e, em seguida, a ascensão do general Humberto Castelo Branco, chefe do Estado-Maior das Forças Armadas, à presidência significaram, assim, ampla vitória dos Estados Unidos, não contra os comunistas, que o Departamento de Estado sabia não terem condições de tomar o poder, e sim contra as tendências nacionalistas, excitadas pelas necessidades do processo de industrialização do Brasil e pelo recrudescimento das lutas sociais, em uma conjuntura nacional de extrema escassez de recursos e marcada internacionalmente pelo impacto da Revolução Cubana. Porém, o governo de Castelo Branco, ao tentar a reedição da velha política de marchar ao *compasso de Washington*, proclamada por volta de 1914-1915, constituiu uma excrescência histórica, um parêntese na evolução política do Brasil. O *alinhamento automático* com as diretrizes de Departamento de Estado já não podia subsistir por muito tempo, uma vez que não mais correspondia, efetivamente, aos interesses nacionais de um país em desenvolvimento e que aspirava à condição de potência. E, uma vez expurgada a esquerda das Forças Armadas, o nacionalismo voltou a manifestar-se por meio da direita radical. A refletir a insatisfação do empresariado com a política econômica e financeira de Castelo Branco, a investidura do marechal Artur da Costa e Silva na presidência da República (1967) representou uma vitória dos oficiais da *linha dura*, que passaram a condicionar, de uma forma ou de outra, os rumos do regime autoritário, embora os Atos Institucionais nº 2 e nº 5, por eles reclamados, viessem a servir também para contê-los e reprimi-los.

Desde então, a pautar suas políticas pelo nacionalismo de fins, isto é, a recorrer a todos os meios, tanto à estatização quanto aos capitais privados estrangeiros, para desenvolver o Brasil e transformá-lo em grande potência, os militares não só praticamente justificaram e prosseguiram com o esforço de industrialização de Vargas e Kubitschek, que certos interesses estrangeiros e nacionais, ao instigarem o golpe de Estado, pretendiam reverter, como, em consequência, tiveram de retomar, em outra situação histórica, linhas de política exterior similares àquelas de Quadros e Goulart, abandonadas durante o "breve e aberrante interlúdio" de Castelo Branco, conforme o embaixador norte-americano John Crimmins qualificou seus três anos de administração.[1] E o Brasil, a partir de 1967, voltou a dar prioridade a seus próprios interesses econômicos, ao promover a *diplomacia da prosperidade*, e, empenhado em manter o máximo de liberdade de ação internacional, evitou assumir maiores responsabilidades e comprometimentos, ao mesmo tempo em tratava de diversificar seus laços econômicos e políticos, por modo a expandir sua área de manobra e aumentar seu poder de barganha.

O regime autoritário cuidou naturalmente de compatibilizar as demandas das Forças Armadas, visando à transformação do Brasil em grande potência, com os interesses do capital financeiro internacional, mediante o nacionalismo de fins. Mas a crise da dívida externa, a manifestar-se desde 1973, quando os primeiros choques dos juros e do petróleo ocorreram, e agravada nos primeiros anos da década de 1980, evidenciou o caráter paradoxal de sua estratégia de desenvolvimento, ao comprometer, seriamente, o objetivo de libertar o país de estreitas relações de dependência. De qualquer forma, a aspiração do Brasil a um papel crescentemente autônomo na política mundial e de conquistar, com o tempo, uma posição proeminente na estrutura internacional do poder, modelou o sentido do seu relacionamento com os Estados Unidos. E as políticas inspiradas pelo *establishment* militar, tais como a recusa do Tratado de Não Proliferação das Armas Nucleares, o Acordo Nuclear com a República Federal da Alemanha, o desenvolvimento da indústria de material bélico e a reserva de mercado para a informática, *inter alia*, continuaram, juntamente com as disputas comerciais e outras questões diplomáticas, a gerar entre os dois países, sobretudo durante o governo do general Ernesto Geisel (1974-1978), profundas divergências, que não esmoreceram, antes se acentuaram, mesmo com a transição do autoritarismo para o regime democrático, em 1985. José Sarney, o primeiro civil a ascender à presidência da República (1985) desde a queda de Goulart, enfrentou pressões cada vez mais fortes dos Estados Unidos, a pretexto, principalmente, da Lei de Informática. E, apesar de suas concessões, após três anos de resistência em política econômica, financeira e tarifária, submetendo-se à orientação do FMI e dispondo-se a abrir o mercado nacional às manufaturas estrangeiras, a fim de alcançar um acordo sobre o pagamento da dívida externa, as dificuldades do Brasil com os Estados Unidos ainda perduravam em meados de 1988. Suas exportações para o mercado norte-americano permaneciam sob ameaça de retaliações, em cifras muito superiores aos prejuízos alegados, enquanto, internacionalmente, um clima de desconfiança e hostilidade continuava a paralisar o fluxo de investimentos estrangeiros para sua economia. E a perspectiva era de que os desentendimentos se ampliariam, independentemente de como a crise econômica, social e política no Brasil se desdobrasse. Embora pressionassem para abrir mais e mais a economia dos outros países, os Estados Unidos tornavam-se crescentemente protecionistas, a reclamarem contra os constantes saldos comerciais do Brasil, sem considerar que o balanço de pagamentos entre os dois países quase sempre lhes fora favorável. Com efeito, entre 1978 e 1981, eles receberam do Brasil, a título de juros, lucros, *royalties* e dividendos, cerca de US$ 2,8 bilhões, em média, por ano, montante este que quase duplicou, saltando para aproximadamente US$ 5,5 bilhões, em média, por ano, no período de 1982 a 1986.[2] E sem os saldos comerciais o Brasil, evidentemente, não podia atender a essa conta de serviços. Entretanto, os problemas e as contradições dos Estados Unidos alcançavam as mesmas proporções de sua grandeza e de seu poderio. O déficit orçamentário norte-americano para o ano fiscal que se encerrou em setembro de 1986 alcançou a soma de US$ 220 bilhões. O déficit comercial situou-se em torno de US$ 170 bilhões, aumentando sua dívida externa para US$ 263 bilhões, mais que o dobro da brasileira, enquanto o Japão obteve um superávit estimado em US$ 86 bilhões e a República Federal da Alemanha, da ordem de US$ 56 bilhões, naquele ano.[3] E, como o embaixador Harry W. Schlaudeman advertiu, os Estados Unidos precisariam também obter enorme superávit comercial quando a hora de pagar aquela dívida chegasse.[4] O acirramento da guerra comercial, ao que tudo indicava, tornar-se-ia inevitável. E muitos acreditavam que os Estados Unidos já tratavam de obstaculizar, por todos os meios, a recuperação do Brasil e sua expansão como potência industrial, a fim de impedir o surgimento de outro Japão ou outra República Federal da Alemanha, com menos limitações políticas e melhores condições de competitividade, dada a grandeza de seu próprio espaço econômico. No entanto, a agravar-se a crise social no Brasil, como resultado de prolongada estagnação econômica, as consequências políticas, radicalizando o nacionalismo, inclusive nas Forças Armadas, não seriam, sem dúvida, favoráveis aos interesses dos Estados Unidos.

NOTAS

1 Depoimento do ex-embaixador John Crimmins, loc. cit., p. 50.
2 *Jornal do Brasil*, 27/10/1986, p.18.
3 Discurso do embaixador dos Estados Unidos no Brasil, Harry W. Schlaudeman na Associação de Executivos de Empresas da Região de Campinas, em 27/1/1987. Discurso do embaixador Schlaudeman na Associação Brasileira das Empresas Comerciais Exportadoras (ABCE), São Paulo, 21/6/1987. Palavras do embaixador Schlaudeman na Câmara Americana de Comércio, Salvador, 10/12/1987. Palavras do embaixador Schlaudeman por ocasião da reunião da Câmara de Estudos e Debates Econômicos e Sociais, em 26/3/1987.
4 Palavras do embaixador Schlaudeman na Associação Brasileira das Empresas Comerciais Exportadoras (ABCE), São Paulo, 21/7/1987.

Jornais e revistas

Nacionais

Correio Braziliense — Brasília
Correio da Manhã — Rio de Janeiro
Diário de Notícias — Rio de Janeiro
Estado de S. Paulo (O) — São Paulo
Folha de S. Paulo — São Paulo
Globo (O) — Rio de Janeiro
Jornal da Tarde — São Paulo
Jornal do Brasil — Rio de Janeiro
Relatório Reservado — Rio de Janeiro
Revista Brasileira de Política Internacional — Rio de Janeiro
Senhor — São Paulo
Veja — São Paulo

Estrangeiros

Financial Times — Londres
Foreign Affairs — Washington
Hanson's Latin American Letter
Washington Post (The) — Washington

Manuscritos

LEITE RIBEIRO, Raul Fernando Belfort Roxo. "Contribuição para a Revisão das Relações Comerciais do Brasil com os Estados Unidos da América", 18/9/1995. Departamento das Américas, Ministério das Relações Exteriores do Brasil.

MCCANN, Frank D. "Brazil and the United States. An Increasingly Tense Relationship — 1945-1991", a *paper* for symposium on "Brazil and the United States: Perspectives and Prospects", 47th International Congress of Americanists, Iulane University, Nova Orleans, 8-9 de julho de 1991.

PINHEIRO GUIMARÃES, Samuel. "Market Access in a Alca", *paper* apresentado durante a mesa-redonda do Fifth Colloquium of the Project IDB/Eclac, "Support to the Process of Hemispheric Trade Liberalization", realizado em 28-29, de setembro de 1992 pelo Banco Interamericano de Desenvolvimento e pela Comissão Econômica das Nações Unidas para a América Latina e o Caribe (Eclac).

———. "Aspectos Econômicos do Mercosul", conferência pronunciada no II Congresso Euro-Latino-Americano de Integração, Granada (Espanha), de 28 de novembro a 1º de dezembro de 1995.

SWEEDLER, Alan. "U.S. Security in the Post Cold-War Era", *paper* preparado para seminário no Núcleo de Estudos Estratégicos da Universidade Federal Fluminense, Niterói, Rio de Janeiro, Brasil, 14-15/5/1992.

TYSON, Brady. "The National Debate in the United States on the Future of the Nation and its Foreign Policy — What is that National Purpose?", manuscrito.

Fontes impressas

Anuários Estatísticos do Brasil. IBGE, 1969.
ALMEIDA, Paulo Roberto. "O Mercosul no contexto regional e internacional". *Política Externa*, vol. 2, n° 2, set.-out.-nov. 1993.
ARSLANIAN, Regis P. "Os países-alvo do unilateralismo comercial norte-americano". *Política Externa*, vol. 3, n° 3, 1994-1995.
BANCO MUNDIAL. *Informe sobre el Desarrollo Mundial*. 1986.
BATISTA, Paulo Nogueira. "A política externa de Collor: modernização ou retrocesso?". *Política Externa*, vol. 1, n° 4, mar. 1993.
BOLETIM DO BANCO CENTRAL.
BOLETIM DO BANCO DE BOSTON.
Brasil Exportação — 1974. São Paulo, Banas.
CARMOS, Márcia. "EUA queriam que a Alca extinguisse o Mercosul". *Jornal do Brasil*. Rio de Janeiro, 20/5/1997.
CAVAGNARI FILHO, Geraldo Lesbat. "Avaliação e perspectivas da P&D militar". *Política Externa*, vol. 3, n° 1, jun.-jul.-ago. 1994.
CONFEDERAÇÃO NACIONAL DO COMÉRCIO. *Síntese da economia brasileira — 1995*.
DAUSTER, Jorio. "Mercosul-União Europeia: rumo à associação inter-regional". *Política Externa*, vol. 4, n° 4, mar.-abr.-maio. 1996.
Estatísticas históricas do Brasil — Série Estatísticas Retrospectivas, vol. 3, Séries Econômicas, Demográficas e Sociais, 1550-1985. Rio de Janeiro, IBGE, 1987.
FABIANO, Ruy. "A fala do general". *Correio Braziliense*, Brasília, 19/5/1992.
—————. "Sutileza de Búfalo". *Correio Braziliense*, 20/4/1997.
FLECHA DE LIMA, Paulo Tarso. "O relacionamento Brasil-EUA". *Jornal do Brasil*, Rio de Janeiro, 7/11/1996.
—————. "A visita do presidente Clinton ao Brasil". *Jornal do Brasil*, 13/10/1997.

GUILHON ALBUQUERQUE, José Augusto. "Relações Brasil-EUA e a integração continental". *Política Externa*, vol. 5, n° 1, jun. 1996.
House of Representatives — United States — Brazilian Relations.
Hearings before the Subcommittee on Inter-American Affairs of the Committee on Foreign Affairs, 97th Congress, 2nd Session, July 14, 1982. Washington, U.S. Government Printing Office, 1982.
KLINTOWITZ, Jaime. "A tática do grito". *Veja*, 12/2/1997.
LAFER, Celso. "A política externa do governo Collor". *Política Externa*, vol. 1, n° 4, mar. 1993.
LAMPREIA, Luiz Felipe. "O Brasil e o mundo no século XXI". *Política Externa*, vol. 5, n° 3, 1996-1997.
──────. "O consenso brasileiro em torno da Alca". In *Política Externa*, vol. 5/ vol. 6, n° 4/n° 1, mar.-ago. 1997.
Ministério das Relações Exteriores:
A política exterior da revolução brasileira (Discursos). Seção de Publicações, 1968.
A política externa do governo Itamar Franco. Brasília, 1994.
O Brasil em Punta del Este (VIII Reunião de Consulta de Ministros das Relações Exteriores das Repúblicas Americanas), Seção de Publicações, 1962.
PASSOS, José Meirelles. "Avanço do Mercosul preocupa americanos". *O Globo*, Rio de Janeiro, 2/5/1997.
Política externa em tempos de mudança — A gestão do ministro Fernando Henrique Cardoso no Itamaraty. Brasília, Fund. Alexandre de Gusmão, 1994.
Public Papers of the Presidents of the United States
SARNEY, José. "Mercosul, o perigo está chegando". *Folha de S. Paulo*, 10/4/1997.
SILVA, Carlos Eduardo Lins da. "Comércio exterior é foco de tensão com os EUA". *Folha de S.Paulo*, 29/3/1996.
Secretaria-Geral Adjunta para o Planejamento Político. *Documentos de política externa* (de 15 de março a outubro de 1967).
Secretaria-Geral de Assuntos de Integração, Econômicos e de Comércio Exterior. Grupo de Estudos Técnicos. *Brasil — Conjuntura econômica — 1995*. Brasília, 1995.
Subsecretaria-Geral de Assuntos Econômicos e Comerciais. *Brasil: Comércio exterior*. Brasília, ago. 1987.
Tratado de Cooperação Amazônica. Brasília, 1978.
Organização dos Estados Americanos. 2ª Conferência Extraordinária (Rio de Janeiro, 17/11/1965). *Coletânea de documentos preparada para a Imprensa*. Rio de Janeiro, out. 1965, vol. 1.
John F. Kennedy, 1962 (January 1 to December 31, 1962), U.S. Government Printing Office.
Ronald Reagan, *Public Papers of the President of the United States* I, 1982 (January 1 to July 2, 1982), U.S. Government Printing Office, 1983.

TACHINARDI, Maria Helena. "Brasil lidera discussão na Alca". *Gazeta Mercantil*, São Paulo, 30, 31 e 1º/3/1996.

──────. "Brasil/EUA: uma relação em busca de novos caminhos". *Política Externa*, vol. 5, n° 4/vol. 6, n° 1, mar.-ago. 1997.

TYLER, Patrick E. "U.S. Strategy Plans Calls for Insuring No Rivals Development". In *The New York Times*, mar. 1992.

United States Senate:
Alleged Assassination Plots Involving Foreign Leaders — An Interim Report of the Select Committee to Study Governmental Operations with Respect to Intelligence Activities — 94th Congress, 1st Session, November 20 (legislative day, November 18), 1975. Washington, U.S. Government Printing Office, 1975.

Hearings before the Select Committee to Study Governmental Operations with Respect to Intelligence Activities (Covert Action), v. 7, 94th Congress, 1st Session, Dec. 4-5, 1975. Washington, U.S. Government Printing Office, 1976.

Supplementary Detailed Staff Reports on Foreign and Military Intelligence (Final Report of the Select Committee to Study Governmental Operation with Respect to Intelligence Activities), book IV, 94th Congress, 2nd Session, Report n. 94-755. Washington, U.S. Government Printing Office, 1976.

United States Policies and Programs in Brazil — Hearings before the Subcommittee on Western Hemisphere Affairs of the Committee on Foreign Relations. Washington, U.S. Government Printing Office, 1971.

Referências bibliográficas

ABREU, Hugo. *O outro lado do poder*. Rio de Janeiro: Nova Fronteira, 1979.
——. *Tempo de crise*. Rio de Janeiro: Nova Fronteira, 1980.
ACHESON, Dean. *Present at the Creation (My Years in the State Department)*. Nova York, W. W. Norton & Co. Inc., 1969.
AGEE, Philip. *Dentro da "Companhia". Diário da CIA*. Rio de Janeiro: Civilização Brasileira, 1975.
ALTVATER, Elmar. "Estado y Capitalismo — notas sobre algunos problemas del intervencionismo estatal". *Cuadernos Políticos*, jul.-sep. 1976.
ARCHER, Renato. *Política nacional de energia atômica*. Discurso na Câmara dos Deputados em 6/6/1956. Rio de Janeiro, 1956.
BLACK, Jan Knippers. *Sentinels of Empire — The United States and Latin American Militarism*. Connecticut: Greenwood Press Westport, 1986.
——. *United States Penetration of Brazil*. University of Pensylvania Press, 1977.
BRUMMEL, Hans-Jürgen. *Brasilien zwischen Abhängigkeit, Autonomie und Imperialismus (Die Grundlimien der brasilianischen Aussenpolitik (1964-1978) unter besonderer Berücksichtigung der Beziehungen zu Lateinamerika)*. Frankfurt/Main: Haag und Herchen, 1980.
CAMPOS, Roberto. *A lanterna na popa (Memórias)*. Rio de Janeiro: Topbooks, 1994.
CASTRO, João Augusto de Araújo. "Exposição aos Estagiários do Curso Superior de Guerra". Washington, 11/6/1971. In *Araújo Castro*. Rodrigo Amado (org. e notas). Brasília: Ed. da Universidade de Brasília, 1982.
CHAGAS, Carlos. *113 dias de angústia — Impedimento e morte de um presidente*. Rio de Janeiro: Ag. Jornalística Image.
CONNELL-SMITH, Gordon. *Los Estados Unidos y la América Latina*. México: Fondo de Cultura Económica, 1977.
CORREIA, Marcos Sá. *1964 visto e comentado pela Casa Branca*. Porto Alegre: L&PM.

COTTAM, Martha L. *Images and Intervention — US Policies in Latin America*. Pittsburgh/Londres: University of Pittsburgh Press, 1994.
COUTO E SILVA, Golbery do. *Geopolítica do Brasil*. Rio de Janeiro: José Olympio, 1955.
DANTAS, San Tiago. *Política externa independente*. Rio de Janeiro: Civilização Brasileira, 1962.
DREYFUSS, René Armand. *1964: A conquista do Estado*. Petrópolis: Vozes, 1981.
EVANS, Peter. *Shoes, Opic and the Unquestioning Persuasion: a Look at Multinational Corporation and US—Brazilian Relations*. Working Papers nº 17, Latin American Program, The Wilson Center.
FERREIRA LIMA, Heitor. *História político-econômica e industrial do Brasil*. São Paulo: Nacional, 1976.
FIECHTER, Georges-André. *O regime modernizador do Brasil, 1964-1972*. Rio de Janeiro: Fund. Getulio Vargas.
FISHLOW, Albert. "The United States and Brazil: the Case of the Missing Relationship". *Foreign Affairs*, vol. 60.
FUKUYAMA, Francis. *The End of History and the Last Man*. Londres, Penguin Books, 1992.
FÜLLGRAF, Frederico. *A bomba pacífica — o Brasil e a corrida nuclear*. São Paulo, Brasiliense, 1988.
GARCIA LUPO, Rogelio. "América Latina: El Nuevo Interés de los Militares". *Nueva*, Buenos Aires, 1992.
———. *Diplomacia Secreta y Rendición Incondicional*. Buenos Aires: Legasa.
GLEICH, Albrecht von et al. (Hsg). *Lateinamerika — Jahrbuch 1994*. Hamburgo: Institut für Iberoamerika-Kunde.
———. *Lateinamerika — Jahrbuch 1996*. Hamburgo: Institut für Iberoamerika-Kunde.
GÓES, Walder de. *O Brasil do general Geisel*. Rio de Janeiro: Nova Fronteira, 1978.
GÖTHER, Karl-Christian. *Brazilien in der Welt von Heute*. Berlim: Staatsverlag der DDR, 1986.
GURGEL, José Alfredo Amaral. *Segurança e democracia*. 2ª ed. Rio de Janeiro: José Olympio.
HEGEL, George Wilhelm Friedrich. *Vorlesungen über die Philosophie der Weltgeschichte, Band I: Die vernuft in der Geschichte*. Hamburgo Verlag von Felix Meiner, 1955.
HIRST, Mônica. *O processo de alinhamento nas relações Brasil-Estados Unidos* (dissertação de mestrado). Rio de Janeiro: Iuperj, 1982.
——— (org.). *Brasil-Estados Unidos na transição democrática*. São Paulo: Paz e Terra, 1985.
HURTIENNE, Thomas. "Staat und Industrielle Kapitalakkummulation". *Militär Lateinamerika*. Forschungsprojekt am Lateinamerika-Institut der Freien Universität Berlim, 1980.

Justo, Libório. *Argentina y Brasil en la Integración Continental*. Buenos Aires: Centro Editor de América Latina.
Lafer, Celso et al. *Brasil-Estados Unidos na transição democrática*. São Paulo: Paz e Terra, 1985.
Langguth, A. J. *A face oculta do terror*. Rio de Janeiro: Civilização Brasileira, 1978.
Lanús, Juan Archibaldo. *De Chapultepec al Beagle — Política Exterior Argentina — 1945-1980*. Buenos Aires: Emecê, 1984.
Leacock, Ruth. "JFK, Business and Brazil". *Hispanic American Historical Review*, 59(4), nov. 1979.
Lima, Hermes. *Travessia (Memórias)*. Rio de Janeiro: José Olympio, 1974.
Luxemburg, Rosa. *Gesammelte Werke*. Band 4. Berlin: Dietz Verlag, 1990.
Mafra, Antonio Augusto de Oliveira. "A política externa". In *Aspectos do desenvolvimento nacional*. Rio de Janeiro: Cadernos Brasileiros, 1969.
Magalhães, Juracy. *Minha experiência diplomática*. Rio de Janeiro: José Olympio, 1971.
———. *Minhas memórias provisórias* (depoimento prestado ao CPDOC). Alzira Alves de Abreu (coord.). Rio de Janeiro: Civilização Brasileira, 1982.
Magalhães, Sérgio. *Problemas do desenvolvimento econômico*. Rio de Janeiro: Civilização Brasileira, 1960.
Marchetti, Victor e Marks, John D. *A CIA e o culto da inteligência*. Rio de Janeiro: Nova Fronteira, 1974.
Martins, Carlos Estevam. *Brasil-Estados Unidos — Dos anos 60 aos 70*. São Paulo: Cebrap, 1972, caderno n. 9.
———. *Capitalismo de estado e modelo político no Brasil*. Rio de Janeiro: Graal, 1977.
Marx, Karl e Engels, Friedrich. *Werke*. Band 4. Berlin: Dietz Verlag, 1980.
Médici, Emílio Garrastazu. *Mensagem ao Congresso Nacional*. 1974.
Medina, Rubem. *Desnacionalização — Crime contra o Brasil?*. Rio de Janeiro: Saga, 1970.
Mendonça, Carlos Sussekind de. *Salvador de Mendonça (Democrata do Império e da República)*. Rio de Janeiro: Instituto Nacional do Livro, Ministério da Educação e Cultura, 1960.
Mirow, Kurt Rudolf. *Loucura nuclear (Os "enganos" do Acordo Nuclear Brasil-Alemanha)*. Rio de Janeiro: Civilização Brasileira, 1979.
Moniz Bandeira, L. A. *O caminho da revolução brasileira*. Rio de Janeiro: Melso, 1962.
———. "Continuidade e mudança na política externa brasileira". *Revista Brasileira de Política Internacional*, ano XXIX, 1986.
———. *O eixo Argentina-Brasil. O processo de integração da América Latina*. Brasília: Ed. da Universidade de Brasília, 1987.

———. *Estado nacional e política internacional na América Latina — O continente nas relações Brasil-Argentina (1930-1992)*. 2ª ed. São Paulo: Ensaio-EdUnb, 1995.

———. *O milagre alemão e o desenvolvimento do Brasil — As relações da Alemanha com o Brasil e a América Latina — 1949-1994*. São Paulo: Ensaio, 1994.

———. *Presença dos Estados Unidos no Brasil*. Rio de Janeiro: Civilização Brasileira, 1973.

———. *A renúncia de Jânio Quadros e a crise pré-64*. São Paulo: Brasiliense, 1979.

NEEDLER, Martin C. *The United States and the Latin American Revolution*. Los Angeles: UCCLA Latin American Center Publications, University of California, 1977.

NEVINS, Allan e COMMAGER, Henry Steele. *Breve história dos Estados Unidos*. São Paulo: Alfa-Omega, 1986.

NIEMAYER, Waldyr. *O Brasil e seu mercado interno*. Apêndice: Brasil-EUA.

NOHLEN, Dieter. *Sistemas electorales del mundo*. Madri: Centro de Estudios Constitucionales, 1981.

PARKER, Phyllis R. *1964 — O papel dos Estados Unidos no golpe de Estado de 31 de março*. Rio de Janeiro: Civilização Brasileira, 1977.

PEREIRA, José Eduardo de Carvalho. *Financiamento externo e crescimento econômico no Brasil — 1963/73*. Relatório de Pesquisas nº 27, Rio de Janeiro, Ipea/Inpes, 1974.

PERÓN, Juan Domingo. *La hora de los Pueblos*. Buenos Aires: Pleamar, 1974.

PERRY, William. *Contemporany Brazilian Foreign Policy: The International Strategy of an Emerging Power*. Beverly Hills/Londres: Sage Publ., 1976.

PINTO FERREIRA, Manoel. *Capitais estrangeiros e dívida externa*. São Paulo: Brasiliense.

POWELL, Colin L. *The Military Strategy of the United States*. U.S. Government Printing Office, 1992.

QUADROS, Jânio. "Exposição". In CABRAL, Castilho. *Tempos de Jânio e outros tempos*. Rio de Janeiro: Civilização Brasileira, 1962.

QUADROS, Jânio e Melo Franco, Afonso Arinos de. *História do povo brasileiro*. 1ª ed. São Paulo: J. Quadros Ed. Cult., 1967, vol. VI.

ROCKFELLER, Nelson A. "Quality of Life in the Americas", Report of a U.S. Presidential Mission for the Western Hemisphere. Reprinted by Agency for International Development, traduzido para o espanhol e publicado como apêndice por SELSER, Gregório. *Los Cuatro Viajes de Cristobal Rockefeller*. Buenos Aires: Hernandez Ed., 1971.

ROETT, Riordan e WIEGAND, Gunnar. "The Role of Argentina and Brazil — a View from the United States". Sais — Center of Brazilian Studies, John Hopkins School of Advanced International Studies in Washington DC.

SALLES, Dagoberto. *As razões do nacionalismo*. São Paulo: Fulgor, 1959.

SARNEY, José. "Brazil: Presidents Story". *Foreign Affairs*, vol. 65, n° 1, 1986.
SCHLESINGER JR., Arthur. *Mil dias (John Fitzgerald Kennedy na Casa Branca)*. Rio de Janeiro: Civilização Brasileira, 1966, 2 vols.
SCHOULTZ, Lars. *National Security and United States Policy Toward Latin America*. Princeton, Nova Jersey: Princeton University Press, 1987.
SCHNEIDER, Ronald M. *The political system of Brazil — Emergence of a "Modernizing" Regime — 1964-1970*. Nova York/Londres: Columbia University Press, 1971.
SELCHER, Wayne A. "Brazil in the Global Power System". Occasional Papers Series n° 11, Center of Brazilian, nov. 1979.
SLACCHINI, José. *Março 64: Mobilização da audácia*. São Paulo: Nacional, 1965.
SODRÉ, Nelson Werneck. *A história da imprensa no Brasil*. Rio de Janeiro: Civilização Brasileira, 1966.
STEPAN, Alfred. *The Military in Politics — Changing Patterns in Brazil*. Princeton, Nova Jersey: Princeton University Press, 1971.
STUART, Graham H. e TIGNER, James L. *Latin America & the United States*. Nova Jersey: Prentice-Hall Inc., 1975.
SUZIGAN, W. et al. *Crescimento industrial no Brasil — Incentivos e desempenho recente*. Relatório de Pesquisas n° 26, Rio de Janeiro, Ipea/Inpes, 1974.
SZULC, Tad. "Exportação da revolução cubana". *Cuba e os Estados Unidos*. John PLANK (ed.). Rio de Janeiro: Ed. O Cruzeiro, 1968.
TACHINARDI, Maria Helena. *A guerra das patentes*. São Paulo: Paz e Terra, 1993.
TAMAMES, Ramón. *O Brasil e a integração econômica da América Latina*. Buenos Aires: Instituto para la Integración de América Latina (Intal), Interamericano Banco de Desarrollo (BID), 1969.
TÁVORA, Juarez. *Átomos para o Brasil*. Rio de Janeiro: José Olympio, 1958.
TROTSKY, Léon. *A revolução permanente*. São Paulo: Liv. Ed. Ciências Humanas, 1979.
———. *La Révolution Trahie*. Paris: Éd. Bernard Grasset, 1936.
VIANA, Cibilis da Rocha. *Estratégia do desenvolvimento brasileiro*. Rio de Janeiro, Civilização Brasileira, 1967.
VIANA FILHO, Luís. *O governo Castelo Branco*. Rio de Janeiro: José Olympio, 1975.
VIGEVANI, Tullo. *O contencioso Brasil x Estados Unidos da informática (Uma análise sobre a formulação da política exterior)*. São Paulo: Alfa-Ômega/Edusp, 1995.
WILLIAMSON, John. *The Progress of Policy Reform in Latin America*. Washington, DC: Institute for International Economics, 1990.
WISE, David e ROSS, Thomas. *O governo invisível*. Rio de Janeiro: Civilização Brasileira, 1965.

Índice onomástico

A
Abreu, Hugo, 191, 193, 205, 215
Abreu, João Batista de, 253
Acheson, Dean, 57n, 85
Afonso, Almino, 119
Agee, Philip, 112
Agnew, Spiro, 182
Agostin, Orlando Ramon, 203
Agostinho Neto, Antônio, 194, 195, 216
Aleixo, Pedro, 162, 163
Alfonsín, Raul, 238
Allende, Salvador, 112, 183, 198
Almeida, Rômulo, 38, 50, 141, 142
Alves, Márcio Moreira, 158
Alvim, Hugo Penasco, 136
Amorim, Celso, 29
Angel Jones, Stuart Edgard, 182, 199
Angel, Zuzu, 182
Aranha, Oswaldo, 43, 53, 85
Arbenz, Jacobo, 86
Archer, Renato, 38, 52, 82n, 100n, 112, 113, 125, 243

B
Baer, Werner B., 182
Barbosa, Mário Gibson, 37, 175, 176, 194
Barros, Sebastião do Rêgo, 38
Bastos, Justino Alves, 148
Batista, Ernesto de Melo, 164, 165
Beltrão, Hélio, 157, 160, 170
Berle Jr., Adolf, 85, 88-90, 93
Bernardes, Carlos Alfredo, 98n
Betancourt, Rómulo, 87
Beyerle, Konrad, 53
Black, Eugene, 47
Black, Jan K., 74, 137
Boaventura, Francisco, 139
Bouterse, Desiré Delano, 215
Braga, Odilon, 49
Braga, Roberto Saturnino, 201
Brandt, Willy, 205
Brayner, Floriano de Lima, 149
Breitweiser, Robert Allen, 126
Brizola, Leonel, 77, 96, 108, 110, 111, 115, 118, 204, 228, 253
Brown, George S., 126
Brzezinski, Zbigniew, 206
Buarque, Cristovam, 39
Bulhões, Otávio Gouvêa de, 138, 141, 144, 149, 154
Bush, George, 254

C
Cabot, John Moors, 89, 90, 92, 94
Caetano, Marcelo José das Neves Alves, 194
Café Filho, João Fernandes Campos, 56, 61, 63-69, 82n
Cairoli, Carlos Molinari, 68
Lleras Camargo, Alberto, 115
Campos, Milton, 66

Campos, Roberto, 38, 118, 124, 129n, 136, 138, 141, 144, 149, 154
Cardoso, Fernando Henrique, 22
Carlucci, Frank, 222, 253
Carter, James Earl, 199, 200, 202, 204, 206, 207, 212, 218, 222, 240
Carter, Rosalyn, 206
Castelo Branco, Humberto, 26, 35, 37, 38, 125, 131-144, 147-151, 153, 154, 157, 159, 164, 166n, 169, 170, 215, 223, 229, 239, 259, 260
Castro, Everardo Magalhães de, 155
Castro, Fidel, 78, 80, 87, 95, 104-107, 109, 113, 192, 193, 198, 258
Castro, João Augusto de Araújo, 152, 174, 175, 179, 197
Cavalcanti Jr., Francisco Boaventura, 161
Cervo, Amado Luiz, 39
Chagas, Carlos, 38, 148, 166n
Christopher, Warren, 200
Church, Frank, 177, 179, 199
Clinton, Hillary, 29
Coelho, Danton, 85
Collor de Mello, Fernando, 23
Conant, James, 56
Cony, Carlos Heitor, 138
Corrigan, Robert F., 163
Costa e Silva, Artur da, 35, 132, 144, 147-155, 157-164, 166n, 169, 170, 171, 193, 259
Costa, Sérgio Correa da, 152
Craston, Alan, 199
Crimmins, John H., 196, 214, 260
Curtice, Arthur A., 49

D
Dantas, Francisco de San Tiago, 44, 73, 75, 99n, 100n, 102-106, 117-121, 125, 126
Dantas, João, 92
Dean, Gordon, 50
Delfim Neto, Antônio, 154, 155, 157, 159, 160, 170, 171, 226, 227, 233
Denys, Odilio, 94, 96
Dillon, Douglas, 79, 85, 89, 90, 93
Drapper, William H., 114

Dulles, Allen, 78, 86
Dulles, John Foster, 11, 67, 78, 86
Dunn, James Clement, 66
Dutra, Eurico Gaspar, 41, 43, 46, 47, 49, 65, 71, 75
Duvalier, François, 88, 89
Dwer, John P., 39

E
Edson Luís, ver Souto, Edson Luís de Lima
Eisenhower, Dwight, 28, 53, 66, 67, 73, 77-79, 85, 86, 95, 110, 113
Elbrick, Charles Burke, 163
Paz Estensoro, Victor, 87
Evans, Peter, 177

F
Farias, Oswaldo Cordeiro de, 125, 133
Fernandes, Hélio, 158
Fernandes, Raul, 65, 66
Fiel Filho, Manoel, 200
Ferreira Machado, Donato, 38
Figueiredo, João Batista, 203, 205, 206, 208, 211, 213-217, 221, 224-229, 233, 234, 239
Flecha de Lima, Paulo de Tarso, 38, 251
Fonseca, Gelson, 38
Fontaine, Roger, 218
Fontoura, João Neves da, 28, 47, 52, 53, 55
Ford, Gerald, 182, 197, 200
Fragoso, Augusto, 170
Fraser, Donald, 199
Frei, Eduardo, 112
Freitas, Carlos Eduardo de, 245
Frondizi, Arturo, 87
Frota, Sílvio, 203, 204, 205
Funaro, Dilson, 246, 247, 255n
Furtado, Celso, 117, 119

G
Galeano, Eduardo, 99n
Gall, Norman, 245
Galtieri, Leopoldo, 218, 219
Garcia, Marco Aurélio, 29

Geisel, Ernesto, 38, 184, 187-194, 196, 197, 200-204, 206, 207, 208, 211, 212, 214, 234, 238, 239, 260
Genscher, Hans Dietrich, 192
Gentil, Adolfo, 47
Goés Monteiro, Pedro Aurélio de, 63, 133
Gomes, Eduardo, 125
Gomes, Severo, 34, 38
Goodell, Charles, 159
Gorbachev, Mikhail S., 251
Gordon, Lincoln, 107, 112, 114, 117, 118, 123, 124, 126, 132, 138, 139, 140, 147
Goulart, João, 26, 37, 66, 92, 95, 96, 101-116, 118-126, 128n, 129n, 131, 132, 137, 140, 144, 148, 149, 151, 153, 156, 193, 204, 258-261
Grael, Dickson Melges, 205
Grams, Peter Albert, 182
Groth, Wlihelm, 53
Grünbaum, Leon, 237
Grünewald, Augusto Rademaker, 132, 163
Gudin, Eugênio, 63
Guerreiro, Ramiro Saraiva, 214, 215, 216, 225
Guevara, Ernesto Che, 94
Guimarães, Bettamio, 65
Guimarães, Samuel Pinheiro, 11, 31

H
Hahn, Otto, 53
Haig, Alexander, 218, 219, 225, 228
Heck, Sílvio, 96, 148
Hegel, Georg Wilhelm Friedrich, 222
Herzog, Vladimir, 200
Hickenlooper, Bourk, 112
Hindemburgo, Samuel, 38
Hoover Jr., Herbert, 49
Horta, Oscar Pedroso, 94

I
Ibiapina, Hélio, 149
Ieltsin, Boris, 16

J
Jacobson, Per, 78
Jaguaribe, Hélio, 246

Johnson, Herschell V., 46, 47, 55
Johnson, Lyndon, 124, 131, 132, 147
Jung, Harald, 37

K
Kadafi, Muamar, 249
Kemper, James Scott, 65
Kennan, George, 198
Kennedy, Edward, 197, 199
Kennedy, John F., 28, 77, 81, 85-90, 92, 95, 96, 98n, 101, 102, 104, 106-110, 112-117, 119, 120, 124, 128n, 131, 134, 143, 180, 199, 223, 258
Kennedy, Robert, 103, 110, 116
Khan, Ali, 236
Kirkpatrick, Jeane, 218
Kissinger, Henry, 181, 195-197
Korry, Edward, 114
Kozirev, Alexandre, 16
Kruel, Amaury, 120
Kubitschek, Juscelino, 26, 28, 37, 38, 61, 66-73, 75-80, 82n, 87, 88, 91, 93, 108, 115, 116, 118, 139, 141, 144, 147-149, 151, 153, 156, 158, 258, 260

L
Lacerda, Carlos, 55, 63, 94, 95, 111, 124, 126, 128n, 132, 137, 144, 156, 158, 161
Lafer, Horácio, 47, 53
Leacock, Ruth, 112, 128n
Estilac Leal, Newton, 52
Leite, Cleanto de Paiva, 38
Leme, Kardeck, 38
Lemos, Hélio, 205
Lima, Afonso de Albuquerque, 139, 150, 157, 160, 161, 163, 164, 170, 171
Lima, Francisco Negrão de, 139
Lima, Hermes, 107
Lott, Henrique Teixeira, 66, 68, 80, 82
Luís XVI, 36
Lula (Luís Inácio Lula da Silva), 27, 254
Lumumba, Patrice, 198
Lupión, Moisés, 160
Garcia Lupo, Rogélio, 219
Luz, Carlos, 66, 82n

M

Macallister, Elbert, 182
Samora, Machel, 195
Magalhães, Juracy, 125, 134, 137
Mamede, Jurandyr Bizarria, 133
Mangabeira, Otávio, 182
Mann, Thomas, 79, 124
Mariani, Clemente, 90, 92, 98n
Marighela, Carlos, 163
Marinho, Ilmar Pena, 107
Marshall, George, 49, 50
Martin, Edwin, 124
Martins, Carlos Estevam, 151, 180
Matos, Carlos de Meira, 202
Matos, Délio Jardim de, 203, 222, 223
May, Herbert, 117
Mazilli, Ranieri, 132
Medeiros, Otávio, 215
Médici, Emílio Garrastazu, 35, 37, 164, 165, 169, 171-175, 178, 180, 181, 183, 184, 189, 190, 191, 193, 194, 201, 243
Mello Franco, Afonso Arinos de, 38, 88, 89, 91-94, 98n, 109, 125, 128n, 137, 139, 140
Melo, Ednardo d'Ávila, 200
Melo, Francisco Correia de, 132
Melo, Márcio de Souza e, 163
Melo, Nelson de, 125
Merkel, Angela, 29
Metzger, Stanley D., 54
Miller, Edward G., 46, 47
Moniz de Aragão, Augusto Cezar, 148, 161, 162, 163, 184
Moniz Sodré, Niomar, 158
Monteiro, Euler Bentes, 205
Montoro, André Franco, 201, 228
Moreira, Marcílio Marques, 248, 255n
Morgenthau, Hans, 198
Morrissey, Charles, 182
Grün Moss, Gabriel, 96
Mossadegh, Mohammed, 86
Moura, Paulo Leão de, 92
Mourão Filho, Olympio, 129n, 148
Mussolini, Benito, 36

N

Needler, Martin C., 86
Neves, Carlos Augusto Santos, 38
Neves, Tancredo, 55, 228, 229
Nixon, Richard, 28, 73, 95, 180-182, 197
Nóbrega, Maílson da, 247
Nolan, Richard, 199
Nunes, Adalberto de Barros, 175

P

Palaez, Carlos, 182
Pastore, John, 192
Paulo VI, papa, 120
Pawley, William D., 49
Pearson, Drew, 159
Pereira, José Batista, 66
Bresser-Pereira, Luiz Carlos, 247
Pericás, Bernardo, 38
Perón, Isabelita, 230n
Perón, Juan D., 55, 63, 95, 123
Pinheiro, Israel, 139
Pinochet, Augusto, 198
Pinto, Carlos Alberto Alves de Carvalho, 121
Pinto, José de Magalhães, 125, 150-152, 155
Potyguara, Moacir, 201

Q

Quadros, Jânio, 26, 37, 80, 85, 89-96, 99n, 101, 102, 109, 111, 118, 120, 151, 153, 193, 258, 260

R

Ramalho, Tales, 201
Ramos, Nereu, 82n
Raposo, Almerino, 38, 205
Reagan, Donald, 227
Reagan, Ronald, 34, 212, 216, 218, 219, 221, 222, 224, 226-228, 233, 239, 243, 244, 248, 250, 251, 254
Redman, Charles, 248
Reed, John, 246
Ribeiro, Jair Dantas, 125
Richard, John, 114

Rio Branco, barão do (José Maria da Silva Paranhos Júnior), 42-43
Roberto, Holden, 194, 195
Rocha, Antonio, 38
Rockfeller, David, 113
Roet, Riordan, 182
Roosevelt, Franklin Delano, 43, 45, 199
Roosevelt, Theodore, 42
Rountree, William, 177, 181
Rupiper, Darrel Dean, 182
Rusk, Dean, 99n, 114, 159

S
Salazar, António de Oliveira, 194
Sales, Walter Moreira, 78, 158
Sampaio, Cid, 111
Sarney, José, 23, 38, 229, 234, 238, 239, 241-250, 253, 261
Savimbi, Jonas, 194, 216
Schlaudeman, Harry W., 39, 261
Schlesinger Jr., Arthur, 77, 109
Schmidt, Augusto Frederico, 74-76
Schmidt, Helmut, 205
Schneider, René, 198
Schneider, Ronald, 162
Schneider, Thomas, 62
Schoultz, Lars, 181
Schultz, George, 228, 234, 244
Seaborg, Glen, 153
Serpa, Antônio Carlos de Andrada, 38, 139, 190, 201
Silva, Albino, 107
Silva, Álvaro Alberto da Motta e, 34, 53, 59n, 64, 65, 69, 237, 238
Silva, Amaury, 128n
Silva, Golbery do Couto e, 133, 149, 205, 215, 217
Silveira, Antônio Azeredo da, 37, 192, 193, 196, 197, 203, 206, 214, 238
Simcox, Donald, 200
Smith, Harvey, 56
Soares, Álvaro Teixeira, 221
Sodré, Roberto de Abreu, 38, 249
Somoza, Anastacio, 214

Souto, Edson Luís de Lima, 156
Stepan, Alfred, 133, 149
Stiglitz, Joseph E., 26
Szulc, Tad, 113

T
Tavares, Aurélio Lira, 159, 161-164
Távora, Juarez, 63-66, 68, 69, 133
Terril, Robert, 64
Torre, Haya de la, 87
Trujillo, Rafael, 88, 89, 198
Truman, Harry, 54
Tuthill, John C., 159

U
Ueki, Shigeaki, 238
Unger, Nancy Mangabeira, 182

V
Vance, Cyrus, 200, 206
Vargas, Getúlio, 20, 33, 37, 38, 42, 43, 46-56, 57n, 61-64, 66, 69-72, 76, 79, 85, 88, 91, 95, 102, 111, 123, 133, 148, 151, 153, 237, 257, 258, 260
Velasco Alvarado, Juan, 160, 171
Videla, Jorge Rafael, 202, 216
Vieira, João Pedro Gouvêa, 49
Volcker, Paul, 212

W
Wainer, Samuel, 128n
Walters, Vernon, 124, 125, 132, 218, 219
Welch, Leon, 47
Welles, Benjamin Sumner, 43
White, Max, 64
Whitehead, John, 248
Wilson, Thomas Woodrow, 12
Wing, David Lohr, 182
Wright, William, 163

Z
Zuckerman, Stanley A., 39

Este livro foi composto na tipografia
ClassGaramond BT, em corpo 11/13,9, e impresso em
papel off-white no Sistema Digital Instant Duplex
da Divisão Gráfica da Distribuidora Record.